编码技术在信道容量和无线传感网中的应用

李　勇◎著

中国铁道出版社有限公司
CHINA RAILWAY PUBLISHING HOUSE CO., LTD.

内容简介

本书针对无线通信模型干扰信道和中继信道两个通信理论研究热点，利用编码技术确立两种信道在特定参数条件下的信道容量；针对无线通信应用研究热点之一的无线传感器网络，系统论述利用 LDPC 码、LT 码、压缩感知等编码技术实现无线传感器网络高效数据收集的方法。

本书共 13 章，第 1 ~ 7 章论述干扰信道的模型、研究进展以及在特定参数条件下的信道容量；第 8、9 章分别论述了译码转发策略下，无公共信息的广播中继信道和中继多址信道的信道容量计算；第 10 ~ 13 章论述 LDPC 码、LT 码、压缩感知等编码技术在无线传感网数据收集中的应用。

本书可供高等院校通信工程及相关专业本科生、研究生以及科研院所的科研人员使用。

图书在版编目（CIP）数据

编码技术在信道容量和无线传感网中的应用/李勇著．—北京：中国铁道出版社有限公司，2024.6

ISBN 978-7-113-31184-1

Ⅰ．①编…　Ⅱ．①李…　Ⅲ．①编码技术-应用-信息率-研究②编码技术-应用-无线电通信-传感器-研究　Ⅳ．①G202②TP212

中国国家版本馆 CIP 数据核字（2024）第 083442 号

书　　名：编码技术在信道容量和无线传感网中的应用
作　　者：李　勇

策　　划：侯　伟　王春霞　　　**编辑部电话：**（010）63551006
责任编辑：王春霞　徐盼欣
封面设计：刘　颖
责任校对：刘　畅
责任印制：樊启鹏

出版发行：中国铁道出版社有限公司（100054，北京市西城区右安门西街 8 号）
网　　址：https://www.tdpress.com/51eds/
印　　刷：北京铭成印刷有限公司
版　　次：2024 年 6 月第 1 版　2024 年 6 月第 1 次印刷
开　　本：710 mm × 1 000 mm　1/16　**印张：**12　**字数：**195 千
书　　号：ISBN 978-7-113-31184-1
定　　价：55.00 元

前 言

随着无线通信和网络技术的快速发展,无线网络已经广泛应用于国防军事、教育科研和医疗卫生等国民经济的各个部门,与人们的日常生活紧密相关。为了提高无线通信的速率、可靠性和时延等性能以满足人们日益增长的各类通信需求,无线通信网络中大量使用各种编码技术。利用编码技术提高无线网络数据传输的可靠性和效率,已经成为无线网络中日益重要的研究课题。

编码技术是指通过将某种信息转换为编码形式,并且嵌入传输载体(如电波、光波等),然后在接收端将编码还原为原始信息的过程。编码技术不仅关乎信息的传输速率和误码率,而且涉及信息传输的稳定性和安全性。现代通信技术中,编码技术已广泛应用于各种有线和无线通信系统,如数字电视、手机通信、广播电视、宽带互联网、卫星通信等。根据不同作用,编码技术可以分为纠错编码、信道编码、压缩编码和加密编码等类型。

为了研究信道编码在保证信道可靠通信的条件下可以达到的信道容量,点对点的单用户信道和包括广播信道、多址信道、干扰信道和中继信道在内的多用户通信模型被提出。本书论述通信领域中的干扰信道和中继信道。干扰信道研究的是多对通信用户共用通信资源的情况下,通过信道编码实现可靠通信可以达到的信道容量。中继信道研究的是为了延长两个用户的通信距离,中间采用其他用户中转时,通过信道编码实现可靠通信可以达到的信道容量。确立信道容量的信道编码是理论上的随机编码。在实际通信中,研究者提出了各种实用的信道编码。其中包括接近点对点信道容量的 LDPC 码、适用于无线传感网且简单高效的 LT 码等。

针对无线网络中研究热点之一的无线传感网,本书重点论述使用 LDPC

码、LT码和压缩感知编码实现高效的无线传感网数据收集的方法。使用LDPC码可以保证无线传感网通信的高速率。使用LT码能够保证无线传感网实现可靠通信时尽量减少通信量。使用压缩感知编码可以在保证可靠通信的情况下，对要传输的信息进行压缩，从而减少无线传感网的通信量。

本书包括干扰信道、中继信道和无线传感网三方面的内容，共13章。第1章介绍了干扰信道的模型、研究进展以及研究情况；第2章论述了两用户干扰信道采用点对点码时的信道容量；第3章论述了干扰信道采用逐次干扰消除译码的点对点码的译码方法可以达到采用叠加编码时的速率区域；第4章比较了两用户高斯干扰信道分别采用点对点码和叠加码时的容量；第5章从理论上证明了一类特殊的多用户循环干扰信道的容量；第6章探讨了两用户高斯干扰信道中的干扰处理策略；第7章论述了干扰信道的研究趋势；第8、9章分别计算了译码转发策略下，无公共信息的广播中继信道和中继多址信道的信道容量；第10~13章分别研究了LDPC码、LT码、压缩感知在无线传感网数据收集中的应用。

本书的出版由山西大同大学专著出版基金资助，特此表示感谢。

由于时间仓促和著者水平有限，书中疏漏及不妥之处在所难免，望读者不吝指正。

著　者

2024年2月于山西大同大学

目　录

第1章 干扰信道概论

随着无线通信技术的不断发展和广泛应用,人们对通信的要求越来越高。多入多出(multiple-input multiple-output,MIMO)技术、空时编码技术、机会调度、混合自动请求重传技术、协作中继等技术的出现,使得信道衰落和加性噪声对通信系统造成的影响越来越小[1]。为了满足日益增长的通信要求和提高通信资源的利用率,通信资源复用技术频繁使用,如频率复用技术,但是它们的应用势必造成小区内、小区间和网络间通信用户相互干扰,严重限制用户密度,并成为制约通信系统性能提升的瓶颈。

多对用户同时在同一传输媒介上进行通信,将不可避免地产生相互干扰。这种现象在无线通信环境中普遍存在,尤其当频率资源紧缺又要求很高的通信时延时,其矛盾更加突出。现实中产生通信干扰的例子很多:处在蜂窝移动通信小区边缘的多个用户同时进行通信的时候会互相干扰;使用相同频率通信且有重叠的覆盖范围的无线网络存在干扰。在这种有干扰存在的通信环境中,理论上,系统中的各个用户的最佳通信速率能达到多少?该干扰网络的最大信息吞吐量是多少?在实际的通信过程中,采用什么样的传输策略能够达到或者逼近这样的性能限?采用什么样的技术可以提高该干扰网络的容量?此类问题在干扰网络中亟待解决。文献[2]综述了干扰网络面临的研究问题,这些问题的解决必将极大地促进无线通信系统在存在干扰的环境中的应用,对提高通信的效率有极大的实际意义。

1.1 干扰信道模型

Shannon 于 1961 年首次对干扰信道进行了研究[3]。半个多世纪之后,即使是两个用户的一般干扰信道的容量依然没有得到解决,但在寻求干扰信道容量的过程中，取得了一些重要成果，这些成果的取得将极大地促进和推进该问题的解决。为了简化问题求解，根据不同的分类方法将干扰信道分成很多类型[4,5]。例如，根据信道输入分布是离散均匀的还是高斯的和有无记忆能力，分为离散无记忆干扰信道和高斯干扰信道；根据信道中的通信用户对数量，分成两用户干扰信道和多用户干扰信道；根据信道干扰链路增益的强弱，分为强干扰信道、弱干扰信道、中等干扰信道、单边干扰信道和混合干扰信道等[6]。信息理论研究者主要关注离散无记忆和高斯干扰信道的容量问题。现将有关概念阐述如下：

图 1-1 描述了一个一般的多用户离散无记忆干扰信道模型[4]，它包含 K 个输入字符表和 K 个输出字符表，分别记作 $\mathcal{X}_k$ 和 $\mathcal{Y}_k$，其中 $k=1,2,\cdots,K$；还包含一组分布在 K 个输出字符表的笛卡儿积 $\mathcal{Y}_1\times\mathcal{Y}_2\times\cdots\times\mathcal{Y}_K$ 上的条件概率分布密度函数

$$p_{Y_1Y_2\cdots Y_K\mid X_1X_2\cdots X_K}(y_1,y_2,\cdots,y_K\mid x_1,x_2,\cdots,x_K)$$

可简记为 $p(y_1,y_2,\cdots,y_K\mid x_1,x_2,\cdots,x_K)$。

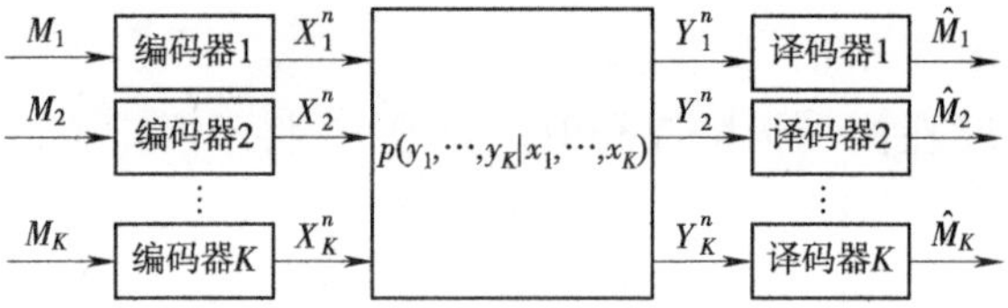

图 1-1　K 用户离散无记忆干扰信道

在该信道中，假定用户 $k=1,2,\cdots,K$ 的发送端各自给自己的接收端发送独立的消息 M_k（均匀分布在各自的消息字符表 $\mathcal{M}_k$ 上）。K 用户离散无记忆干扰信道的一种编码（$(2^{nR_1},2^{nR_2},\cdots,2^{nR_K}),n$）由 K 个消息集 $\mathcal{M}_k=(1,2,\cdots,2^{nR_k})$、$K$ 个发送端的编码函数 $f_k:\mathcal{M}_k\to\mathcal{X}_k^n$，$K$ 个译码函数 $g_k:\mathcal{Y}_k^n\to\mathcal{M}_k$ 构成。码书的平均译码错误概率定义为发送的信息 M_K 和译码后的信息 $\hat{M}_K$ 不相等的概率 Pr，即

$$P_{\mathrm{e}}^{(n)}=Pr\{(\hat{M}_1,\hat{M}_2,\cdots,\hat{M}_K)\neq(M_1,M_2,\cdots,M_K)\}$$

若存在一个码（$(2^{nR_1},2^{nR_2},\cdots,2^{nR_K}),n$），使得当码长 n 趋于无限长时，码书的平均译码错误概率趋于0，则称速率元组$(R_1,R_2,\cdots,R_K)$对于 K 用户离散无记忆干扰信道来说是可达的。K 用户离散无记忆干扰信道的容量区域就是所有可达速率元组$(R_1,R_2,\cdots,R_K)$构成的集合的闭包。此时，每个用户的速率 $R_1,R_2,\cdots$，

R_K 的和称为和速率,和速率能够达到的最大值称为和容量。

由于高斯信道对现实的通信系统的性能限有更大的指导意义,因此信息论研究者更加关心高斯干扰信道的容量及其高效传输策略的研究。但是,除了一些特定情况下的干扰信道容量区域与和速率容量确定了以外,即使是一般的两用户高斯干扰信道,其容量区域仍然难以确定。一个 K 用户的高斯干扰信道模型如图1-2所示,其中 $h_{n,m}$ 表示从用户 n 发送端到用户 m 接收端的信道系数。其接收信号可表示为

$$\boldsymbol{y}=\boldsymbol{Hx}+\boldsymbol{z} \tag{1-1}$$

式中,$\boldsymbol{x}$ 为 K 个用户的发送信号;$\boldsymbol{y}$ 为接收信号;$\boldsymbol{z}$ 为加性高斯白噪声;$\boldsymbol{H}$ 为信道转移矩阵。它们具体定义如下:

$$\boldsymbol{x}=(x_1,x_2,\cdots,x_K)^{\mathrm{T}},\boldsymbol{y}=(y_1,y_2,\cdots,y_K)^{\mathrm{T}}$$

$$\boldsymbol{z}=(z_1,z_2,\cdots,z_K)^{\mathrm{T}},\boldsymbol{H}=(h_{n,m})\in\mathbb{R}^{K\times K}$$

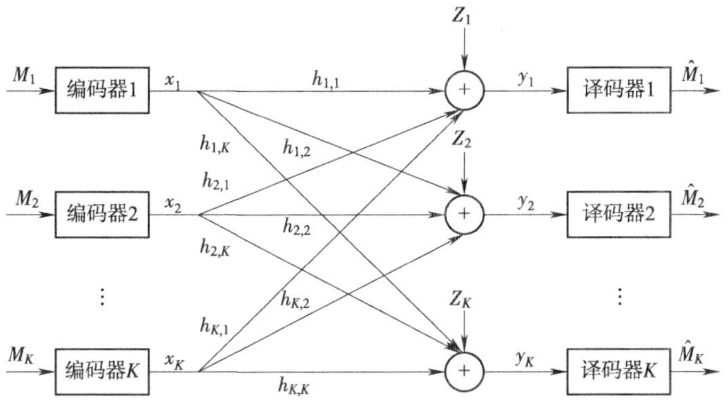

图1-2　K 用户高斯干扰信道模型

1.2　干扰信道容量的研究进展

自Shannon提出干扰信道以来,一般的干扰信道的最大可达速率区域——信道容量区域仍然没有完全确定。为了简化问题进行求解,研究者从不同的信道条件入手,研究对应的最佳可达速率区域。这已经成为当前国际信息理论界一种主要的研究方式。下面综述干扰信道容量区域的研究进展。

1.2.1 干扰信道容量的界定

根据干扰信道所使用的编码方法，可以从点对点码[7]、叠加码[5,8]和干扰对齐[9]三方面介绍干扰信道的基本容量研究进展。

文献[7]中首次提出了点对点码的概念。点对点码是指为一对通信用户在点对点通信模型的信道上所设计的信道码(也称单用户码)，接收机把干扰作为一个整体来处理，即要么全部忽略，要么译出全部干扰，要么全部避免。

对于两用户离散无记忆信道[10]，采用点对点的随机编码和译出干扰的策略能够达到离散无记忆强和极强干扰信道的容量区域[11,12]。对于一类确定性离散无记忆干扰信道和一类退化的离散无记忆干扰信道，其容量区域是确定的[13,14]；而对于另外一类离散无记忆干扰信道，和容量是确定的[15]。

对于两用户高斯干扰信道，强和极强高斯干扰信道的容量区域可通过点对点的随机编码和逐次干扰消除译码(successive interference cancellation decoding，SICD，或者 successive interference decoding，SID)，或者联合译码策略(jointly decoding，JD)获得[16,17]。在噪声与干扰强度相当的高斯干扰信道下，采用点对点的随机编码和把干扰当噪声(treating interference as noise，TIN)的译码策略可以达到和速率容量[18-20]。采用点对点的随机编码和SID或TIN的译码策略可以达到混合和单边高斯干扰信道的和容量[21,22]。文献[23-26]提出了几种基本的点对点码的内界。其他干扰信道容量研究主要涉及半确定性干扰信道[27]、具有退化消息集的干扰信道[28]、频率选择性高斯干扰信道[29]、并行高斯干扰信道[30]、有公共信息的强干扰信道[31]、确定性干扰信道[32]，以及使用SID策略下干扰信道的容量等[33-36]。

1978年，Carleial基于速率分裂思想，首次将Cover提出的叠加编码，即顺序叠加编码(successive superposition coding)应用到干扰信道[37]，该叠加编码的叠加双方有主次之分，叠加的一方作为云团中心(主)，叠加的另一方作为卫星码字(次)；译码时先译云团中心，再译卫星码字。Han和Kobayashi在1981年提出并采用了同时叠加编码(simultaneous superposition coding)，但使用了同时译码策略(simultaneous decoding，SD)而非SID，获得了性能非常好的可达速率区域[38]，常称为HK速率区，相应的传输策略简称为HK策略。这种同时叠加编码的叠加双方没有主次之分,且以一种确定方式叠加在一起。HK 速率区同样可以达到点对点码下的干扰信道容量结果,并且在弱干扰和中等干扰下,速率区域与和速率都优于点对点码下的速率区域与和速率。然而,HK 速率区域既难以理解又计算复杂。一些研究者在 HK 速率区域的简化计算方面及确定信道容量的近似范围做了一定工作[21,39,40]。2008 年,Tse 等提出了采用简单的 HK 策略,即将速率分割中私有信息的功率设置成与噪声功率相同大小,这种方法简称 ETW 方法,证明了该方法获得的对称高斯干扰信道可达速率区域在高信噪比下与信道容量的差距不超过 1 bit,并提出用自由度的概念描述信道的可达和速率[41,42],开创了干扰信道渐进性能的研究方法。文献[43-45]提出了一种简化的与 HK 速率区域等价的可达速率区域,简称 CMG 速率区域。该速率区域是通过顺序叠加编码和同时译码获得的,虽然 CMG 速率区域相比于 HK 速率区域简化了一点,但是依然难以理解和计算,且二者的等价关系也令人难以理解。因此,在二者等价关系及速率区域的理解方面出现了一些研究工作[46-49]。另外,还涉及一些 HK 策略的扩展工作,如将 HK 策略应用到向量高斯干扰信道[50-52]、确定性干扰信道[53,54]、多对一与一对多干扰信道[55]、循环干扰信道[56]和遍历干扰信道[57],以及使用部分组译码[58],求其他用户的可接入容量等改进工作[59,199]。

干扰信道外界的研究也取得了一些重要成果[2,13,18,14-16,50],文献[14-16,50]利用精灵辅助的外界方法和可存取信道方法,分别独立地提出了三个弱干扰下的较佳外界。

多用户干扰信道的容量区域难以求解,有时候两用户干扰信道下的结论能直接推广到多用户情况。但是,这种推广工作非常复杂,进展不大。因此,研究者转去研究一类稍微简单的多用户干扰信道——循环干扰信道,并将两用户的一些结论应用其上,得到了一些成果[60-66]。虽然两用户下的一些方法可以应用到多用户情况,但结论不一定能够保持下来。例如,HK 策略在多对一干扰信道下并不是最佳的[52]。多用户干扰信道主要考虑系统的吞吐量即和容量,一般采用自由度的概念来描述。多用户干扰信道下用户受到的干扰是其他所有用户共同产生并共同发生作用的,而不取决于哪一单个用户。因此,把用户遭受到的其他用户的干扰作为一个整体来处理能够得到更好的容量结果。相应的传输方案称为干扰对齐(interference alignment),该方案要求设计码时需将每个接收端的组合干扰信号对齐到与期望接收信号正交的一个低维子空间中去。根据信道的不同特点,干扰对齐可以通过对齐线性子空间(基于结构化编码)[67]、信号标度级[68]、时隙[69]、数论中的无理数基[70]来实现。干扰对齐已经被应用到几类高斯信道[69-73]和 Q 元扩展确定干扰信道[68,74]。近几年,干扰对齐成为干扰信道的研究热点,除了上述成果外,还有其他一些重要成果[75-85]。

1.2.2 干扰信道容量的提升

为了提高干扰信道的容量限,研究者常常将可以提高点对点信道容量的关键技术,如 MIMO 技术[1]、反馈技术[86-87]、认知无线电技术[4]、协作技术[86-88]等应用到干扰信道上。干扰信道与以上技术结合,分别取得了一些重要成果:MIMO 干扰信道[89-103]、带反馈的干扰信道[104-110]、认知干扰信道[111-119]、允许协作的干扰信道[120-136]。也有的研究将两用户下的传输方案及干扰对齐方案与以上一种甚至几种技术同时应用到干扰信道中[137-139]。

1.3 干扰信道传输策略研究进展

得到干扰信道的容量区域或者可达速率区域以后,在实际的通信中如何达到或逼近速率区域中的速率点?也就是说,在满足具体的通信要求下,如何设计传输策略来达到或逼近目标速率点?

众所周知,通信系统中涉及的基本通信资源是时间、频谱、空间、功率和码字。干扰信道中的信息传输策略就是通过平衡通信中各个用户对这几种通信资源的使用,从而高效地达到各种通信要求。例如,达到整个系统的最佳吞吐量,即干扰信道或网络的和速率;或者在保证某些用户的要求速率下,最大化另外一个用户的通信速率等。

对于使用点对点码的干扰信道,传输策略主要包括把干扰当噪声、译出干扰、避免干扰(时分、频分等复用技术)及其组合等策略[140-146]。时分复用、频分复用等技术完全正交化用户的通信资源,可以获得无干扰的信号,但是有时迫于通信资源有限并不可行,即使可行其资源使用率也很低;把干扰作为噪声处理,在弱干扰情况下会获得好的性能,但干扰越强其性能越差;译出干扰策略在强干扰下能可靠地恢复出干扰信号，并进行抵消，在弱干扰情况下则严重束缚系统通信性能。

对于使用叠加码的干扰信道，主要采用速率分裂技术来达到各种通信目标的传输策略[147-152]。然而，虽然叠加码获得的速率区域要稍好于点对点码的速率区域，但在某些信道参数范围内优势并不明显，并且叠加码传输方案的实现要比点对点码复杂得多。

近些年，对于多用户干扰信道，主要采取干扰对齐策略来设计达到各种通信目标的传输策略，取得了大量研究成果[153-170]。理论上已经证明干扰对齐方案能够达到无干扰时用户容量的一半，并得出了基于干扰对齐方案的最大可达自由度并不随着用户的增加而减少，而是始终保持为干扰网络中用户数一半的自由度。虽然干扰对齐方案在多用户干扰信道获得的自由度通常好于点对点码和叠加码传输方案，然而，有关在有限信号维，如时间、频谱、空间，干扰对齐方案的可实现性以及高效实现仍是未解决的问题。如何减少干扰对齐方案对信道状态的依赖也是影响干扰对齐方案实用化的关键问题。

考虑到用户间既可能竞争又可能合作的关系，博弈论被引入干扰信道为设计传输策略服务，也取得了比较可观的成果[171-181]。研究结果表明，该类传输策略需要多个用户之间的互相协作，也就是要求有一个系统中心协调各个用户之间的传输策略来达到最大吞吐量。这就必然会增加网络的复杂度与协议开销，并且在一定的环境情况下多用户协作还不能实现。

另外，有些研究中的传输策略考虑了系统中用户的公平性及系统负载的均衡问题[182-191]，有些传输策略使用注水法、迭代注水及其改进策略对功率、频率等通信资源管理进行了优化[192-195]，还有些传输策略结合了协作技术[196]和反馈技术[110]。

1.4　本书结构安排

本书针对一般的干扰信道，主要论述内容包括：在用户使用点对点码的情况下，提出一个统一的可达速率区域，该区域包含目前已知的所有点对点码下的可达速率区域；提出两种方法来证明 HK 和 CMG 两个速率区域的等价性，并证明采用逐次干扰消除译码方法可以达到 HK 和 CMG 速率区域；通过比较点对点码和叠加码在典型信道参数下的速率区域，提出一个简单的信息传输策略和通信中两种码的选择方案；针对中继信道，主要研究了在中继节点使用译码转发策略的情况下，无公共信息的广播中继信道和中继多址信道的信道容量；针对无线传感网，研究了 LDPC 码、LT 码、CS 等编码技术在无线传感网数据收集中的应用。

各章内容如下：

第 1 章是绪论，介绍了干扰信道研究的背景与意义，总结了干扰信道容量及传输策略的研究现状和进展情况，分析了干扰信道容量研究的关键问题，指出了研究中存在的问题，介绍了本书研究成果与意义，以及全书的结构安排。

第 2 章是点对点码下的干扰信道容量，针对使用点对点码的两用户干扰信道，论述了一个可达速率区域，它整合了目前所有点对点码下已知的几种特定信道下最佳传输策略，包含点对点码下全部现有内界，成为目前点对点码下两用户干扰信道的最佳可达速率区。推广到高斯干扰信道的理论和数值结果，与目前点对点码下性能比较好的速率区域与和速率进行了比较，证实了上述结论[200,201]。

第 3 章是叠加码下的干扰信道容量，针对 HK 和 CMG 速率区域计算和等价性比较难理解的问题，论述了两种方法来证明 HK 和 CMG 两个速率区域的等价性。第一种方法是在保持原有编码不变的情况下，证明了采用逐次干扰消除译码方法可以达到 HK 和 CMG 速率区域，而关于对译码顺序的分析，不仅证明了二者的等价性，还说明了同时叠加编码和顺序叠加编码的关系。第二种方法是从化简冗余表达式的角度来化简 HK 和 CMG 速率区域表达式，从而证明二者等价[202]。

第 4 章是点对点码和叠加码下的高斯干扰信道容量比较，针对两用户高斯干扰信道，把第 2 章所提的点对点码下的可达速率区域和使用叠加码得到的目前最佳速率区域 HK 速率区域，从是否使用时间共享变量方面进行了性能比较，为实际通信中是选择点对点码还是叠加码提供了理论依据[203]。

第 5 章是多用户循环干扰信道容量，针对一类特殊的多用户干扰信道——循环干扰信道，该信道中每个用户只受到相邻同方向上一个用户的干扰，论述了证明采用逐次干扰消除译码方法达到的可达速率区域和 HK 与 CMG 推广到该信道上的可达速率区域是等价的[204]。

第 6 章是高斯干扰信道中的干扰译码策略，针对两用户高斯干扰信道发送端采用点对点高斯码情况下，论述了根据信道增益和功率参数获得最大系统吞吐量的译码策略，给出了该策略的两种等价条件表示，证明了最大吞吐量译码策略并不仅仅依赖信道增益的大小，而是由信道增益和功率参数共同决定的[205]。

第 7 章是研究展望，结合干扰信道研究所面临的挑战，对将来的研究工作进行了展望。

第 8 章针对无公共信息的广播中继信道，论述了在中继节点使用译码转发策略的情况下的信道容量[206]。

第 9 章针对中继多址信道，论述了在中继节点上使用译码转发策略的情况下的信道容量[207]。

第 10 章论述了 LDPC 码在无线传感网数据收集中的应用[208]。

第 11 章论述了融合了 LT 码的压缩感知技术在无线传感网数据收集中的应用[209]。

第 12 章论述了压缩感知和交叉验证技术在无线传感网数据收集中的应用[210]。

第 13 章论述了压缩感知和机器学习在融合了群智感知的无线传感混合网数据收集中的应用[211]。

第2章

点对点码下的干扰信道容量

自1961年Shannon首次开启干扰信道以来[3]，很多研究者投身到干扰信道的相关研究之中。针对不同信道条件，研究最佳可达速率区域一直是信息理论界的研究热点。对于离散无记忆信道，已经确定了强干扰[11,12,38]、信道输出是信道输入的确定函数[32]、信道是退化的[13,14]情况下的容量区域。对于高斯信道，确定了强和极强干扰下容量区域[16,17,38]；在噪声与干扰强度相当的情况下，可以确定和速率容量[18-20]；混合和单边高斯干扰信道的和容量也是确定的[21,22]。

以上这些结果都可以用点对点码获得。点对点码是为仅有一对通信用户的信道所设计的信道码，也称单用户码。点对点码已经广泛用于通信系统中，在点对点码和接收机设计方面有很多的研究成果。近年来，使用点对点码的干扰信道的基本通信性能被很多研究者持续关注。文献[33]研究了当采用逐次干扰消除译码时，采用点对点码的干扰信道的基本性能限。后来有研究者比较了使用点对点码的无线ad hoc网络中，采用逐次干扰消除译码和同时译码的性能差距。文献[7]假定在采用把干扰当噪声，逐次干扰消除译码和同时译码的情况下，确定了使用点对点码的高斯干扰网络的容量区域。

本章针对所有用户使用点对点码的两用户干扰信道，结合把干扰当噪声，同时译码和时间共享技术推导出一个可达速率区域。该速率区域的获得是通过组合使用了目前干扰信道中各种信道条件下最佳的单一译码策略，因此，它包含了现有的点对点码下干扰信道可达速率区域。使用点对点码的两用户高斯干扰信道下的数值结果也说明了此点。

在后面的讨论中，我们使用X代表随机变量，其字符表和概率分布密度函数

分别为 $\mathcal{X}$ 和 $p_X(x)=Pr(X=x)$，简记为 $p(x)$。随机变量 X 服从分布 $p_X(x)$ 简记为$X\sim p_X(x)$，其中 $x\in\mathcal{X}$。$X^n=(X_1,X_2,\cdots,X_n)$ 代表一个 n 长序列。

2.1　信道模型

两用户离散无记忆干扰信道模型如图 2-1 所示。该信道由用 $\mathcal{X}_1,\mathcal{X}_2$ 和 $\mathcal{Y}_1,\mathcal{Y}_2$ 分别表示输入字符表和输出字符表，一组在 $\mathcal{Y}_1\times\mathcal{Y}_2$ 上的条件概率分布密度函数$p(y_1,y_2|x_1,x_2)$定义。其中，发送端 $i(i=1,2)$ 想发送一个独立的信息 M_i（均匀分布于 $\mathcal{W}_i$）给其对应的接收端，接收信号为 Y_i。离散无记忆干扰信道的一个 $((2^{nR_1},2^{nR_2}),n)$ 码由两个信息集合 $\mathcal{W}_1=\{1,2,\cdots,2^{nR_1}\}$ 和 $\mathcal{W}_2=\{1,2,\cdots,2^{nR_2}\}$，两个发送端编码函数 $f_1:\mathcal{W}_1\to\mathcal{X}_1^n$ 和 $f_2:\mathcal{W}_2\to\mathcal{X}_2^n$，以及两个接收端译码函数 $g_1:\mathcal{Y}_1^n\to\mathcal{W}_1$ 和 $g_2:\mathcal{Y}_2^n\to\mathcal{W}_2$ 定义。平均译码错误概率定义为

$$P_{\mathrm{e}}^{(n)}=Pr\{(\hat{M}_1,\hat{M}_2)\neq(M_1,M_2)\}$$

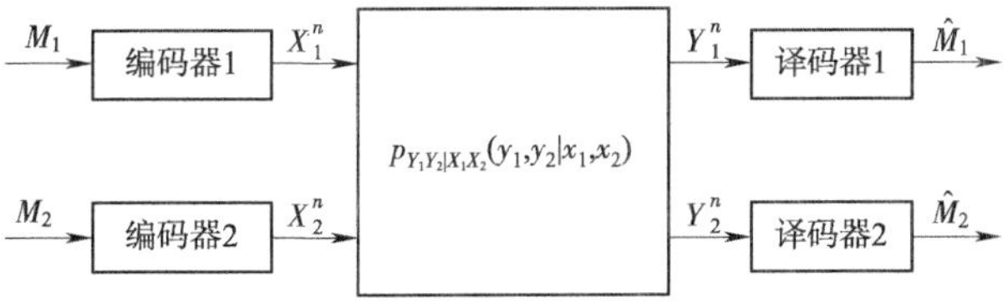

图 2-1　两用户离散无记忆干扰信道

如果存在一个码$((2^{nR_1},2^{nR_2}),n)$使得当 $n\to\infty$ 时 $P_{\mathrm{e}}^{(n)}\to0$，则称速率对(R_1,R_2)对离散无记忆信道是可达的。可达速率对(R_1,R_2)的集合在所有输入分布上的闭包称为该信道的容量区域。与广播信道类似，离散无记忆干扰信道的容量区域也依赖边缘分布 $p(y_i|x_1,x_2)$，且一般的干扰信道容量区域还未确定。

2.2　可达速率区域

定理 1　对于输入分布 $p(q)p(x_1|q)p(x_2|q)$，离散无记忆干扰信道的一种可达速率区域 R_{p2p} 可由满足下列表达式的速率对(R_1,R_2)集合的闭包定义：

$$R_1 \leqslant I(X_1;Y_1 \mid W_2 Q) \tag{2-1}$$

$$R_2 \leqslant I(X_2;Y_2 \mid W_1 Q) \tag{2-2}$$

$$R_1 + R_2 \leqslant I(X_1 W_2;Y_1 \mid Q) + I(X_2;Y_2 \mid W_1 W_2 Q) \tag{2-3}$$

$$R_1 + R_2 \leqslant I(X_2 W_1;Y_2 \mid Q) + I(X_1;Y_1 \mid W_1 W_2 Q) \tag{2-4}$$

式中,$I(X;Y)$为变量 X 和 Y 的互信息;$W_j \in \{\phi, X_j\}, j=1,2$。

证明

(1)随机码书的构造

选定固定的概率分布 $p(q)p(x_1 \mid q)p(x_2 \mid q)$。随机产生一个序列 q^n,根据分布

$$\prod_{i=1}^{n} p_Q(q_i)$$

独立同分布地产生其每一个元素。对于序列 q^n,随机并条件独立地产生 2^{nR_1} 个序列$x_1^n(m_1)$,其中 $m_1 \in \{1,2,\cdots,2^{nR_1}\}$。

再根据分布

$$\prod_{i=1}^{n} p_{X_1|Q}(x_{1i} \mid q_i)$$

独立同分布地产生其每一个元素。对于序列 q^n,随机并条件独立地产生 2^{nR_2} 个序列$x_2^n(m_2)$,其中 $m_2 \in \{1,2,\cdots,2^{nR_2}\}$。

最后根据分布

$$\prod_{i=1}^{n} p_{X_2|Q}(x_{2i} \mid q_i)$$

独立同分布地产生其每一个元素。

(2)编码

要发送(m_1,m_2),发送端j发送码字$x_j^n(m_j)$,$j=1,2$。

(3)译码

每个接收端的译码器都有 TIN 和 SD 两种译码规则,因此,一共有四种译码策略。

①译码器 1 使用 TIN 且译码器 2 使用 TIN。

如果译码器 1 能找到唯一的消息使得 $q^n, x_1^n(\hat{m}_1), y_1^n$ 成为联合典型序列,简记为$(q^n, x_1^n(\hat{m}_1), y_1^n) \in T_\varepsilon^{(n)}$,则译码器 1 声明发送端发送的消息是 $\hat{m}_1$,否则译码

器 1 出现译码错误。类似地，如果译码器 2 能找到唯一的消息使得$(q^n, x_2^n(\hat{m}_2), y_2^n) \in T_\varepsilon^{(n)}$，则译码器 2 声明发送端发送的消息是 $\hat{m}_2$，否则译码器 2 声明出现译码错误。

②译码器 1 使用 TIN 且译码器 2 使用 SD。

如果译码器 1 能找到唯一的消息使得$(q^n, x_1^n(\hat{m}_1), y_1^n) \in T_\varepsilon^{(n)}$，则译码器 1 声明发送端发送的消息是 $\hat{m}_1$，否则译码器 1 出现译码错误。

如果译码器 2 能找到唯一的消息$(\hat{m}_1, \hat{m}_2)$，$m_1 \in \{1,2,\cdots,2^{nR_1}\}$且 $m_2 \in \{1,2,\cdots,2^{nR_2}\}$，使得$(q^n, x_1^n(\hat{m}_1), x_2^n(m_2), y_2^n) \in T_\varepsilon^{(n)}$，则译码器 2 声明发送端发送的消息是 $\hat{m}_2$，否则译码器 2 出现译码错误。

③译码器 1 使用 SD 且译码器 2 使用 TIN。

如果译码器 1 能找到唯一的消息$(\hat{m}_1, \hat{m}_2)$，$m_1 \in \{1,2,\cdots,2^{nR_1}\}$且 $m_2 \in \{1,2,\cdots,2^{nR_2}\}$，使得$(q^n, x_1^n(\hat{m}_1), x_2^n(m_2), y_1^n) \in T_\varepsilon^{(n)}$，则译码器 1 声明发送端发送的消息是 $\hat{m}_1$，否则译码器 1 出现译码错误。如果译码器 2 能找到唯一的消息使得$(q^n, x_2^n(\hat{m}_2), y_2^n) \in T_\varepsilon^{(n)}$，则译码器 2 声明发送端发送的消息是 $\hat{m}_2$，否则译码器 2 出现译码错误。

④译码器 1 使用 SD 且译码器 2 使用 SD。

如果译码器 1 能找到唯一的消息$(\hat{m}_1, \hat{m}_2)$，$m_1 \in \{1,2,\cdots,2^{nR_1}\}$且 $m_2 \in \{1,2,\cdots,2^{nR_2}\}$，使得$(q^n, x_1^n(\hat{m}_1), x_2^n(m_2), y_1^n) \in T_\varepsilon^{(n)}$，则译码器 1 声明发送端发送的消息是 $\hat{m}_1$，否则译码器 1 出现译码错误。如果译码器 2 能找到唯一的消息$(\hat{m}_1, \hat{m}_2)$，$m_1 \in \{1,2,\cdots,2^{nR_1}\}$且 $m_2 \in \{1,2,\cdots,2^{nR_2}\}$，使得$(q^n, x_1^n(\hat{m}_1), x_2^n(m_2), y_2^n) \in T_\varepsilon^{(n)}$，则译码器 2 声明发送端发送的消息是 $\hat{m}_2$，否则译码器 2 出现译码错误。

(4)译码错误概率分析

下面来界定码书和消息的平均译码错误概率。根据码字产生的对称性，发生译码错误并不依赖所发送的码字。因此，假定发送端发送的消息是 $M_1 = 1$ 和 $M_2 = 1$。那么，可得 $P(\varepsilon) = P(\varepsilon \mid M_1 = 1, M_2 = 1)$。

当发生下列情况时发生译码错误。

①译码器 1 使用 TIN 且译码器 2 使用 TIN。

译码器 1 上，Q^n，$X_1^n(1)$，Y_1^n 不属于联合典型序列的事件记为

$$\varepsilon_{11}=\{(Q^n,X_1^n(1),Y_1^n)\notin T_\varepsilon^{(n)}\}$$

对 $m_1\neq 1$ 有

$$\varepsilon_{12}=\{(Q^n,X_1^n(m_1),Y_1^n)\notin T_\varepsilon^{(n)}\}$$

则根据事件的联合界有 $P(\varepsilon_1)\leqslant P(\varepsilon_{11})+P(\varepsilon_{12})$。根据大数定律，当码长 $n\to\infty$ 时有 $P(\varepsilon_{11})\to 0$。根据填充引理，如果 $R_1\leqslant I(X_1;Y_1|Q)-\delta(\varepsilon)$，则当码长 $n\to\infty$ 时有 $P(\varepsilon_{12})\to 0$。

译码器 2 上，有

$$\varepsilon_{21}=\{(Q^n,X_2^n(1),Y_2^n)\notin T_\varepsilon^{(n)}\}$$

对 $m_2\neq 1$ 有

$$\varepsilon_{22}=\{(Q^n,X_2^n(m_2),Y_2^n)\notin T_\varepsilon^{(n)}\}$$

根据事件的联合界有

$$P(\varepsilon_2)\leqslant P(\varepsilon_{21})+P(\varepsilon_{22})$$

根据大数定律，当码长 $n\to\infty$ 时有 $P(\varepsilon_{21})\to 0$。根据填充引理，如果 $R_2\leqslant I(X_2;Y_2|Q)-\delta(\varepsilon)$，则当码长 $n\to\infty$ 时有 $P(\varepsilon_{22})\to 0$。因此，该策略可以获得的可达速率区域记作 R_{TINs}，可表示为

$$R_1\leqslant I(X_1;Y_1|Q) \tag{2-5}$$

$$R_2\leqslant I(X_2;Y_2|Q) \tag{2-6}$$

②译码器 1 使用 TIN 且译码器 2 使用 SD。

译码器 1 上，有

$$\varepsilon_{11}=\{(Q^n,X_1^n(1),Y_1^n)\notin T_\varepsilon^{(n)}\}$$

对 $m_1\neq 1$ 有

$$\varepsilon_{12}=\{(Q^n,X_1^n(m_1),Y_1^n)\notin T_\varepsilon^{(n)}\}$$

根据事件的联合界有

$$P(\varepsilon_1)\leqslant P(\varepsilon_{11})+P(\varepsilon_{12})$$

根据大数定律，当码长 $n\to\infty$ 时有 $P(\varepsilon_{11})\to 0$。根据填充引理，如果 $R_1\leqslant I(X_1;Y_1|Q)-\delta(\varepsilon)$，则当码长 $n\to\infty$ 时有 $P(\varepsilon_{12})\to 0$。

译码器 2 上，有

$$\varepsilon_{21}=\{(Q^n,X_1^n(1),X_2^n(1),Y_2^n)\notin T_\varepsilon^{(n)}\}$$

对 $m_2\neq1$ 有

$$\varepsilon_{22}=\{(Q^n,X_1^n(1),X_2^n(m_2),Y_2^n)\notin T_\varepsilon^{(n)}\}$$

对 $m_1\neq1,m_2\neq1$ 有

$$\varepsilon_{23}=\{(Q^n,X_1^n(m_1),X_2^n(m_2),Y_2^n)\notin T_\varepsilon^{(n)}\}$$

则根据事件的联合界有

$$P(\varepsilon_2)\leqslant P(\varepsilon_{21})+P(\varepsilon_{22})+P(\varepsilon_{23})$$

根据大数定律，当信道码的码长 $n\to\infty$ 时有 $P(\varepsilon_{21})\to0$。根据填充引理，如果速率满足 $R_2\leqslant I(X_2;Y_2|X_1Q)-\delta(\varepsilon)$，则当码长 $n\to\infty$ 时有 $P(\varepsilon_{22})\to0$。与此类似，如果两个速率之和 $R_1+R_2\leqslant I(X_1X_2;Y_2|Q)-\delta(\varepsilon)$，则当码长 $n\to\infty$ 时有 $P(\varepsilon_{23})\to0$。

因此，当速率 $R_2\leqslant I(X_2;Y_2|X_1Q)-\delta(\varepsilon)$ 且 $R_1+R_2\leqslant I(X_1X_2;Y_2|Q)-\delta(\varepsilon)$ 时，码长 $n\to\infty$ 时总的译码平均错误概率 $P(\varepsilon_2)\to0$。所以，该策略可以获得的可达速率区域 R_{TS} 如下：

$$R_1\leqslant I(X_1;Y_1|Q) \tag{2-7}$$

$$R_2\leqslant I(X_2;Y_2|X_1Q) \tag{2-8}$$

$$R_1+R_2\leqslant I(X_1X_2;Y_2|Q) \tag{2-9}$$

③译码器 1 使用 SD 且译码器 2 使用 TIN。

在译码器 1 上，有

$$\varepsilon_{11}=\{(Q^n,X_1^n(1),X_2^n(1),Y_1^n)\notin T_\varepsilon^{(n)}\}$$

或者对 $m_1\neq1$ 有

$$\varepsilon_{12}=\{(Q^n,X_2^n(1),X_1^n(m_1),Y_1^n)\notin T_\varepsilon^{(n)}\}$$

或者对 $m_1\neq1,m_2\neq1$ 有

$$\varepsilon_{13}=\{(Q^n,X_1^n(m_1),X_2^n(m_2),Y_1^n)\notin T_\varepsilon^{(n)}\}$$

则根据事件的联合界有

$$P(\varepsilon_1)\leqslant P(\varepsilon_{11})+P(\varepsilon_{12})+P(\varepsilon_{13})$$

根据大数定律，当信道码的码长 $n\to\infty$ 时有 $P(\varepsilon_{11})\to0$。根据填充引理，如

果速率满足 $R_1 \leqslant I(X_1;Y_1|X_2Q)-\delta(\varepsilon)$，则当码长 $n\to\infty$ 时有 $P(\varepsilon_{12})\to 0$；若 $R_1+R_2\leqslant I(X_1X_2;Y_1|Q)-\delta(\varepsilon)$，则当码长 $n\to\infty$ 时有 $P(\varepsilon_{13})\to 0$。因此，当单速率满足 $R_1\leqslant I(X_1;Y_1|X_2Q)-\delta(\varepsilon)$ 且和速率表达式满足 $R_1+R_2\leqslant I(X_1X_2;Y_1|Q)-\delta(\varepsilon)$ 时，码长 $n\to\infty$ 时总的译码平均错误概率 $P(\varepsilon_1)\to 0$。

在译码器 2 上，有

$$\varepsilon_{21}=\{(Q^n,X_2^n(1),Y_2^n)\notin T_\varepsilon^{(n)}\}$$

或者对 $m_2\neq 1$ 有

$$\varepsilon_{22}=\{(Q^n,X_2^n(m_2),Y_2^n)\notin T_\varepsilon^{(n)}\}$$

根据事件的联合界有

$$P(\varepsilon_2)\leqslant P(\varepsilon_{21})+P(\varepsilon_{22})$$

根据大数定律，当码长 $n\to\infty$ 时有 $P(\varepsilon_{21})\to 0$。根据填充引理，如果 $R_2\leqslant I(X_2;Y_2|Q)-\delta(\varepsilon)$，则当码长 $n\to\infty$ 时 $P(\varepsilon_{22})\to 0$。因此，该策略可以获得的可达速率区域 R_{ST} 可表示如下：

$$R_1\leqslant I(X_1;Y_1|X_2Q) \tag{2-10}$$

$$R_2\leqslant I(X_2;Y_2|Q) \tag{2-11}$$

$$R_1+R_2\leqslant I(X_1X_2;Y_1|Q) \tag{2-12}$$

④译码器 1 使用 SD 且译码器 2 使用 SD。

在译码器 1 上，有

$$\varepsilon_{11}=\{(Q^n,X_1^n(1),X_2^n(1),Y_1^n)\notin T_\varepsilon^{(n)}\}$$

或者对 $m_1\neq 1$ 有

$$\varepsilon_{12}=\{(Q^n,X_2^n(1),X_1^n(m_1),Y_1^n)\notin T_\varepsilon^{(n)}\}$$

或者对 $m_1\neq 1,m_2\neq 1$ 有

$$\varepsilon_{13}=\{(Q^n,X_1^n(m_1),X_2^n(m_2),Y_1^n)\notin T_\varepsilon^{(n)}\}$$

则根据事件的联合界有

$$P(\varepsilon_1)\leqslant P(\varepsilon_{11})+P(\varepsilon_{12})+P(\varepsilon_{13})$$

根据大数定律，当信道码的码长 $n\to\infty$ 时有 $P(\varepsilon_{11})\to 0$。根据填充引理，如果单速率 $R_1\leqslant I(X_1;Y_1|X_2Q)-\delta(\varepsilon)$，则当码长 $n\to\infty$ 时有 $P(\varepsilon_{12})\to 0$；如果和速率表达式满足条件 $R_1+R_2\leqslant I(X_1X_2;Y_1|Q)-\delta(\varepsilon)$，则当码长 $n\to\infty$ 时有 $P(\varepsilon_{13})\to 0$。

因此，$R_1 \leqslant I(X_1;Y_1|X_2Q)-\delta(\varepsilon)$且$R_1+R_2 \leqslant I(X_1X_2;Y_1|Q)-\delta(\varepsilon)$时，码长$n\to\infty$时总的译码平均错误概率$P(\varepsilon_1)\to 0$。

在译码器 2 上，有

$$\varepsilon_{21}=\{(Q^n, X_1^n(1), X_2^n(1), Y_2^n)\notin T_\varepsilon^{(n)}\}$$

或者对$m_2\neq 1$有

$$\varepsilon_{22}=\{(Q^n, X_1^n(1), X_2^n(m_2), Y_2^n)\notin T_\varepsilon^{(n)}\}$$

或者对$m_1\neq 1, m_2\neq 1$有

$$\varepsilon_{23}=\{(Q^n, X_1^n(m_1), X_2^n(m_2), Y_2^n)\notin T_\varepsilon^{(n)}\}$$

则根据事件的联合界有

$$P(\varepsilon_2)\leqslant P(\varepsilon_{21})+P(\varepsilon_{22})+P(\varepsilon_{23})$$

根据大数定律，当码长$n\to\infty$时有$P(\varepsilon_{21})\to 0$。根据填充引理，如果单速率$R_2 \leqslant I(X_2;Y_2|X_1Q)-\delta(\varepsilon)$，则当码长$n\to\infty$时有$P(\varepsilon_{22})\to 0$。类似的，如果和速率$R_1+R_2 \leqslant I(X_1X_2;Y_2|Q)-\delta(\varepsilon)$，则当码长$n\to\infty$时有$P(\varepsilon_{23})\to 0$。因此，当速率$R_2 \leqslant I(X_2;Y_2|X_1Q)-\delta(\varepsilon)$且$R_1+R_2 \leqslant I(X_1X_2;Y_2|Q)-\delta(\varepsilon)$时，码长$n\to\infty$时总的译码平均错误概率$P(\varepsilon_2)\to 0$。所以，该策略可以获得的可达速率区域$R_{\text{SDs}}$如下：

$$R_1 \leqslant I(X_1;Y_1|X_2Q) \tag{2-13}$$

$$R_2 \leqslant I(X_2;Y_2|X_1Q) \tag{2-14}$$

$$R_1+R_2 \leqslant I(X_1X_2;Y_1|Q) \tag{2-15}$$

$$R_1+R_2 \leqslant I(X_1X_2;Y_2|Q) \tag{2-16}$$

通过引入变量$W_j\in\{\phi, X_j\}, j=1,2$，将以上四个速率区域$R_{\text{TLNs}}, R_{\text{TS}}, R_{\text{ST}}, R_{\text{SDs}}$合并，得到式(2-1)～式(2-4)，其速率对集合的闭包是两用户离散无记忆干扰信道的一个可达速率区域，即定理 1 得证。

2.3　扩展到高斯干扰信道

本节将前述结论扩展到图 2-2 所示的标准两用户高斯干扰信道，其中信道输入相互独立并满足如下平均功率约束：

$$\frac{1}{n}E[\ \| x_i^2 \|\ ] \leqslant P_i$$

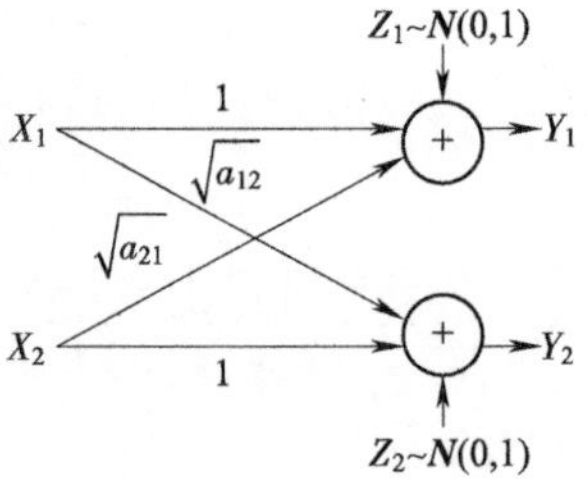

图 2-2　标准两用户高斯干扰信道

设 $Z_i \sim \boldsymbol{N}(0,1)$表示高斯白噪声,$i=1,2$。$a_{12}$和 a_{21}表示信道干扰系数,则信道输出可表示为

$$Y_1 = X_1 + \sqrt{a_{21}}X_2 + Z_1 \tag{2-17}$$

$$Y_2 = \sqrt{a_{12}}X_1 + X_2 + Z_2 \tag{2-18}$$

2.3.1　不考虑时间共享变量的速率区域

若不考虑时间共享变量,则有下面的结果。

定理 2　对于一个标准两用户高斯干扰信道,满足下列条件的速率对(R_1,R_2)集合的凸包是可达的:

$$R_1 \leqslant C\left(\frac{P_1}{1+\overline{w}_2 a_{21} P_2}\right) \tag{2-19}$$

$$R_2 \leqslant C\left(\frac{P_2}{1+\overline{w}_1 a_{12} P_1}\right) \tag{2-20}$$

$$R_1 + R_2 \leqslant C\left(\frac{P_1 + w_2 a_{21} P_2}{1+\overline{w}_2 a_{21} P_2}\right) + C\left(\frac{\overline{w}_2 P_2}{1+\overline{w}_1 a_{12} P_1}\right) \tag{2-21}$$

$$R_1 + R_2 \leqslant C\left(\frac{P_2 + w_1 a_{12} P_1}{1+\overline{w}_1 a_{12} P_1}\right) + C\left(\frac{\overline{w}_1 P_1}{1+\overline{w}_2 a_{21} P_2}\right) \tag{2-22}$$

式中,$C(x)=\frac{1}{2}\log_2(1+x)$;$w_j \in \{0,1\}$,$\overline{w}_j = 1-w_j$,$j=1,2$。

证明　如下选择高斯码书:$X_1 \sim \boldsymbol{N}(0,P_1)$,$X_2 \sim \boldsymbol{N}(0,P_2)$,以及 $W_j \sim$

$N(0, w_j P_j)$，其中 $w_j \in \{0,1\}$，$\overline{w}_j = 1 - w_j$，$j = 1,2$。

分别计算互信息 $I(X_1;Y_1 \mid W_2)$，$I(X_2;Y_2 \mid W_1)$，$I(X_1 W_2;Y_1) + I(X_2;Y_2 \mid W_1 W_2)$ 以及 $I(X_2 W_1;Y_2) + I(X_1;Y_1 \mid W_1 W_2)$，即可得到定理 2 的结论。

在图 2-3 ~ 图 2-10 中，对本章提出的速率区域与四种使用单一译码策略获得的速率区域进行了比较。

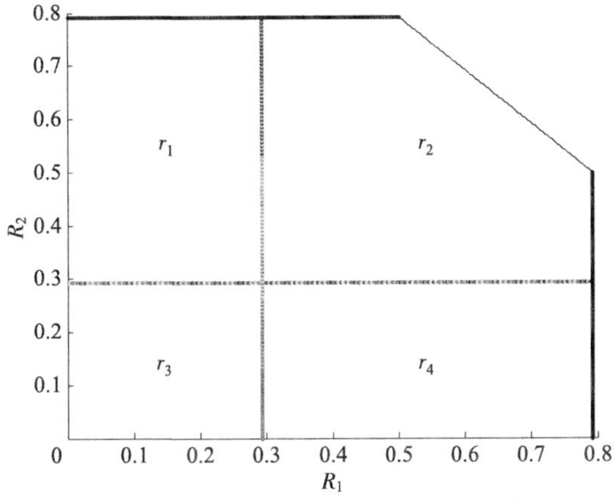

图 2-3　$P_1 = P_2 = 2.0$，$a_{12} = a_{21} = 1.5$ 速率区域

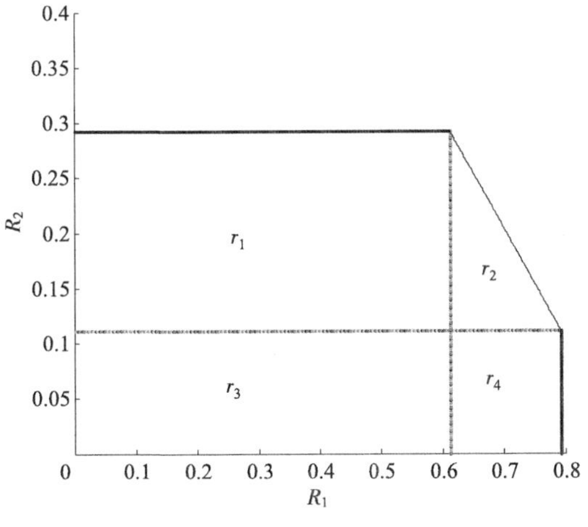

图 2-4　$P_1 = 2.0$，$P_2 = 0.5$，$a_{12} = a_{21} = 1.0$ 速率区域

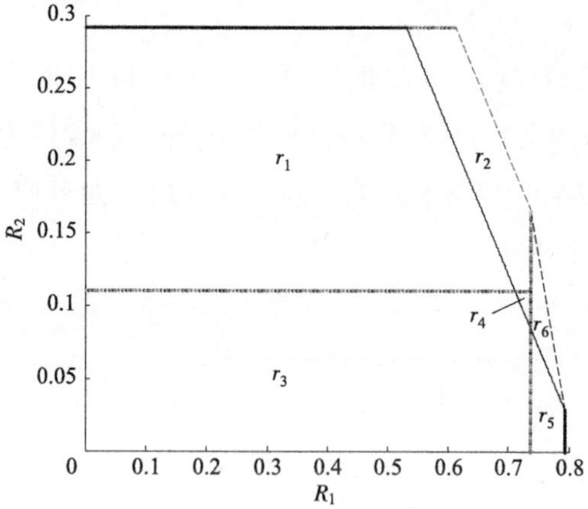

图 2-5　$P_1=2.0, P_2=0.5, a_{12}=1.0, a_{21}=0.25$ 速率区域

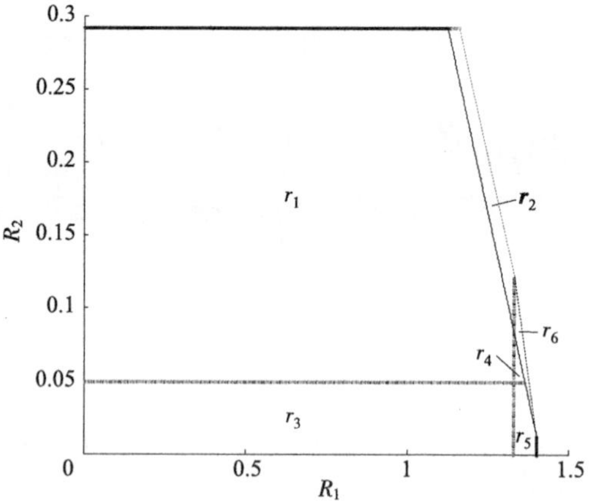

图 2-6　$P_1=6.0, P_2=0.5, a_{12}=1.0, a_{21}=0.25$ 速率区域

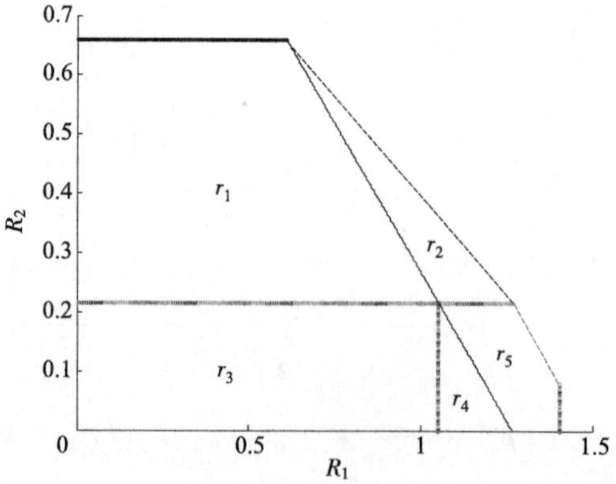

图 2-7　$P_1=6.0, P_2=1.5, a_{12}=a_{21}=0.55$ 速率区域

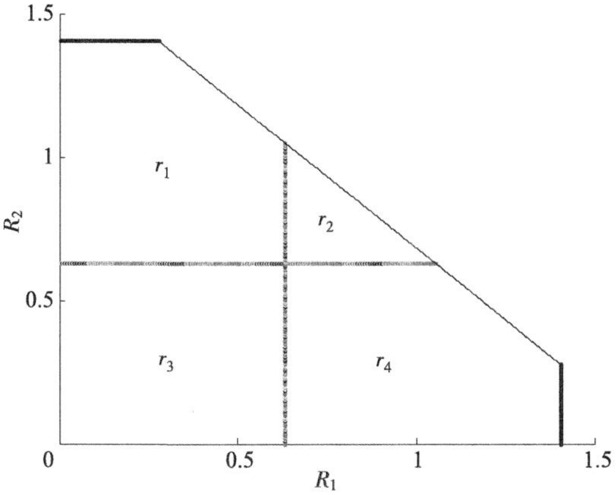

图 2-8　$P_1 = P_2 = 6.0, a_{12} = a_{21} = 0.55$ 速率区域

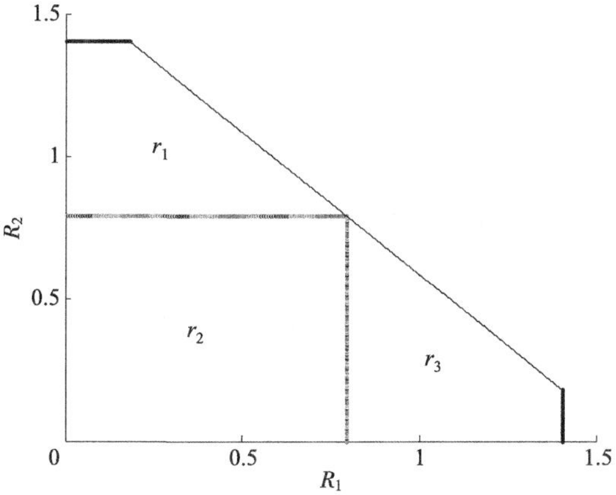

图 2-9　$P_1 = P_2 = 6.0, a_{12} = a_{21} = 1/3$ 速率区域

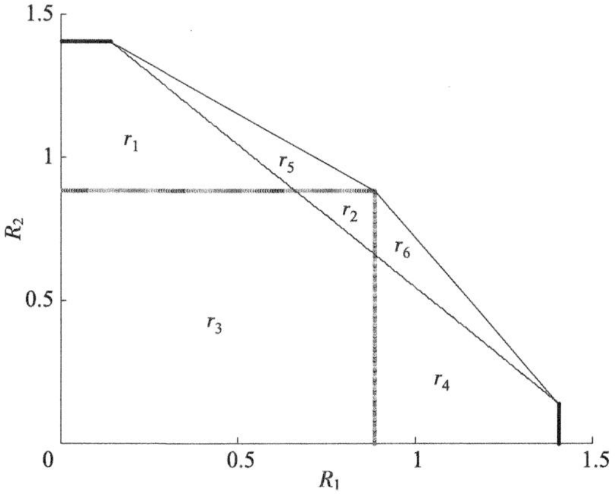

图 2-10　$P_1 = P_2 = 6.0, a_{12} = a_{21} = 0.25$ 速率区域

图2-3中，$P_1=P_2=2.0$，$a_{12}=a_{21}=1.5$；图2-4中$P_1=2.0$，$P_2=0.5$，$a_{12}=a_{21}=1.0$。当译码器1和2都采用TIN时，得到的可达速率区域用r_3表示。当译码器1采用TIN译码器2采用SD时，获得的可达速率区域是r_1和r_3的并集。当译码器1采用SD译码器2采用TIN时，获得的可达速率区域是r_3和r_4的并集。当译码器1和译码器2都采用SD时，获得的可达速率区域是r_1，r_2，r_3和r_4的并集，此时的速率区域与本章提出的速率区域相同。

图2-5中，$P_1=2.0$，$P_2=0.5$，$a_{12}=1.0$，$a_{21}=0.25$。当译码器1和2都采用TIN时，得到的可达速率区域是r_3和r_4的并集。当译码器1采用TIN译码器2采用SD时，获得的可达速率区域是r_1，r_2，r_3和r_4的并集。当译码器1采用SD译码器2采用TIN时，获得的可达速率区域是r_3和r_5的并集。当译码器1和译码器2都采用SD时，获得的可达速率区域是r_1，r_3和r_5的并集。本章提出的可达速率区域是r_1，r_2，r_3，r_4，r_5和r_6的并集，是其中最好的。

图2-6中，$P_1=6.0$，$P_2=0.5$，$a_{12}=1.0$，$a_{21}=0.25$。当译码器1和2都采用TIN时，得到的可达速率区域是r_3。当译码器1采用TIN译码器2采用SD时，获得的可达速率区域是r_1，r_2和r_3的并集。当译码器1采用SD译码器2采用TIN时，获得的可达速率区域是r_3和r_5的并集。当译码器1和译码器2都采用SD时，获得的可达速率区域是r_1，r_3，r_4和r_5的并集。本章提出的可达速率区域是r_1，r_2，r_3，r_4，r_5和r_6的并集，是其中最好的。

图2-7中，$P_1=6.0$，$P_2=1.5$，$a_{12}=a_{21}=0.55$。当译码器1和2都采用TIN时，得到的可达速率区域是r_3。当译码器1采用TIN译码器2采用SD时，获得的可达速率区域是r_1和r_3的并集。当译码器1采用SD译码器2采用TIN时，获得的可达速率区域是r_3，r_4和r_5的并集。当译码器1和译码器2都采用SD时，获得的可达速率区域是r_1，r_3和r_4的并集。本章提出的可达速率区域是r_1，r_2，r_3，r_4和r_5的并集，是其中最好的。

图2-8中，$P_1=P_2=6.0$，$a_{12}=a_{21}=0.55$。当译码器1和2都采用TIN时，得到的可达速率区域是r_3。当译码器1采用TIN译码器2采用SD时，获得的可达速率区域是r_1和r_3的并集。当译码器1采用SD译码器2采用TIN时，获得的可达速率区域是r_3和r_4的并集。当译码器1和译码器2都采用SD时，获得的可达速率区域是r_1，r_2，r_3和r_4的并集，此时和本章提出的可达速率区域相同。

图 2-9 中，$P_1=P_2=6.0$，$a_{12}=a_{21}=1/3$。当译码器 1 和 2 都采用 TIN 时，得到的可达速率区域是 r_2。当译码器 1 采用 TIN 译码器 2 采用 SD 时，获得的可达速率区域是 r_1 和 r_2 的并集。当译码器 1 采用 SD 译码器 2 采用 TIN 时，获得的可达速率区域是 r_2 和 r_3 的并集。当译码器 1 和译码器 2 都采用 SD 时，获得的可达速率区域是 r_1，r_2 和 r_3 的并集，此时和本章提出的可达速率区域相同。

图 2-10 中，$P_1=P_2=6.0$，$a_{12}=a_{21}=0.25$。当译码器 1 和 2 都采用 TIN 时，得到的可达速率区域是 r_2 和 r_3 的并集。当译码器 1 采用 TIN 译码器 2 采用 SD 时，获得的可达速率区域是 r_1 和 r_3 的并集。当译码器 1 采用 SD 译码器 2 采用 TIN 时，获得的可达速率区域是 r_3 和 r_4 的并集。当译码器 1 和译码器 2 都采用 SD 时，获得的可达速率区域是 r_1，r_3 和 r_4 的并集。本章提出的可达速率区域是 r_1，r_2，r_3，r_4，r_5 和 r_6 的并集，是其中最好的。

上述数值结果说明了速率区域 R_{p2p} 确实优于四种简单的传输策略得到的速率区域。

2.3.2　多传输模式 FDM/TDM 速率区域

1977 年，Sato 针对离散无记忆两用户干扰信道，提出了一种改进的 FDM/TDM 传输策略，获得了一种可达速率区域[23]。2004 年，Sason 将这种改进的 FDM/TDM 传输策略应用到一般两用户高斯干扰信道[21]，简称 Sason 区域。在这种改进的 FDM/TDM 传输策略中，用户 1 的译码器把干扰当噪声处理，用户 2 的译码器要先译出干扰，再译自己的消息；另一种传输模式则相反，即用户 1 的译码器要先译出干扰，再译自己的消息，用户 2 的译码器把干扰当噪声处理。通信总时间或频带及每个用户的总发送功率被分成两部分，其中一部分时间或频带内使用一部分发送功率和一种传输模式，在另一部分时间或频带内使用另外一部分发送功率及另一种传输模式。对于图 2-2 所示的标准两用户高斯干扰信道，则 Sason 区域可描述如下：

$$\begin{cases}R_{\text{Sason}}=\bigcup\limits_{\alpha,\lambda_1,\lambda_2}\{(R_1,R_2)\}\\ R_1\leqslant\alpha C\left(\dfrac{\lambda_1P_1}{\alpha}\right)+\bar{\alpha}\min\left\{C\left(\dfrac{\bar{\lambda}_1P_1}{\bar{\alpha}+a_{21}\bar{\lambda}_2P_2}\right),C\left(\dfrac{a_{12}\bar{\lambda}_1P_1}{\bar{\alpha}+\bar{\lambda}_2P_2}\right)\right\}\\ R_2\leqslant\bar{\alpha}C\left(\dfrac{\lambda_2P_2}{\bar{\alpha}}\right)+\alpha\min\left\{C\left(\dfrac{\lambda_2P_2}{\alpha+a_{12}\lambda_1P_1}\right),C\left(\dfrac{a_{21}\lambda_2P_2}{\alpha+\lambda_1P_1}\right)\right\}\end{cases}\tag{2-23}$$

式中，$C(x)=\frac{1}{2}\log_2(1+x)$；$\bar{\alpha}=1-\alpha$；$\bar{\lambda}_1=1-\lambda_1$；$\bar{\lambda}_2=1-\lambda_2$。

类似于上面的方法，可以把速率区域 R_{p2p} 扩展到高斯干扰信道，相应地得出以下结论：

定理 3 下列速率对(R_1,R_2)的集合 R_{p2p}^4 对于一个标准两用户高斯干扰信道是可达的。

$$\begin{cases} R_{p2p}^4 = \bigcup\limits_{\sum_{i=1}^4 \alpha_i=1,\ \sum_{i=1}^4 \lambda_i=1,\ \sum_{i=1}^4 \lambda_i'=1} \{(R_1,R_2)\} \\ R_1 \leqslant R_1^{\text{TINs}} + R_1^{\text{Sason}} + R_1^{\text{SDs}} \\ R_2 \leqslant R_2^{\text{TINs}} + R_2^{\text{Sason}} + R_2^{\text{SDs}} \\ R_1 + R_2 \leqslant R_{\text{sum}}^{\text{TINs}} + R_{\text{sum}}^{\text{Sason}} + R_{\text{sum}}^{\text{SDs}} \end{cases} \tag{2-24}$$

式中，$R_1^{\text{TINs}}=\alpha_1 C\left(\frac{\lambda_1 P}{\alpha_1+a\lambda_1' P}\right)$；

$R_2^{\text{TINs}}=\alpha_1 C\left(\frac{\lambda_1' P}{\alpha_1+a\lambda_1 P}\right)$；

$R_{\text{sum}}^{\text{TINs}}=R_1^{\text{TINs}}+R_2^{\text{TINs}}$；

$R_1^{\text{Sason}}=\alpha_2 C\left(\frac{\lambda_2 P_1}{\alpha_2}\right)+\alpha_3\min\left\{C\left(\frac{\lambda_2' P_1}{\alpha_3+a_{21}\lambda_3' P_2}\right),C\left(\frac{a_{12}\lambda_2' P_1}{\alpha_3+\lambda_3' P_2}\right)\right\}$；

$R_2^{\text{Sason}}=\alpha_3 C\left(\frac{\lambda_3 P_2}{\alpha_3}\right)+\alpha_2\min\left\{C\left(\frac{\lambda_3 P_2}{\alpha_2+a_{12}\lambda_2 P_1}\right),C\left(\frac{a_{21}\lambda_3 P_2}{\alpha_2+\lambda_2 P_1}\right)\right\}$；

$R_{\text{sum}}^{\text{Sason}}=R_1^{\text{Sason}}+R_2^{\text{Sason}}$；

$R_1^{\text{SDs}}=\alpha_4 C\left(\frac{\lambda_4 P_1}{\alpha_4}\right)$；

$R_2^{\text{SDs}}=\alpha_4 C\left(\frac{\lambda_4' P_2}{\alpha_4}\right)$；

$R_{\text{sum}}^{\text{SDs}}=\alpha_4\min\left\{C\left(\frac{\lambda_4 P_1+a_{21}\lambda_4' P_2}{\alpha_4}\right),C\left(\frac{a_{12}\lambda_4 P_1+\lambda_4' P_2}{\alpha_4}\right)\right\}$。

在信道系数 $0<a_{12},a_{21}<1$ 情况下，速率区域 R_{p2p}^4 有下列性质：

(1)它包含以下三个速率点：

点 1：$(R_1,R_2)=\left(C\left(\frac{P_1}{1+a_{21}P_2}\right),C\left(\frac{P_2}{1+a_{12}P_1}\right)\right)$

点 2：$(R_1,R_2)=\left(C(P_1),C\left(\dfrac{a_{21}P_2}{1+P_1}\right)\right)$

点 3：$(R_1,R_2)=\left(C\left(\dfrac{a_{12}P_1}{1+P_2}\right),C(P_2)\right)$

(2)速率区域 R_{p2p}^4 同时包含了 R_{Sason} 和使用 FDM/TDM 获得的速率区域(简记为 $R_{\text{FDM/TDM}}$)。

(3)R_{p2p}^4 包含下列速率区域 R_{p2p}^3，且二者和速率相同。

$$\begin{cases} R_{p2p}^3 = \bigcup\limits_{\sum_{i=1}^3 \alpha_i=1,\ \sum_{i=1}^3 \lambda_i=1,\ \sum_{i=1}^3 \lambda_i'=1} \{(R_1,R_2)\} \\ R_1 \leqslant \alpha_1 C\left(\dfrac{\lambda_1 P_1}{\alpha_1+a_{21}\lambda_1' P_2}\right)+\alpha_2 C\left(\dfrac{\lambda_2 P_1}{\alpha_2}\right)+\alpha_3 \min\left\{C\left(\dfrac{\lambda_2' P_1}{\alpha_3+a_{21}\lambda_3' P_2}\right),C\left(\dfrac{a_{12}\lambda_2' P_1}{\alpha_3+\lambda_3' P_2}\right)\right\} \\ R_2 \leqslant \alpha_1 C\left(\dfrac{\lambda_1' P_2}{\alpha_1+a_{12}\lambda_1 P_1}\right)+\alpha_3 C\left(\dfrac{\lambda_3 P_2}{\alpha_3}\right)+\alpha_2 \min\left\{C\left(\dfrac{\lambda_3 P_2}{\alpha_2+a_{12}\lambda_2 P_1}\right),C\left(\dfrac{a_{21}\lambda_3 P_2}{\alpha_2+\lambda_2 P_1}\right)\right\} \end{cases} \tag{2-25}$$

(4)在对称信道情况下，即 $a_{12}=a_{21}=a$，$P_1=P_2=P$，式(2-25)可以化简为

$$\begin{cases} R_{p2p} = \bigcup\limits_{\sum_{i=1}^3 \alpha_i=1,\ \sum_{i=1}^3 \lambda_i=1,\ \sum_{i=1}^3 \lambda_i'=1} \{(R_1,R_2)\} \\ R_1 \leqslant \alpha_1 C\left(\dfrac{\lambda_1 P}{\alpha_1+a\lambda_1' P}\right)+\alpha_2 C\left(\dfrac{\lambda_2 P}{\alpha_2}\right)+\alpha_3 C\left(\dfrac{a\lambda_2' P}{\alpha_3+\lambda_3' P}\right) \\ R_2 \leqslant \alpha_1 C\left(\dfrac{\lambda_1' P}{\alpha_1+a\lambda_1 P}\right)+\alpha_3 C\left(\dfrac{\lambda_3 P}{\alpha_3}\right)+\alpha_2 C\left(\dfrac{a\lambda_3 P}{\alpha_2+\lambda_2 P}\right) \end{cases} \tag{2-26}$$

证明　对于图 2-2 所示的标准两用户高斯干扰信道，把系统的总传输时间分成四个部分：$\alpha_1,\alpha_2,\alpha_3$ 和 α_4。在时间片 α_1 中，发送长度为 $n\alpha_1$ 的符号 x_1 和 x_2 分别服从均值为 0，方差为 $(\lambda_1 P_1)/\alpha_1$ 和 $(\lambda_1' P_2)/\alpha_1$ 的高斯分布，即

$$x_{1,i}\sim\mathcal{N}\left(0,\frac{\lambda_1 P_1}{\alpha_1}\right),x_{2,i}\sim\mathcal{N}\left(0,\frac{\lambda_1' P_2}{\alpha_1}\right) \tag{2-27}$$

式中，$0\leqslant\lambda_1,\lambda_1'\leqslant 1$，$i=1,2,\cdots,n\alpha_1$。

在时间片 α_2 中，发送长度为 $n\alpha_2$ 的符号 x_1 和 x_2 分别服从均值为 0，方差为 $(\lambda_2 P_1)/\alpha_2$ 和 $(\lambda_2' P_2)/\alpha_2$ 的高斯分布，即

$$x_{1,i}\sim\mathcal{N}\left(0,\frac{\lambda_2 P_1}{\alpha_2}\right),x_{2,i}\sim\mathcal{N}\left(0,\frac{\lambda_2' P_2}{\alpha_2}\right) \tag{2-28}$$

式中，$0 \leqslant \lambda_2, \lambda_2' \leqslant 1, i = n\alpha_1 + 1, \cdots, n\alpha_1 + n\alpha_2$。

在时间片 α_3 中，发送长度为 $n\alpha_3$ 的符号 x_1 和 x_2 分别服从均值为 0，方差为 $(\lambda_3 P_1)/\alpha_3$ 和 $(\lambda_3' P_2)/\alpha_3$ 的高斯分布，即

$$x_{1,i} \sim \mathcal{N}\left(0, \frac{\lambda_3 P_1}{\alpha_3}\right), x_{2,i} \sim \mathcal{N}\left(0, \frac{\lambda_3' P_2}{\alpha_3}\right) \tag{2-29}$$

式中，$0 \leqslant \lambda_3, \lambda_3' \leqslant 1, i = n\alpha_1 + n\alpha_2 + 1, \cdots, n\alpha_1 + n\alpha_2 + n\alpha_3$。

在时间片 α_4 中，发送长度为 $n\alpha_4$ 的符号 x_1 和 x_2 分别服从均值为 0，方差为 $(\lambda_4 P_1)/\alpha_4$ 和 $(\lambda_4' P_2)/\alpha_4$ 的高斯分布，即

$$x_{1,i} \sim \mathcal{N}\left(0, \frac{\lambda_4 P_1}{\alpha_4}\right), x_{2,i} \sim \mathcal{N}\left(0, \frac{\lambda_4' P_2}{\alpha_4}\right) \tag{2-30}$$

式中，$0 \leqslant \lambda_4, \lambda_4' \leqslant 1, i = n\alpha_1 + n\alpha_2 + n\alpha_3 + 1, \cdots, n\alpha_1 + n\alpha_2 + n\alpha_3 + n\alpha_4$。

式(2-27)～式(2-30)满足以下约束条件：

$$\sum_{i=1}^{4} \alpha_i = 1, \sum_{i=1}^{4} \lambda_i = 1, \sum_{i=1}^{4} \lambda_i' = 1$$

并满足标准两用户高斯干扰信道的功率约束：

$$\frac{1}{n}E[\|x_1\|^2] = P_1, \frac{1}{n}E[\|x_2\|^2] = P_2$$

再考虑四个传输模式，第一个传输模式在时间片 α_1 中实现，第二个传输模式在时间片 α_2 中实现，第三个传输模式在时间片 α_3 中实现，第四个传输模式在时间片 α_4 中实现。在第一个传输模式中，用户 1 的译码器把接收到的用户 2 消息当作噪声处理，同样，用户 2 的译码器把接收到的用户 1 消息也当作噪声处理。在第二个传输模式中，用户 1 的译码器先译出接收到的用户 2 的消息，然后把它从接收到的信号中减掉，最后译出自己想要接收的消息。用户 2 的译码器把接收到的用户 1 消息当作噪声处理，直接译出自己想要接收的消息。在第三个传输模式中，用户 1 的译码器把接收到的用户 2 消息当作噪声处理，直接译出自己想要接收的消息。用户 2 的译码器先译出接收到的用户 1 的消息，然后把它从接收到的信号中减掉，最后译出自己想要接收的消息。在第四个传输模式中，用户 1 的译码器把接收到的用户 2 消息和自己想要接收的消息进行联合译码，同样，用户 2 的译码器把接收到的用户 1 消息和自己想要接收的消息进行同时联合译码。

令 $R_1^{(i)}$ 和 $R_2^{(i)}$ 表示在模式 $i(i=1,2,3,4)$ 中的传输速率，则有

$$(R_1, R_2) = (R_1^{(1)}, R_2^{(1)}) + (R_1^{(2)}, R_2^{(2)}) + (R_1^{(3)}, R_2^{(3)}) + (R_1^{(4)}, R_2^{(4)}) \tag{2-31}$$

根据式(2-5)～式(2-12)及式(2-27)～式(2-30)，可以得出第一个传输模式中的传输速率为

$$\begin{cases} 0 \leqslant R_1^{(1)} \leqslant \alpha_1 C\left(\dfrac{\lambda_1 P_1}{\alpha_1 + a_{21}\lambda_1' P_2}\right) \\ 0 \leqslant R_2^{(1)} \leqslant \alpha_1 C\left(\dfrac{\lambda_1' P_2}{\alpha_1 + a_{12}\lambda_1 P_1}\right) \end{cases} \tag{2-32}$$

第二个传输模式中的传输速率为

$$\begin{cases} 0 \leqslant R_1^{(2)} \leqslant \alpha_2 C\left(\dfrac{\lambda_2 P_1}{\alpha_2}\right) \\ 0 \leqslant R_2^{(2)} \leqslant \alpha_2 \min\left\{C\left(\dfrac{\lambda_3 P_2}{\alpha_2 + a_{12}\lambda_2 P_1}\right), C\left(\dfrac{a_{21}\lambda_3 P_2}{\alpha_2 + \lambda_2 P_1}\right)\right\} \end{cases} \tag{2-33}$$

第三个传输模式中的传输速率为

$$\begin{cases} 0 \leqslant R_1^{(3)} \leqslant \alpha_3 \min\left\{C\left(\dfrac{\lambda_2' P_1}{\alpha_3 + a_{21}\lambda_3' P_2}\right), C\left(\dfrac{a_{12}\lambda_2' P_1}{\alpha_3 + \lambda_3' P_2}\right)\right\} \\ 0 \leqslant R_2^{(3)} \leqslant \alpha_3 C\left(\dfrac{\lambda_3 P_2}{\alpha_3}\right) \end{cases} \tag{2-34}$$

第四个传输模式中的传输速率为

$$\begin{cases} 0 \leqslant R_1^{(4)} \leqslant \alpha_4 C\left(\dfrac{\lambda_4 P_1}{\alpha_4}\right) \\ 0 \leqslant R_2^{(4)} \leqslant \alpha_4 C\left(\dfrac{\lambda_4' P_2}{\alpha_4}\right) \\ R_1^{(4)} + R_2^{(4)} \leqslant \alpha_4 \min\left\{C\left(\dfrac{\lambda_4 P_1 + a_{21}\lambda_4' P_2}{\alpha_4}\right), C\left(\dfrac{a_{12}\lambda_4 P_1 + \lambda_4' P_2}{\alpha_4}\right)\right\} \end{cases} \tag{2-35}$$

将式(2-32)～式(2-35)代入式(2-31)就得到式(2-24)所描述的速率区域。

下面证明在信道系数 $0 \leqslant a_{12}, a_{21} < 1$ 情况下，速率区域的性质。

(1)若仅使用第一个传输模式传输全部消息，即 $\alpha_1 = \lambda_1 = \lambda_1' = 1$ 时，用户 1 的译码器把接收到的用户 2 消息当作噪声处理，同样，用户 2 的译码器把接收到的用户 1 消息也当作噪声处理，易得点

$$\left(C\left(\frac{P_1}{1+a_{21}P_2}\right),C\left(\frac{P_2}{1+a_{12}P_1}\right)\right)$$

是可达的。

若仅使用第二和第三两种传输模式，则速率区域退化为 Sason 速率区域，可证明点

$$\left(C(P_1),C\left(\frac{a_{21}P_2}{1+P_1}\right)\right)\text{和}\left(C\left(\frac{a_{12}P_1}{1+P_2}\right),C(P_2)\right)$$

是可达的。

(2)速率区域 R_{p2p}^4 中，若仅使用第二和第三两种传输模式，即 $\alpha_1=\lambda_1=\lambda_1'=0$ 时，速率区域退化成 R_{Sason}，由于三种传输模式是并的关系，因此速率区域 R_{p2p}^4 包含 R_{Sason}。当 $\alpha_1=\lambda_1=\lambda_1'=0,\lambda_2=1$ 和 $\lambda_3=0$ 时，速率区域退化成 $R_{\text{FDM/TDM}}$，同样由于三种传输模式是并的关系，因此速率区域 R_{p2p}^4 包含 $R_{\text{FDM/TDM}}$。

(3)速率区域 R_{p2p}^4 中，若仅使用第一、第二和第三前三种传输模式，即 $\alpha_4=\lambda_4=\lambda_4'=0$ 时，得到式(2-25)所描述的速率区域 R_{p2p}^3，由于四种传输模式是并的关系，所以速率区域 R_{p2p}^4 包含 R_{p2p}^3，又因为在信道系数 $0\leqslant a_{12},a_{21}<1$ 条件下，第四种传输模式在和速率上没有帮助，所以速率区域 R_{p2p}^3 和 R_{p2p}^4 有相同的和速率。

(4)在对称信道情况下，即 $a_{12}=a_{21}=a,P_1=P_2=P$，代入式(2-25)，得

$$\begin{cases}R_{p2p}^3=\bigcup\limits_{\sum_{i=1}^3\alpha_i=1,\sum_{i=1}^3\lambda_i=1,\sum_{i=1}^3\lambda_i'=1}\{(R_1,R_2)\}\\ R_1\leqslant\alpha_1C\left(\dfrac{\lambda_1P}{\alpha_1+a\lambda_1'P}\right)+\alpha_2C\left(\dfrac{\lambda_2P}{\alpha_2}\right)+\alpha_3\min\left\{C\left(\dfrac{\lambda_2'P}{\alpha_3+a\lambda_3'P}\right),C\left(\dfrac{a\lambda_2'P}{\alpha_3+\lambda_3'P}\right)\right\}\\ R_2\leqslant\alpha_1C\left(\dfrac{\lambda_1'P}{\alpha_1+a\lambda_1P}\right)+\alpha_3C\left(\dfrac{\lambda_3P}{\alpha_3}\right)+\alpha_2\min\left\{C\left(\dfrac{\lambda_3P}{\alpha_2+a\lambda_2P}\right),C\left(\dfrac{a\lambda_3P}{\alpha_2+\lambda_2P}\right)\right\}\end{cases}\tag{2-36}$$

又由于 $0\leqslant a_{12},a_{21}<1$，得

$$C\left(\frac{\lambda_2'P}{\alpha_3+a\lambda_3'P}\right)>C\left(\frac{a\lambda_2'P}{\alpha_3+\lambda_3'P}\right)$$

$$C\left(\frac{\lambda_3P}{\alpha_2+a\lambda_2P}\right)>C\left(\frac{a\lambda_3P}{\alpha_2+\lambda_2P}\right)$$

所以得式(2-26)。

为了直观地了解本章提出的可达速率区域的性能，将它同 FDM/TDM 和 Sason 速率区域与和速率进行比较。信道采用标准两用户对称高斯干扰信道。

图 2-11 是 $P=1\ 000, a=0.15$ 时，即弱干扰信道下三个速率区域的数值结果。曲线 1 与两个坐标轴围成的区域是 FDM/TDM 速率区域 $R_{\mathrm{FDM/TDM}}$；曲线 2 与两个坐标轴围成的区域是 Sason 速率区域 R_{Sason}；曲线 3 与两个坐标轴围成的区域是速率区域 R_{p2p}^4。此时，$R_{p2p}^4 \supset R_{\mathrm{Sason}} \supset R_{\mathrm{FDM/TDM}}$。

图 2-12 是 $P=1\ 000, a=0.55$ 时，即中等干扰信道下三个速率区域的数值结果。曲线 1 与两个坐标轴围成的区域是 FDM/TDM 速率区域 $R_{\mathrm{FDM/TDM}}$；曲线 2 与两个坐标轴围成的区域是 Sason 速率区域 R_{Sason}；曲线 3 与两个坐标轴围成的区域是速率区域 R_{p2p}^4。此时，$R_{p2p}^4 = R_{\mathrm{Sason}} \supset R_{\mathrm{FDM/TDM}}$。

图 2-13 是 $P=1\ 000, a=1.5$ 时，即强干扰信道下三个速率区域的数值结果。曲线 1 与两个坐标轴围成的区域是 FDM/TDM 速率区域 $R_{\mathrm{FDM/TDM}}$；曲线 2 与两个坐标轴围成的区域是 Sason 速率区域 R_{Sason}；曲线 3 与两个坐标轴围成的区域是速率区域 R_{p2p}^4。此时，$R_{p2p}^4 \supset R_{\mathrm{Sason}} \supset R_{\mathrm{FDM/TDM}}$。

图 2-14 是 $P=1\ 000, 0 \leqslant a \leqslant 2$ 时三个和速率的数值结果。曲线 1 是 FDM/TDM 速率区域 $R_{\mathrm{FDM/TDM}}$ 的和速率；曲线 2 是 Sason 速率区域 R_{Sason} 的和速率；曲线 3 是速率区域 R_{p2p}^4 的和速率。此时，$R_{\mathrm{FDM/TDM}}$ 与 R_{Sason} 的和速率相同；在中等干扰下，三个和速率相同；其他情况下，R_{p2p}^4 的和速率优于 $R_{\mathrm{FDM/TDM}}$ 与 R_{Sason} 的和速率。

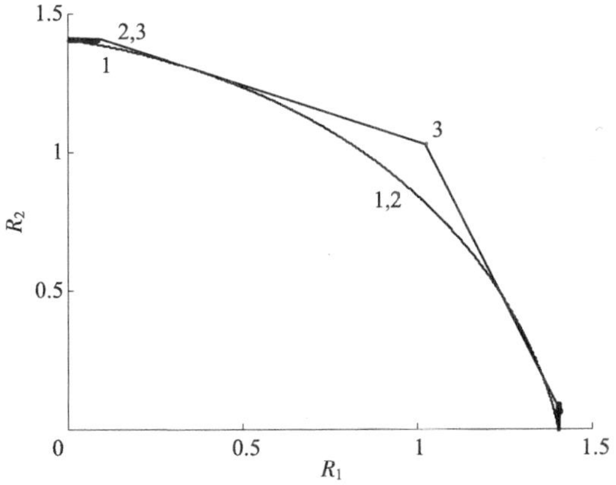

图 2-11　$P=1\ 000, a=0.15$ 速率区域

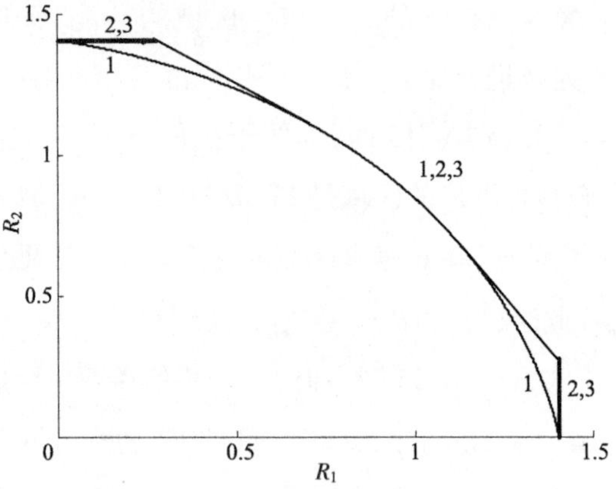

图 2-12　$P=1\ 000, a=0.55$ 速率区域

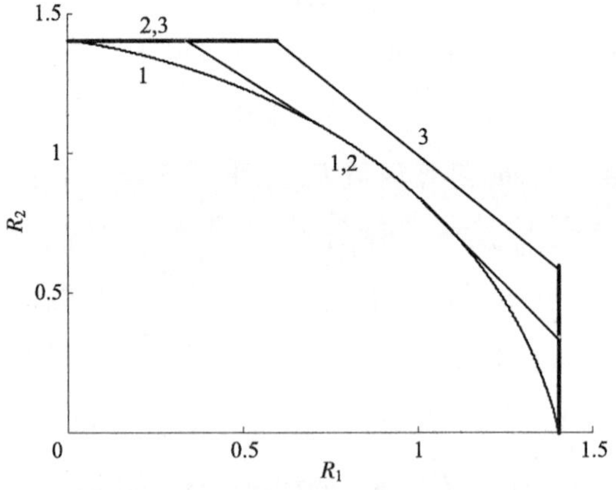

图 2-13　$P=1\ 000, a=1.5$ 速率区域

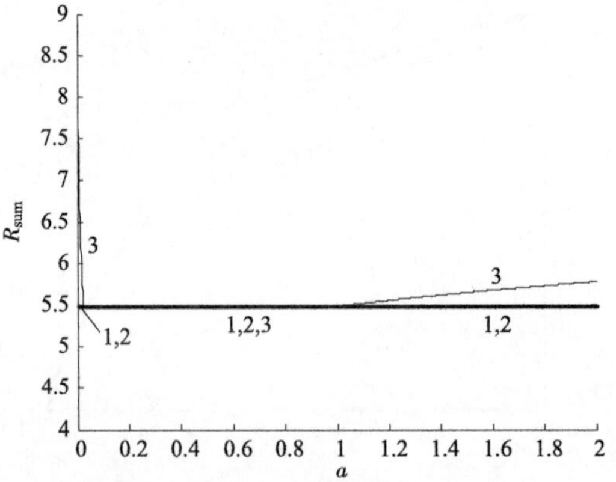

图 2-14　$P=1\ 000, 0 \leqslant a \leqslant 2$ 和速率

小　　结

本章针对使用点对点码的两用户干扰信道，论述了联合使用 TIN、SD 和时间共享变量技术获得一个可达速率区域。该速率区域优于现有的点对点码下干扰信道的可达速率区域；并且将其扩展到两用户高斯干扰信道，通过给出两用户高斯干扰信道速率区域与和速率的数值结果，显示了它是目前使用点对点码的两用户高斯干扰信道的最佳速率区域。

第 3 章

叠加码下的干扰信道容量

当多对用户共享一个信道介质进行通信时，任何一对用户的通信都将受到其他用户对通信的干扰。这种通信场景在信息理论中被建模为干扰信道，它最早由 Shannon 于 1961 年提出[3]。经过半个多世纪的努力，信息理论研究者得出了下列几种特殊情况下的干扰信道容量成果：对于两用户离散无记忆干扰信道，获得了强和极强干扰情况下的容量区域[11,12,38]；一类确定的[32]和一类退化的[13,14]容量区域已经被确定，对于两用户高斯干扰信道，强和极强干扰情况下的容量区域[16,17,38]，噪声与干扰强度相当的情况下[18-20]、混合[21]和单边情况下[22]的和容量已经被确定。这些成果都是采用点对点码或单用户码取得的。

1981 年 Han 和 Kobayashi 采用同时叠加编码（称为 HK 方式编码）和同时译码策略获得的可达速率区域简称 HK 速率区域[38]。2008 年，Etkin，Tse 和 Wang 采用简单的 HK 方案（称为 ETW 方案，即私有消息功率与噪声功率取值相同）将两用户对称高斯干扰信道在高信噪比条件下的对称速率区域推进距离容量区域边界 1 bit 内[42]。文献[43,45]采用顺序叠加编码和同时译码策略获得了一种简化的 HK 速率区域描述，称为 CMG 速率区域。采用叠加编码同样可以获得点对点码下的容量研究成果，并且在中等干扰情况下优于点对点码。

本章首先证明采用逐次干扰消除译码方法（指在译码器上先译出干扰，再从接收信号中减掉，最后译出用户想接收的信息）和相应的叠加编码方式，也能够达到 HK 和 CMG 速率区域。该证明方法基于如下事实：逐次干扰消除译码和同时译码都能获得多址接入信道的容量区域[4,5]。当两用户离散无记忆干扰信道采用 HK 方式编码或者顺序叠加编码时，在每个用户的接收端需要译出用户自己的公有消息、私有消息以及干扰用户的公有消息三个消息，这样在每个接收端就构成了一个虚拟的三用户多址接入信道。因此，可以将两用户离散无记忆干扰信道看作两个虚拟的三用户多址接入信道的耦合信道。两用户离散无记忆干扰信道的 HK 和 CMG 速率区域实际上是受干扰用户公有消息速率制约的两个虚拟的三用户多址接入信道容量区域投影到原用户速率对上得到的。因此，获得 HK 和 CMG 速率区域的关键是确定两个虚拟的三用户多址接入信道容量区域。

传统上，采用逐次干扰消除译码方法确定多址接入信道的容量区域时，需要在接收端考虑待译码消息的所有译码顺序。每种译码顺序确定了容量区域的一个拐角点，对所有拐角点和坐标轴及拐角点间进行分时操作即可得到一个给定分布下的多址接入信道容量区域，所有分布下速率区域的并集就是多址接入信道的容量区域。从另外一个角度，可以认为每种译码顺序确定了一个可达速率子区域。这样，所有译码顺序对应的可达速率子区域的并集的凸包就是多址接入信道的容量区域。在干扰信道容量的计算中，编码分时技术能获得不小于凸操作获得的速率区域[4,38]。因此，本章采用编码分时技术来代替凸操作。

该证明过程有助于理解 HK 和 CMG 速率区域及其计算方法，并且从译码顺序的角度证明了两个速率区域的等价关系。此外，本章提出从化简冗余表达式的角度来化简两个速率区域的表达式从而证明二者等价的另一种方法。

3.1 基础知识和信道模型

在本章后面的讨论中，使用大写字母 X 代表随机变量，其字符表和概率分布密度函数分别为 $\mathcal{X}$ 和 $p_X(x)=Pr(X=x)$。随机变量 X 服从分布 $p_X(x)$ 简记为 $X\sim p_X(x)$，其中 $x\in\mathcal{X}$。$X^n=(X_1,X_2,\cdots,X_n)$ 代表一个 n 长序列。索引集合 $\{1,2,\cdots,2^{nR}\}$ 简记为 $[1:2^{nR}]$。

3.1.1 联合典型序列

由于讨论的干扰信道是离散无记忆的，因此采用字母典型序列概念作为证明工具。令 $N(x,y|x^n,y^n)$ 为 (x,y) 对在序列对 (x_i,y_i) 中出现的次数，其中 $i=1,2,\cdots,n$。并令 $(X,Y)\sim p_{XY}(x,y)$。ε 典型 n 长典型序列 (x^n,y^n) 集合 $T_\varepsilon^{(n)}(X,Y)$

（简记为 $T_\varepsilon^{(n)}$）定义为对任意 $x \in X, y \in \gamma$ 有

$$T_\varepsilon^{(n)} = (x^n, y^n) \in X^n \times Y^n:$$

$$\left| \frac{1}{n} N(x, y | x^n, y^n) - p_{XY}(x, y) \right| \leqslant \varepsilon \cdot p_{XY}(x, y)$$

3.1.2 填充引理

填充引理便于对译码错误事件发生的概率进行定界[4]。将其重新描述成如下形式：

令 $(U, X, Y) \sim p_{UXY}(u, x, y)$，并且 $(\tilde{U}^n, \tilde{Y}^n) \sim p_{\tilde{U}^n \tilde{Y}^n}(\tilde{u}^n, \tilde{y}^n)$ 是一对任意分布的随机序列。假定 $X^n(m)$ 在给定 $\tilde{U}^n$ 的条件下成对条件独立于 $\tilde{Y}^n$，其中 $m \in \mathcal{M}$，$|\mathcal{M}| \leqslant 2^{nR}$，但任意独立于其他 $X^n(m)$ 序列。那么，当 $\varepsilon \to 0$ 时存在一个 $\delta(\varepsilon) \to 0$ 使得当 $n \to \infty$ 时，若 $R < I(X; Y | U) - \delta(\varepsilon)$，则

$$Pr\{(\tilde{U}^n, X^n(m), \tilde{Y}^n) \in T_\varepsilon^{(n)} \text{ 对某个 } m \in \mathcal{M}\} \to 0$$

3.1.3 信道模型

考虑图 3-1 所示的两用户离散无记忆干扰信道模型，它包含两个输入字符表和两个输出字符表，分别记作 $\mathcal{X}_k$ 和 $\mathcal{Y}_k$，其中 $k = 1, 2$，还包含一组分布在两个输出字符表的笛卡儿积 $\mathcal{Y}_1 \times \mathcal{Y}_2$ 上的条件概率分布密度函数 $p_{Y_1 Y_2 | X_1 X_2}(y_1, y_2 | x_1, x_2)$。

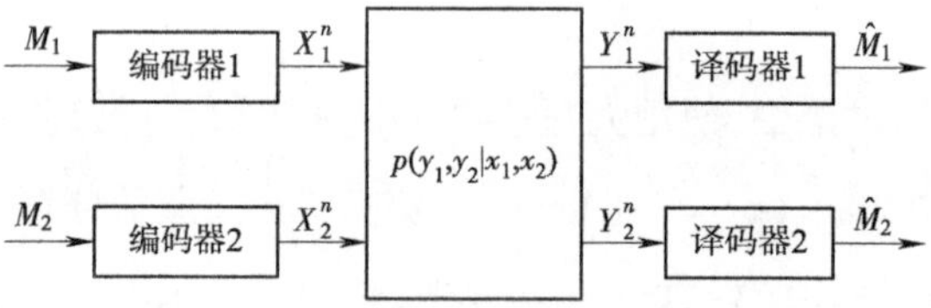

图 3-1 两用户离散无记忆干扰信道

在该信道中，假定用户 $i = 1, 2$ 的发送端各自发送独立的消息 M_i（均匀分布在各自的消息字符表 $\mathcal{M}_i$ 上）给自己的接收端。两用户离散无记忆干扰信道的一种编码 $((2^{nR_1}, 2^{nR_2}), n)$ 由两个消息集 $\mathcal{M}_k = [1:2^{nR_k}]$、两个编码函数 $f_k: \mathcal{M}_k \to \mathcal{X}_k^n$（在编码器 k 上实现）、两个译码函数 $g_k: \mathcal{Y}_k^n \to \mathcal{M}_k$（在译码器 k 上实现）构成。码书的平均译码错误概率定义为 $P_e^{(n)} = Pr\{(\hat{M}_1, \hat{M}_2) \neq (M_1, M_2)\}$。若存在一个码

$((2^{nR_1},2^{nR_2}),n)$，使得当码长 n 趋于无限长时，码书的平均译码错误概率趋于 0，则称速率对(R_1,R_2)对于两用户离散无记忆干扰信道来说是可达的，并且其容量区域就是所有可达速率对(R_1,R_2)构成的集合的闭包。

3.2　采用逐次干扰消除译码获得 HK 和 CMG 速率区域

Cover 提出的叠加编码技术最先被 Carleial 引入到干扰信道中[37]，尽管 Carleial 采用了逐次干扰消除译码，但他没有考虑和速率限制以及全部译码顺序，他获得的速率区域要比 HK 区域差。本节来证明采用对应的叠加编码方法和逐次干扰消除译码方法，同样可以获得 HK 和 CMG 速率区域。

3.2.1　获得 HK 速率区域

在文献[4]中，Han 和 Kobayashi 引入了一种新的叠加编码，即同时叠加编码。在该编码策略中，定义了五个辅助随机变量：Q,W_1,W_2,U_1 和 U_2，它们分别取自五个任意有限集：$\mathcal{Q},\mathcal{W}_1,\mathcal{W}_2,\mathcal{U}_1$ 和$\mathcal{U}_2$。发送端 1 把信息 V_1 分裂成(V_{11},V_{12})，其中 $V_{11}=\{1,2,\cdots,[2^{nS_1}]\}$，$V_{12}=\{1,2,\cdots,[2^{nT_1}]\}$。

类似地，发送端 2 把信息 V_2 分裂成(V_{21},V_{22})，其中 $V_{21}=\{1,2,\cdots,[2^{nT_2}]\}$，$V_{22}=\{1,2,\cdots,[2^{nS_2}]\}$。

辅助随机变量 W_1 用于搭载信息 V_{12}，而辅助随机变量 U_1 用于搭载信息 V_{11}。类似地，辅助随机变量 W_2 用于搭载信息 V_{21}，而辅助随机变量 U_2 用于搭载信息 V_{22}。也就是说，W_1 和 W_2 用于表示公共信息，而 U_1 和 U_2 用于表示私有信息。两个编码函数f_1 和f_2 分别定义如下：

$$f_1:\mathcal{V}_1\mapsto\mathcal{X}_1^n\text{和}f_2:\mathcal{V}_2\mapsto\mathcal{X}_2^n$$

其中，函数f_1 又由f_{11},f_{12}和f_{13}构成，它们的定义分别如下：

$$f_{11}:\mathcal{V}_{11}\mapsto\mathcal{U}_1^n,f_{12}:\mathcal{V}_{12}\mapsto\mathcal{W}_1^n,f_{13}:\mathcal{U}_1^n\times\mathcal{W}_1^n\mapsto\mathcal{X}_1^n$$

类似地，函数f_2 由f_{21},f_{22}和f_{23}构成，它们的定义分别如下：

$$f_{21}:\mathcal{V}_{21}\mapsto\mathcal{W}_2^n,f_{22}:\mathcal{V}_{22}\mapsto\mathcal{U}_2^n,f_{23}:\mathcal{U}_2^n\times\mathcal{W}_2^n\mapsto\mathcal{X}_2^n$$

令 $\mathcal{P}^*$ 为概率分布 $P^*(\cdot)$ 的集合，且 $P^*(q,w_1,u_1,w_2,u_2,x_1,x_2)$ 可以分解成

$$p_Q(q)p_{W_1|Q}(w_1|q)p_{U_1|Q}(u_1|q)p_{W_2|Q}(w_2|q)\cdot p_{U_2|Q}(u_2|q)p_{X_1|W_1U_1Q}(x_1|w_1u_1q)p_{X_2|W_2U_2Q}(x_2|w_2u_2q)$$

式中，$p_{X_i|W_iU_iQ}(x_i|w_iu_iq)$ 等于 1 或 0，$i=1,2$。

固定 $\mathcal{P}^*$。对于用户 1 的接收端，一个非负的四元组 (S_1,T_1,S_2,T_2) 的集合记为 $\mathcal{R}_{\mathrm{HK}}^{(o,1)}(P^*)$，满足下列条件：

$$S_1\leqslant I(U_1;Y_1|W_1W_2Q) \tag{3-1}$$

$$T_1\leqslant I(W_1;Y_1|U_1W_2Q) \tag{3-2}$$

$$T_2\leqslant I(W_2;Y_1|W_1U_1Q) \tag{3-3}$$

$$S_1+T_1\leqslant I(U_1W_1;Y_1|W_2Q) \tag{3-4}$$

$$S_1+T_2\leqslant I(U_1W_2;Y_1|W_1Q) \tag{3-5}$$

$$T_1+T_2\leqslant I(W_1W_2;Y_1|U_1Q) \tag{3-6}$$

$$S_1+T_1+T_2\leqslant I(U_1W_1W_2;Y_1|Q) \tag{3-7}$$

$$S_1\geqslant 0 \tag{3-8}$$

$$T_1\geqslant 0 \tag{3-9}$$

$$T_2\geqslant 0 \tag{3-10}$$

类似地，对于用户 2 的接收端，一个非负的四元组 (S_1,T_1,S_2,T_2) 的集合记为 $\mathcal{R}_{\mathrm{HK}}^{(o,2)}(P^*)$，满足下列条件：

$$S_2\leqslant I(U_2;Y_2|W_1W_2Q) \tag{3-11}$$

$$T_2\leqslant I(W_2;Y_2|U_2W_1Q) \tag{3-12}$$

$$T_1\leqslant I(W_1;Y_2|U_2W_2Q) \tag{3-13}$$

$$S_2+T_2\leqslant I(U_2W_2;Y_2|W_1Q) \tag{3-14}$$

$$S_2+T_1\leqslant I(U_2W_1;Y_2|W_2Q) \tag{3-15}$$

$$T_1+T_2\leqslant I(W_1W_2;Y_2|U_2Q) \tag{3-16}$$

$$S_2+T_1+T_2\leqslant I(U_2W_1W_2;Y_2|Q) \tag{3-17}$$

$$S_2\geqslant 0 \tag{3-18}$$

$$T_1\geqslant 0 \tag{3-19}$$

$$T_2\geqslant 0 \tag{3-20}$$

对一个四元组 (S_1,T_1,S_2,T_2) 的集合 $\mathcal{S}$，令 $\prod(\mathcal{S})$ 是速率对 (R_1,R_2) 的集

合,使得对于一些$(S_1,T_1,S_2,T_2)\in\mathcal{S}$,速率表达式$0\leqslant R_1\leqslant S_1+T_1$和$0\leqslant R_2\leqslant S_2+T_2$成立,则下列结果成立:

定理 1(原始 HK 速率区域)　集合

$$\mathcal{R}_{\mathrm{HK}}^{o}=\prod\left(\bigcup_{P^*\in P^*}\left(\mathcal{R}_{\mathrm{HK}}^{(o,1)}(P^*)\cap\mathcal{R}_{\mathrm{HK}}^{(o,2)}(P^*)\right)\right)\tag{3-21}$$

是离散无记忆干扰信道的一个可达速率区域。

其证明过程可参见参考文献[38]定理 3.1,其中使用的是同时叠加编码和同时译码。

进一步,原始 HK 速率区域可以通过傅里叶-莫茨金(Fourier-Motzkin)消元法化简可以得到下面的简化 HK 速率区域。

引理 1(简化 HK 速率区域)　对于一个固定的分布$P^*\in P^*$,令$\mathcal{R}_{\mathrm{HK}}^{s}(P^*)$表示满足下列不等式的速率对$(R_1,R_2)$的集合:

$$R_1\leqslant I(W_1U_1;Y_1|W_2Q)\tag{3-22}$$

$$R_1\leqslant I(U_1;Y_1|W_1W_2Q)+I(W_1;Y_2|W_2U_2Q)\tag{3-23}$$

$$R_2\leqslant I(W_2U_2;Y_2|W_1Q)\tag{3-24}$$

$$R_2\leqslant I(U_2;Y_2|W_1W_2Q)+I(W_2;Y_1|W_1U_1Q)\tag{3-25}$$

$$R_1+R_2\leqslant I(U_1W_1W_2;Y_1|Q)+I(U_2;Y_2|W_1W_2Q)\tag{3-26}$$

$$R_1+R_2\leqslant I(U_2W_1W_2;Y_2|Q)+I(U_1;Y_1|W_1W_2Q)\tag{3-27}$$

$$R_1+R_2\leqslant I(U_1W_2;Y_1|W_1Q)+I(W_1U_2;Y_2|W_2Q)\tag{3-28}$$

$$2R_1+R_2\leqslant I(U_1W_1W_2;Y_1|Q)+I(U_1;Y_1|W_1W_2Q)+I(W_1U_2;Y_2|W_2Q)\tag{3-29}$$

$$R_1+2R_2\leqslant I(U_1W_2;Y_1|W_1Q)+I(U_2;Y_2|W_1W_2Q)+I(W_1W_2U_2;Y_2|Q)\tag{3-30}$$

$$R_1\geqslant 0\tag{3-31}$$

$$R_2\geqslant 0\tag{3-32}$$

式中,Q表示分时辅助随机变量;辅助随机变量W_i和U_i分别代表用户i的公有消息和私有消息,$i=1,2$。则集合

$$\mathcal{R}_{\mathrm{HK}}^{s}=\bigcup_{P^*\in\mathcal{P}^*}\mathcal{R}_{\mathrm{HK}}^{s}(P^*)\tag{3-33}$$

是离散无记忆干扰信道的一个可达速率区域。

其证明过程可参见参考文献[45]引理 1 和文献[46]定理 B。

现在采用逐次干扰消除译码代替同时译码来获得 HK 速率区域。

定理 2 简化 HK 速率区域可以通过同时叠加编码和逐次干扰消除译码达到,即下面的速率区域通过同时叠加编码和逐次干扰消除译码方法是可达的:

$$\mathcal{R}_{\mathrm{HK}}^{s} = \bigcup_{P^* \in \mathcal{P}^*} \mathcal{R}_{\mathrm{HK}}^{s}(P^*) \tag{3-34}$$

证明 固定如下分布:

$$p_Q(q)p_{W_1|Q}(w_1|q)p_{U_1|Q}(u_1|q)p_{W_2|Q}(w_2|q)\cdot p_{U_2|Q}(u_2|q)p_{X_1|W_1U_1Q}(x_1|w_1u_1q)p_{X_2|W_2U_2Q}(x_2|w_2u_2q)$$

(1)随机码书的构造

像文献[38]一样,根据分布

$$\prod_{i=1}^{n} p_Q(q_i)$$

随机产生一个序列 q^n,其每个元素都是独立同分布地产生的(后面序列的每个元素也是按给定分布独立同分布地产生的)。对于该 q^n 和 $j=1,2$,根据分布

$$\prod_{i=1}^{n} p_{W_j|Q}(w_{ji}|q_i)$$

随机且条件独立地产生$[2^{nR_{j0}}]$个序列 $w_j^n(m_{j0})$,其中 $m_{j0}\in\mathcal{M}_{j0}=\{1,2,\cdots,[2^{nR_{j0}}]\}$。根据 $\prod_{i=1}^{n} p_{U_j|Q}(u_{ji}|q_i)$ 条件独立地随机产生$[2^{nR_{jj}}]$个序列 $u_j^n(m_{jj})$,其中 $m_{jj}\in\mathcal{M}_{jj}=\{1,2,\cdots,[2^{nR_{jj}}]\}$。

(2)编码

令 $\mathcal{M}_{10}$,$\mathcal{M}_{11}$,$\mathcal{M}_{20}$和 $\mathcal{M}_{22}$为信息集合,且有 $|\mathcal{M}_{10}|=M_{10}$,$|\mathcal{M}_{11}|=M_{11}$,$|\mathcal{M}_{20}|=M_{20}$和$|\mathcal{M}_{22}|=M_{22}$。定义两个编码函数 $\varphi_1:\mathcal{M}_{10}\times\mathcal{M}_{11}\mapsto\mathcal{X}_1^n$,$\varphi_2:\mathcal{M}_{20}\times\mathcal{M}_{22}\mapsto\mathcal{X}_2^n$,其中

$$\varphi_1(m_{10},m_{11})=f_1^n(w_{1m_{10}}u_{1m_{11}}|q)$$

$$\varphi_2(m_{20},m_{22})=f_2^n(w_{2m_{20}}u_{2m_{22}}|q)$$

对于用户 $j=1,2$ 的发送端,要发送消息 $m_j=(m_{j0},m_{jj})$,仅需发送其对应的码字 $x_j^n(m_{j0},m_{jj})$。

(3)译码

在每个用户的接收端,需要译出自己的公有消息、私有消息和干扰用户的公

有消息三个消息,因此可以作一个虚拟的三个用户的多址接入信道。采用逐次干扰消除译码方法完成这三个消息的译码,可通过三步实现,并且一共存在六种可能的译码顺序。每种译码顺序对应的速率子区域以编码分时参数表示,则这六种译码顺序对应的六个速率子区域的并集,就是在每个接收端形成的虚拟三用户多址接入信道的容量区域。由干扰用户公共消息速率制约的这两个虚拟三用户多址接入信道容量区域投影到速率对(R_1,R_2)上,就得到两用户离散无记忆干扰信道的可达速率区域。不失一般性,本书仅给出用户 1 的接收端一种译码顺序$\langle m_{20},m_{10},m_{11}\rangle$的详细证明。其他译码顺序的证明是类似的,不再详述。

用户 1 接收端的译码器如果能确定 $\hat{m}_{20}$是唯一的消息使得$(q^n,w_2^n(\hat{m}_{20}),y_1^n)$成为联合典型序列(简记为$(q^n,w_2^n(\hat{m}_{20}),y_1^n)\in T_\varepsilon^{(n)}$),则 $\hat{m}_{20}$就是用户 2 对应的发送端所发送的公有消息,否则译码器产生一个译码错误信息。找到这样的消息 $\hat{m}_{20}$后,如果译码器能找到一个唯一的消息 $\hat{m}_{10}$使得$(q^n,w_1^n(\hat{m}_{10}),w_2^n(\hat{m}_{20}),y_1^n)\in T_\varepsilon^{(n)}$,则 $\hat{m}_{10}$就是用户 1 相应发送端所发送的公有消息,否则译码错误。找到这样的消息 $\hat{m}_{20}$ 和 $\hat{m}_{10}$后,如果译码器能确定一个唯一的消息 $\hat{m}_{11}$ 使得$(q^n,w_2^n(\hat{m}_{20}),\ x_1^n(\hat{m}_{10},\hat{m}_{11}),y_1^n)\in T_\varepsilon^{(n)}$,则 $\hat{m}_{11}$就是用户 1 相应发送端所发送的私有消息,否则译码器报告译码错误。

(4)译码错误概率分析

采用码书和消息的平均译码错误概率对其进行定界。根据随机码产生的对称性,译码错误概率并不依赖所发送的码字。因此,不失一般性,假定用户 1 和用户 2 发送的消息对是 $M_1=(1,1)$和 $M_2=(1,1)$,并把当 $M_1=(1,1)$和 $M_2=(1,1)$被发送时产生译码错误事件 ε 的条件概率定义为

$$P(\varepsilon)=P(\varepsilon\,|\,M_1=(1,1),M_2=(1,1))$$

仅当出现下列四种情况时,译码器就会产生译码错误:

$$\varepsilon_1=\{(Q^n,W_1^n(1),U_1^n(1),W_2^n(1),Y_1^n)\notin T_\varepsilon^{(n)}\}$$

对某些 $\hat{m}_{20}\neq 1$ 有

$$\varepsilon_2=\{(Q^n,W_2^n(\hat{m}_{20}),Y_1^n)\in T_\varepsilon^{(n)}\}$$

对某些 $\hat{m}_{10}\neq 1$ 有

$$\varepsilon_3=\{(Q^n,W_1^n(\hat{m}_{10}),W_2^n(1),Y_1^n)\in T_\varepsilon^{(n)}\}$$

对某些 $\hat{m}_{11}\neq 1$ 有

$$\varepsilon_4=\{(Q^n,W_1^n(1),U_1^n(\hat{m}_{11}),W_2^n(1),Y_1^n)\in T_\varepsilon^{(n)}\}$$

根据随机事件的联合界,可以得到

$$P(\varepsilon)\leqslant P(\varepsilon_1)+P(\varepsilon_2)+P(\varepsilon_3)+P(\varepsilon_4)$$

根据大数定律,当码长 n 趋于无限长时 $P(\varepsilon_1)$ 趋于0。因为对于 $\hat{m}_{20}\neq 1$,在给定 Q^n 时 $W_2^n(\hat{m}_{20})$ 条件独立于 $(W_2^n(1),Y_1^n)$,根据填充引理,取 $|\mathcal{M}|=2^{nR_{20}}-1$, $U=Q$ 和 $Y=Y_1$,当码长 n 趋于无限长且 $R_{20}\leqslant I(W_2;Y_1|Q)-\delta(\varepsilon)$ 时 $P(\varepsilon_2)$ 趋于0;类似地,对于 $\hat{m}_{10}\neq 1$,在给定 Q^n 时 $W_1^n(\hat{m}_{10})$ 条件独立于 $(W_1^n(1),W_2^n(1),Y_1^n)$,根据填充引理,取 $|\mathcal{M}|=2^{nR_{10}}-1$, $U=Q$ 和 $Y=Y_1W_2$,当信道码的码长 n 趋于无限长,并且单个速率满足 $R_{10}\leqslant I(W_1;Y_1W_2|Q)-\delta(\varepsilon)=I(W_1;Y_1|W_2Q)-\delta(\varepsilon)$ 时 $P(\varepsilon_3)$ 趋于0;对于 $\hat{m}_{11}\neq 1$,在给定 Q^n 时 $U_1^n(\hat{m}_{11})$ 条件独立于 $(W_1^n(1),U_1^n(1),W_2^n(1),Y_1^n)$,根据填充引理,取 $|\mathcal{M}|=2^{nR_{11}}-1$, $U=Q$ 和 $Y=Y_1W_1W_2$,当信道码长 n 趋于无限长且 $R_{11}\leqslant I(U_1;Y_1W_1W_2|Q)-\delta(\varepsilon)=I(U_1;Y_1|W_1W_2Q)-\delta(\varepsilon)$ 时 $P(\varepsilon_4)$ 趋于0。因此,当码长 n 趋于无限长时,总的平均译码错误概率 $P(\varepsilon)$ 趋于0。因此,当给定 Q,考虑各消息的单个速率及和速率约束,译码顺序 $\langle m_{20},m_{10},m_{11}\rangle$ 对应的可达速率子区域可由下列不等式来描绘:

$$R_{11}\leqslant I(U_1;Y_1|W_1W_2Q) \tag{3-35}$$

$$R_{10}\leqslant I(W_1;Y_1|W_2Q) \tag{3-36}$$

$$R_{20}\leqslant I(W_2;Y_1|Q) \tag{3-37}$$

$$R_{10}+R_{11}\leqslant I(U_1;Y_1|W_1W_2Q)+I(W_1;Y_1|W_2Q)=I(U_1W_1;Y_1|W_2Q) \tag{3-38}$$

$$R_{10}+R_{20}\leqslant I(W_1;Y_1|W_2Q)+I(W_2;Y_1|Q) \tag{3-39}$$

$$R_{11}+R_{20}\leqslant I(U_1;Y_1|W_1W_2Q)+I(W_2;Y_1|Q) \tag{3-40}$$

$$R_{10}+R_{11}+R_{20}\leqslant I(U_1W_1W_2;Y_1|Q) \tag{3-41}$$

$$R_{10}\geqslant 0 \tag{3-42}$$

$$R_{11}\geqslant 0 \tag{3-43}$$

$$R_{20}\geqslant 0 \tag{3-44}$$

类似地,根据另外五种译码顺序,可以得到相应的另五个速率子区域。

译码顺序 $\langle m_{10},m_{20},m_{11}\rangle$ 产生的速率子区域为

$$R_{11} \leqslant I(U_1;Y_1 \mid W_1 W_2 Q) \tag{3-45}$$

$$R_{10} \leqslant I(W_1;Y_1 \mid Q) \tag{3-46}$$

$$R_{20} \leqslant I(W_2;Y_1 \mid W_1 Q) \tag{3-47}$$

$$R_{10} + R_{11} \leqslant I(U_1;Y_1 \mid W_1 W_2 Q) + I(W_1;Y_1 \mid Q) \tag{3-48}$$

$$R_{10} + R_{20} \leqslant I(W_1 W_2;Y_1 \mid Q) \tag{3-49}$$

$$R_{11} + R_{20} \leqslant I(U_1 W_2;Y_1 \mid W_1 Q) \tag{3-50}$$

$$R_{10} + R_{11} + R_{20} \leqslant I(U_1 W_1 W_2;Y_1 \mid Q) \tag{3-51}$$

$$R_{10} \geqslant 0 \tag{3-52}$$

$$R_{11} \geqslant 0 \tag{3-53}$$

$$R_{20} \geqslant 0 \tag{3-54}$$

译码顺序$\langle m_{11}, m_{20}, m_{10} \rangle$产生的速率子区域为

$$R_{11} \leqslant I(U_1;Y_1 \mid Q) \tag{3-55}$$

$$R_{10} \leqslant I(W_1;Y_1 \mid U_1 W_2 Q) \tag{3-56}$$

$$R_{20} \leqslant I(W_2;Y_1 \mid U_1 Q) \tag{3-57}$$

$$R_{11} + R_{10} \leqslant I(W_1;Y_1 \mid U_1 W_2 Q) + I(U_1;Y_1 \mid Q) \tag{3-58}$$

$$R_{10} + R_{20} \leqslant I(W_1 W_2;Y_1 \mid Q) \tag{3-59}$$

$$R_{11} + R_{20} \leqslant I(U_1 W_2;Y_1 \mid Q) \tag{3-60}$$

$$R_{10} + R_{11} + R_{20} \leqslant I(U_1 W_1 W_2;Y_1 \mid Q) \tag{3-61}$$

$$R_{10} \geqslant 0 \tag{3-62}$$

$$R_{11} \geqslant 0 \tag{3-63}$$

$$R_{20} \geqslant 0 \tag{3-64}$$

译码顺序$\langle m_{20}, m_{11}, m_{10} \rangle$产生的速率子区域为

$$R_{11} \leqslant I(U_1;Y_1 \mid W_2 Q) \tag{3-65}$$

$$R_{10} \leqslant I(W_1;Y_1 \mid U_1 W_2 Q) \tag{3-66}$$

$$R_{20} \leqslant I(W_2;Y_1 \mid Q) \tag{3-67}$$

$$R_{10} + R_{11} \leqslant I(W_1 U_1;Y_1 \mid W_2 Q) \tag{3-68}$$

$$R_{10} + R_{20} \leqslant I(W_1;Y_1 \mid U_1 W_2 Q) + I(W_2;Y_1 \mid Q) \tag{3-69}$$

$$R_{11} + R_{20} \leqslant I(U_1 W_2;Y_1 \mid Q) \tag{3-70}$$

$$R_{10} + R_{11} + R_{20} \leqslant I(U_1 W_1 W_2;Y_1 \mid Q) \tag{3-71}$$

$$R_{10} \geqslant 0 \tag{3-72}$$

$$R_{11} \geqslant 0 \tag{3-73}$$

$$R_{20} \geqslant 0 \tag{3-74}$$

译码顺序$\langle m_{10}, m_{11}, m_{20} \rangle$产生的速率子区域为

$$R_{11} \leqslant I(U_1; Y_1 \mid W_1 Q) \tag{3-75}$$

$$R_{10} \leqslant I(W_1; Y_1 \mid Q) \tag{3-76}$$

$$R_{20} \leqslant I(W_2; Y_1 \mid W_1 U_1 Q) \tag{3-77}$$

$$R_{11} + R_{10} \leqslant I(W_1 U_1; Y_1 \mid Q) \tag{3-78}$$

$$R_{10} + R_{20} \leqslant I(W_1; Y_1 \mid Q) + I(W_2; Y_1 \mid W_1 U_1 Q) \tag{3-79}$$

$$R_{11} + R_{20} \leqslant I(U_1 W_2; Y_1 \mid W_1 Q) \tag{3-80}$$

$$R_{10} + R_{11} + R_{20} \leqslant I(U_1 W_1 W_2; Y_1 \mid Q) \tag{3-81}$$

$$R_{10} \geqslant 0 \tag{3-82}$$

$$R_{11} \geqslant 0 \tag{3-83}$$

$$R_{20} \geqslant 0 \tag{3-84}$$

译码顺序$\langle m_{11}, m_{10}, m_{20} \rangle$产生的速率子区域为

$$R_{11} \leqslant I(U_1; Y_1 \mid Q) \tag{3-85}$$

$$R_{10} \leqslant I(W_1; Y_1 \mid U_1 Q) \tag{3-86}$$

$$R_{20} \leqslant I(W_2; Y_1 \mid W_1 U_1 Q) \tag{3-87}$$

$$R_{11} + R_{10} \leqslant I(W_1 U_1; Y_1 \mid Q) \tag{3-88}$$

$$R_{10} + R_{20} \leqslant I(W_1 W_2; Y_1 \mid U_1 Q) \tag{3-89}$$

$$R_{11} + R_{20} \leqslant I(U_1; Y_1 \mid Q) + I(W_2; Y_1 \mid W_1 U_1 Q) \tag{3-90}$$

$$R_{10} + R_{11} + R_{20} \leqslant I(U_1 W_1 W_2; Y_1 \mid Q) \tag{3-91}$$

$$R_{10} \geqslant 0 \tag{3-92}$$

$$R_{11} \geqslant 0 \tag{3-93}$$

$$R_{20} \geqslant 0 \tag{3-94}$$

这六个速率区域的并集就是在用户 1 的接收端构成的一个虚拟三用户的多址接入信道的容量区域：

$$R_{11} \leqslant I(U_1; Y_1 \mid W_1 W_2 Q) \tag{3-95}$$

$$R_{10} \leqslant I(W_1; Y_1 \mid U_1 W_2 Q) \tag{3-96}$$

$$R_{20} \leqslant I(W_2;Y_1 | U_1 W_1 Q) \tag{3-97}$$

$$R_{11} + R_{10} \leqslant I(U_1 W_1;Y_1 | W_2 Q) \tag{3-98}$$

$$R_{10} + R_{20} \leqslant I(W_1 W_2;Y_1 | U_1 Q) \tag{3-99}$$

$$R_{11} + R_{20} \leqslant I(U_1 W_2;Y_1 | W_1 Q) \tag{3-100}$$

$$R_{10} + R_{11} + R_{20} \leqslant I(U_1 W_1 W_2;Y_1 | Q) \tag{3-101}$$

$$R_{10} \geqslant 0 \tag{3-102}$$

$$R_{11} \geqslant 0 \tag{3-103}$$

$$R_{20} \geqslant 0 \tag{3-104}$$

类似地,在另一个用户 2 的接收端可得

$$R_{22} \leqslant I(U_2;Y_2 | W_1 W_2 Q) \tag{3-105}$$

$$R_{20} \leqslant I(W_2;Y_2 | U_2 W_1 Q) \tag{3-106}$$

$$R_{10} \leqslant I(W_1;Y_2 | U_2 W_2 Q) \tag{3-107}$$

$$R_{20} + R_{22} \leqslant I(U_2 W_2;Y_2 | W_1 Q) \tag{3-108}$$

$$R_{20} + R_{10} \leqslant I(W_1 W_2;Y_2 | U_2 Q) \tag{3-109}$$

$$R_{22} + R_{10} \leqslant I(U_2 W_1;Y_2 | W_2 Q) \tag{3-110}$$

$$R_{20} + R_{22} + R_{10} \leqslant I(U_2 W_2 W_1;Y_2 | Q) \tag{3-111}$$

$$R_{20} \geqslant 0 \tag{3-112}$$

$$R_{22} \geqslant 0 \tag{3-113}$$

$$R_{10} \geqslant 0 \tag{3-114}$$

(5)可达速率区域

采用傅里叶-莫茨金消元法,即可得到定理 2 的结论。具体的消减过程可以参见文献[46]。

3.2.2　获得 CMG 速率区域

在文献[45]中,通过顺序叠加编码和同时译码方法获得了一个速率区域,称为 CMG 速率区域。在顺序叠加编码中,定义了三个辅助随机变量 Q,W_1 和 W_2,它们分别取自三个任意有限集 $\mathcal{Q},\mathcal{W}_1$ 和 $\mathcal{W}_2$。辅助随机变量 W_1 和 W_2 分别作为各发送端叠加码字的云团中心,并且可被两个用户的接收端识别。对于用户 $i(i=1,2)$,它并不像同时叠加编码那样产生两个对立的码字 $w_i^n(j)$ 和 $u_i^n(k)$,

而是对每个码字 $w_i^n(j)$ 产生卫星码字 $x_i^n(j,k)$。

引理 2(原始 CMG 速率区域)　令 $\mathcal{P}_1^*$ 为概率分布 $P_1^*(\cdot)$ 的集合,且 $P_1^*(\cdot)$ 可以分解成

$$P_1^*(q,w_1,w_2,x_1,x_2)=p_Q(q)p_{W_1|Q}(w_1|q)p_{W_2|Q}(w_2|q)\cdot p_{X_1|W_1Q}(x_1|w_1q)p_{X_2|W_2Q}(x_2|w_2q)$$

对于一个固定的 $P_1^*\in\mathcal{P}_1^*$,对用户 1 的接收端,令 $\mathcal{R}_{\text{CMG}}^{(o,1)}(P_1^*)$ 表示一个非负的四元组 (S_1,T_1,S_2,T_2) 的集合,并满足下列条件:

$$S_1\leqslant I(X_1;Y_1|W_1W_2Q) \tag{3-115}$$

$$S_1+T_1\leqslant I(X_1;Y_1|W_2Q) \tag{3-116}$$

$$S_1+T_2\leqslant I(X_1W_2;Y_1|W_1Q) \tag{3-117}$$

$$S_1+T_1+T_2\leqslant I(X_1W_2;Y_1|Q) \tag{3-118}$$

$$S_1\geqslant 0 \tag{3-119}$$

$$T_1\geqslant 0 \tag{3-120}$$

$$T_2\geqslant 0 \tag{3-121}$$

类似地,对于用户 2 的接收端,一个非负的四元组 (S_1,T_1,S_2,T_2) 的集合记作 $\mathcal{R}_{\text{CMG}}^{(o,2)}(P_1^*)$,满足下列条件:

$$S_2\leqslant I(X_2;Y_2|W_1W_2Q) \tag{3-122}$$

$$S_2+T_2\leqslant I(X_2;Y_2|W_1Q) \tag{3-123}$$

$$S_2+T_1\leqslant I(X_2W_1;Y_2|W_2Q) \tag{3-124}$$

$$S_2+T_1+T_2\leqslant I(X_2W_1;Y_2|Q) \tag{3-125}$$

$$S_2\geqslant 0 \tag{3-126}$$

$$T_1\geqslant 0 \tag{3-127}$$

$$T_2\geqslant 0 \tag{3-128}$$

集合

$$\mathcal{R}_{\text{CMG}}^{o}=\prod\left(\bigcup_{P_1^*\in\mathcal{P}_1^*}\left(\mathcal{R}_{\text{CMG}}^{(o,1)}(P_1^*)\cap\mathcal{R}_{\text{CMG}}^{(o,2)}(P_1^*)\right)\right) \tag{3-129}$$

是离散无记忆干扰信道的一个可达速率区域。

证明　参考文献[45]引理 3,其中采用的是顺序叠加编码和同时译码。

进一步,原始 CMG 速率区域可以通过傅里叶-莫茨金消元法化简得到下面的简化 CMG 速率区域。

引理 3(简化 CMG 速率区域)　令 $\mathcal{P}_1^*$ 为概率分布 $P_1^*(\cdot)$ 的集合，且 $P_1^*(\cdot)$ 可以分解成

$$P_1^*(q,w_1,w_2,x_1,x_2)=p_Q(q)p_{W_1|Q}(w_1|q)p_{W_2|Q}(w_2|q)\cdot p_{X_1|W_1Q}(x_1|w_1q)p_{X_2|W_2Q}(x_2|w_2q)$$

对于一个固定的 $P_1^*\in\mathcal{P}_1^*$，令 $\mathcal{R}_{\mathrm{CMG}}^s(P_1^*)$ 表示满足下列不等式的速率对 (R_1,R_2) 的集合：

$$R_1\leqslant I(X_1;Y_1|W_2Q) \tag{3-130}$$

$$R_1\leqslant I(X_1;Y_1|W_1W_2Q)+I(X_2W_1;Y_2|W_2Q) \tag{3-131}$$

$$R_2\leqslant I(X_2;Y_2|W_1Q) \tag{3-132}$$

$$R_2\leqslant I(X_2;Y_2|W_1W_2Q)+I(X_1W_2;Y_1|W_1Q) \tag{3-133}$$

$$R_1+R_2\leqslant I(X_1W_2;Y_1|Q)+I(X_2;Y_2|W_1W_2Q) \tag{3-134}$$

$$R_1+R_2\leqslant I(X_2W_1;Y_2|Q)+I(X_1;Y_1|W_1W_2Q) \tag{3-135}$$

$$R_1+R_2\leqslant I(X_1W_2;Y_1|W_1Q)+I(X_2W_1;Y_2|W_2Q) \tag{3-136}$$

$$2R_1+R_2\leqslant I(X_1W_2;Y_1|Q)+I(X_1;Y_1|W_1W_2Q)+I(X_2W_1;Y_2|W_2Q) \tag{3-137}$$

$$R_1+2R_2\leqslant I(X_1W_2;Y_1|W_1Q)+I(X_2;Y_2|W_1W_2Q)+I(X_2W_1;Y_2|Q) \tag{3-138}$$

$$R_1\geqslant 0 \tag{3-139}$$

$$R_2\geqslant 0 \tag{3-140}$$

则集合

$$\mathcal{R}_{\mathrm{CMG}}^s=\bigcup_{P_1^*\in\mathcal{P}_1^*}\mathcal{R}_{\mathrm{CMG}}^s(P_1^*) \tag{3-141}$$

是离散无记忆干扰信道的一个可达速率区域。

其证明过程可参考文献[45]引理 4。

在文献[45]中，描述简化 CMG 速率区域的不等式中有两个是冗余的，由此得到下面的精简 CMG 速率区域表达式。

定理 3(紧致 CMG 速率区域)　对于一个固定的 $P_1^*\in\mathcal{P}_1^*$，令 $\mathcal{R}_{\mathrm{CMG}}^c(P_1^*)$ 表示满足下列不等式的速率对 (R_1,R_2) 的集合：

$$R_1\leqslant I(X_1;Y_1|W_2Q) \tag{3-142}$$

$$R_2\leqslant I(X_2;Y_2|W_1Q) \tag{3-143}$$

$$R_1+R_2\leqslant I(X_1W_2;Y_1|Q)+I(X_2;Y_2|W_1W_2Q) \tag{3-144}$$

$$R_1+R_2\leqslant I(X_2W_1;Y_2|Q)+I(X_1;Y_1|W_1W_2Q) \tag{3-145}$$

$$R_1+R_2\leqslant I(X_1W_2;Y_1\mid W_1Q)+I(X_2W_1;Y_2\mid W_2Q) \tag{3-146}$$

$$2R_1+R_2\leqslant I(X_1W_2;Y_1\mid Q)+I(X_1;Y_1\mid W_1W_2Q)+I(X_2W_1;Y_2\mid W_2Q) \tag{3-147}$$

$$R_1+2R_2\leqslant I(X_1W_2;Y_1\mid W_1Q)+I(X_2;Y_2\mid W_1W_2Q)+I(X_2W_1;Y_2\mid Q) \tag{3-148}$$

$$R_1\geqslant 0 \tag{3-149}$$

$$R_2\geqslant 0 \tag{3-150}$$

则集合

$$\mathcal{R}_{\mathrm{CMG}}^{c}=\bigcup_{P_1^*\in\mathcal{P}_1^*}\mathcal{R}_{\mathrm{CMG}}^{c}(P_1^*) \tag{3-151}$$

是离散无记忆干扰信道的一个可达速率区域。

其证明过程可参考文献[45]定理2。

定理4 简化CMG速率区域可以通过顺序叠加编码和逐次干扰消除译码达到，即下面的速率区域通过顺序叠加编码和逐次干扰消除译码方法是可达的：

$$\mathcal{R}_{\mathrm{CMG}}^{s}=\bigcup_{P^*\in\mathcal{P}^*}\mathcal{R}_{\mathrm{CMG}}^{s}(P^*) \tag{3-152}$$

证明 固定如下分布

$$P^*(q,w_1,w_2,x_1,x_2)=p_Q(q)p_{W_1|Q}(w_1|q)p_{W_2|Q}(w_2|q)\cdot p_{X_1|W_1Q}(x_1|w_1q)p_{X_2|W_2Q}(x_2|w_2q)$$

(1)随机码书的构造

像文献[45]一样，随机产生一个序列 q^n，其每个元素根据 $\prod_{i=1}^{n}p_Q(q_i)$ 独立同分布产生。对于该 q^n 和 $j=1,2$，根据 $\prod_{i=1}^{n}p_{W_j|Q}(w_{ji}|q_i)$ 随机且条件独立地产生 $[2^{nR_{j0}}]$ 个序列 $w_j^n(m_{j0})$，其中 $m_{j0}\in\{1,2,\cdots,[2^{nR_{j0}}]\}$。对于每个 q^n 和 $w_j^n(m_{j0})$，根据 $\prod_{i=1}^{n}p_{X_j|W_jQ}(x_{ji}|w_{ji}q_i)$ 条件独立地随机产生 $[2^{nR_{jj}}]$ 个序列 $x_j^n(m_{j0},m_{jj})$，其中 $m_{jj}\in\{1,2,\cdots,[2^{nR_{jj}}]\}$。

(2)编码

要发送消息 $m_j=(m_{j0},m_{jj})$，相应的发送端 $j(j=1,2)$ 仅需发送其对应的码字 $x_j^n(m_{j0},m_{jj})$。

(3)译码

在每个用户的接收端，需要译出自己的公有消息、私有消息和干扰用户的公有消息三个消息，因此可以看成一个虚拟的三个用户的多址接入信道。采用逐次干扰消除译码方法完成这三个消息的译码，可通过三步实现，并且一共存在六种可能的译码顺序。每种译码顺序对应的速率子区域以编码分时参数表示，则这六种译码顺序对应的六个速率子区域的并集，就是在每个接收端形成的虚拟三用户多址接入信道的容量区域。然而，由于使用了顺序叠加编码，译码时必须先译用户的公共信息，再译其私有信息。也就是说六种译码顺序$\langle m_{20},m_{10},m_{11}\rangle$，$\langle m_{10},m_{20},m_{11}\rangle$，$\langle m_{20},m_{11},m_{10}\rangle$，$\langle m_{11},m_{20},m_{10}\rangle$，$\langle m_{11},m_{10},m_{20}\rangle$和$\langle m_{10},m_{11},m_{20}\rangle$中，$\langle m_{20},m_{11},m_{10}\rangle$，$\langle m_{11},m_{20},m_{10}\rangle$和$\langle m_{11},m_{10},m_{20}\rangle$三种译码顺序是不符合条件的。因此，对于用户 1 的接收端仅$\langle m_{20},m_{10},m_{11}\rangle$，$\langle m_{10},m_{20},m_{11}\rangle$和$\langle m_{10},m_{11},m_{20}\rangle$三种译码顺序是必要的。不失一般性，仅给出用户 1 的接收端的一种译码顺序$\langle m_{20},m_{10},m_{11}\rangle$的详细证明。

用户 1 接收端的译码器如果能确定$\hat{m}_{20}$是唯一的消息使得$(q^n,w_2^n(\hat{m}_{20}),y_1^n)$成为联合典型序列（简记为$(q^n,w_2^n(\hat{m}_{20}),y_1^n)\in T_\varepsilon^{(n)}$），则$\hat{m}_{20}$就是用户 2 对应的发送端所发送的公有消息，否则译码器产生一个译码错误信息。找到这样的消息$\hat{m}_{20}$后，如果译码器能找到一个唯一的消息$\hat{m}_{10}$使得$(q^n,w_1^n(\hat{m}_{10}),w_2^n(\hat{m}_{20}),y_1^n)\in T_\varepsilon^{(n)}$，则$\hat{m}_{10}$就是用户 1 相应发送端所发送的公有消息，否则发生译码错误。找到这样的消息$\hat{m}_{20}$和$\hat{m}_{10}$后，如果译码器能确定一个唯一的消息$\hat{m}_{11}$使得$(q^n,w_2^n(\hat{m}_{20}),x_1^n(\hat{m}_{10},\hat{m}_{11}),y_1^n)\in T_\varepsilon^{(n)}$，则$\hat{m}_{11}$就是用户 1 相应发送端所发送的私有消息，否则译码器报告译码错误。

(4)译码错误概率分析

采用码书和消息的平均译码错误概率对其进行定界。根据随机码产生的对称性，译码错误概率并不依赖所发送的码字。因此，不失一般性，假定用户 1 和用户 2 发送的消息对是$M_1=(1,1)$和$M_2=(1,1)$，并把当$M_1=(1,1)$和$M_2=(1,1)$被发送时产生译码错误事件ε的条件概率定义为

$$P(\varepsilon)=P(\varepsilon\,|\,M_1=(1,1),M_2=(1,1))$$

仅当出现下列四种情况时，译码器就产生译码错误：

$$\varepsilon_1=\{(Q^n,W_1^n(1),X_1^n(1,1),W_2^n(1),Y_1^n)\notin T_\varepsilon^{(n)}\}$$

对某些$\hat{m}_{20}\neq 1$有

$$\varepsilon_2=\{(Q^n,W_2^n(\hat{m}_{20}),Y_1^n)\in T_\varepsilon^{(n)}\}$$

对某些 $\hat{m}_{10}\neq1$ 有

$$\varepsilon_3=\{(Q^n,W_1^n(\hat{m}_{10}),W_2^n(1),Y_1^n)\in T_\varepsilon^{(n)}\}$$

对某些 $\hat{m}_{11}\neq1$ 有

$$\varepsilon_4=\{(Q^n,W_1^n(1),X_1^n(1,\hat{m}_{11}),W_2^n(1),Y_1^n)\in T_\varepsilon^{(n)}\}$$

根据事件的联合界,可以得到

$$P(\varepsilon)\leqslant P(\varepsilon_1)+P(\varepsilon_2)+P(\varepsilon_3)+P(\varepsilon_4)$$

根据大数定律,当码长 n 趋于无限长时 $P(\varepsilon_1)$ 趋于 0。因为对于 $\hat{m}_{20}\neq1$,在给定 Q^n 时 $W_2^n(\hat{m}_{20})$ 条件独立于 $(W_2^n(1),Y_1^n)$,根据填充引理[4],取 $|\mathcal{M}|=2^{nR_{20}}-1$,$U=Q$ 和 $Y=Y_1$,当码长 n 趋于无限长且 $R_{20}\leqslant I(W_2;Y_1|Q)-\delta(\varepsilon)$ 时 $P(\varepsilon_2)$ 趋于 0;类似地,取 $|\mathcal{M}|=2^{nR_{10}}-1$,$U=Q$ 和 $Y=Y_1W_2$,当信道码的码长 n 趋于无限长且速率 $R_{10}\leqslant I(W_1;Y_1W_2|Q)-\delta(\varepsilon)=I(W_1;Y_1|W_2Q)-\delta(\varepsilon)$ 时 $P(\varepsilon_3)$ 趋于 0;取 $|\mathcal{M}|=2^{nR_{11}}-1$,$U=Q$ 和 $Y=Y_1W_1W_2$,当码长 n 趋于无限长且速率 $R_{11}\leqslant I(X_1;Y_1W_1W_2|Q)-\delta(\varepsilon)=I(X_1;Y_1|W_1W_2Q)-\delta(\varepsilon)$ 时 $P(\varepsilon_4)$ 趋于 0。因此,当码长 n 趋于无限长时,总的平均译码错误概率 $P(\varepsilon)$ 趋于 0。因此,当给定 Q,并考虑各消息的和速率约束时,译码顺序 $\langle m_{20},m_{10},m_{11}\rangle$ 对应的可达速率子区域可由下列不等式来描绘:

$$R_{11}\leqslant I(X_1;Y_1|W_1W_2Q) \tag{3-153}$$

$$R_{10}\leqslant I(W_1;Y_1|W_2Q) \tag{3-154}$$

$$R_{20}\leqslant I(W_2;Y_1|Q) \tag{3-155}$$

$$R_{10}+R_{11}\leqslant I(X_1;Y_1|W_2Q) \tag{3-156}$$

$$R_{10}+R_{20}\leqslant I(W_1;Y_1|W_2Q)+I(W_2;Y_1|Q) \tag{3-157}$$

$$R_{11}+R_{20}\leqslant I(X_1;Y_1|W_1W_2Q)+I(W_2;Y_1|Q) \tag{3-158}$$

$$R_{10}+R_{11}+R_{20}\leqslant I(X_1W_2;Y_1|Q) \tag{3-159}$$

$$R_{10}\geqslant0 \tag{3-160}$$

$$R_{11}\geqslant0 \tag{3-161}$$

$$R_{20}\geqslant0 \tag{3-162}$$

去掉其中关于 R_{10} 和 R_{20} 单个速率及其和速率三个冗余的不等式,得

$$R_{11}\leqslant I(X_1;Y_1|W_1W_2Q) \tag{3-163}$$

$$R_{10}+R_{11}\leqslant I(X_1;Y_1\mid W_2Q) \tag{3-164}$$

$$R_{11}+R_{20}\leqslant I(X_1;Y_1\mid W_1W_2Q)+I(W_2;Y_1\mid Q) \tag{3-165}$$

$$R_{10}+R_{11}+R_{20}\leqslant I(X_1W_2;Y_1\mid Q) \tag{3-166}$$

$$R_{10}\geqslant 0 \tag{3-167}$$

$$R_{11}\geqslant 0 \tag{3-168}$$

$$R_{20}\geqslant 0 \tag{3-169}$$

类似地,根据译码顺序$\langle m_{10},m_{20},m_{11}\rangle$,可以得到如下速率子区域:

$$R_{11}\leqslant I(X_1;Y_1\mid W_1W_2Q) \tag{3-170}$$

$$R_{10}+R_{11}\leqslant I(X_1;Y_1\mid W_1W_2Q)+I(W_1;Y_1\mid Q) \tag{3-171}$$

$$R_{11}+R_{20}\leqslant I(X_1W_2;Y_1\mid W_1Q) \tag{3-172}$$

$$R_{10}+R_{11}+R_{20}\leqslant I(X_1W_2;Y_1\mid Q) \tag{3-173}$$

$$R_{10}\geqslant 0 \tag{3-174}$$

$$R_{11}\geqslant 0 \tag{3-175}$$

$$R_{20}\geqslant 0 \tag{3-176}$$

类似地,根据译码顺序$\langle m_{10},m_{11},m_{20}\rangle$,可以得到如下速率子区域:

$$R_{11}\leqslant I(X_1;Y_1\mid W_1Q) \tag{3-177}$$

$$R_{10}+R_{11}\leqslant I(X_1;Y_1\mid Q) \tag{3-178}$$

$$R_{11}+R_{20}\leqslant I(X_1W_2;Y_1\mid W_1Q) \tag{3-179}$$

$$R_{10}+R_{11}+R_{20}\leqslant I(X_1W_2;Y_1\mid Q) \tag{3-180}$$

$$R_{10}\geqslant 0 \tag{3-181}$$

$$R_{11}\geqslant 0 \tag{3-182}$$

$$R_{20}\geqslant 0 \tag{3-183}$$

这三个速率子区域的并集就是在用户 1 的接收端的可达速率区域:

$$R_{11}\leqslant I(X_1;Y_1\mid W_1W_2Q) \tag{3-184}$$

$$R_{10}+R_{11}\leqslant I(X_1;Y_1\mid W_2Q) \tag{3-185}$$

$$R_{11}+R_{20}\leqslant I(X_1W_2;Y_1\mid W_1Q) \tag{3-186}$$

$$R_{10}+R_{11}+R_{20}\leqslant I(X_1W_2;Y_1\mid Q) \tag{3-187}$$

$$R_{10}\geqslant 0 \tag{3-188}$$

$$R_{11}\geqslant 0 \tag{3-189}$$

$$R_{20}\geqslant 0 \tag{3-190}$$

类似地,在用户 2 的接收端可得

$$R_{22} \leqslant I(X_2;Y_2 \mid W_1 W_2 Q) \tag{3-191}$$

$$R_{20} + R_{22} \leqslant I(X_2;Y_2 \mid W_1 Q) \tag{3-192}$$

$$R_{10} + R_{22} \leqslant I(X_2 W_1;Y_2 \mid W_2 Q) \tag{3-193}$$

$$R_{10} + R_{22} + R_{20} \leqslant I(X_2 W_1;Y_2 \mid Q) \tag{3-194}$$

$$R_{20} \geqslant 0 \tag{3-195}$$

$$R_{22} \geqslant 0 \tag{3-196}$$

$$R_{10} \geqslant 0 \tag{3-197}$$

(5)可达速率区域

采用傅里叶-莫茨金消元法,即可得到定理 2 的结论。具体的消元过程可以参考文献[46]。

3.3 关于 HK 与 CMG 速率区域的等价性

3.3.1 从采用逐次干扰消除译码的译码顺序角度

$\mathcal{R}^s_{\text{HK}}$和 $\mathcal{R}^s_{\text{CMG}}$分别由 $\mathcal{R}^o_{\text{HK}}$和 $\mathcal{R}^o_{\text{CMG}}$通过傅里叶-莫茨金消元法得到,很容易得出 $\mathcal{R}^o_{\text{HK}} = \mathcal{R}^s_{\text{HK}}$和 $\mathcal{R}^o_{\text{CMG}} = \mathcal{R}^s_{\text{CMG}}$。问题的关键是证明 $\mathcal{R}^s_{\text{HK}} = \mathcal{R}^s_{\text{CMG}} = \mathcal{R}^c_{\text{CMG}}$。在文献[45]中,作者首先证明 $\mathcal{R}^c_{\text{CMG}} = \mathcal{R}^s_{\text{HK}}$,再证明 $\mathcal{R}^o_{\text{HK}} = \mathcal{R}^o_{\text{CMG}}$,从而解决了这个问题,通过分析所有可能的概率分布来证明两个速率区域的等价性。

本节将两个速率区域固定在相同的概率分布,并说明 $\mathcal{R}^s_{\text{HK}} = \mathcal{R}^s_{\text{CMG}}$成立。下面分析当发送端使用同时叠加编码或顺序叠加编码,接收端逐次干扰消除译码获得干扰信道可达速率区域时所有可能的译码顺序。两种叠加编码都需要在每个接收端译出另一个用户的公共信息、用户自己的公共信息和私有信息三个信息,从而形成一个虚拟的三用户多址接入信道。由于同时叠加编码是将用户的公共信息和私有信息以某种确定的方式叠加起来,没有主次之分,对采用逐次干扰消除译码时信息的译码顺序没有限制,因此为获得此虚拟三用户多址接入信道的容量区域,采用逐次干扰消除译码时需要六种译码顺序。例如,对于用户 1 的接收端来说,这六种译码顺序包括$\langle m_{20}, m_{10}, m_{11}\rangle$,$\langle m_{10}, m_{20}, m_{11}\rangle$,$\langle m_{20}, m_{11},$

$m_{10}\rangle$，$\langle m_{11}, m_{20}, m_{10}\rangle$，$\langle m_{11}, m_{10}, m_{20}\rangle$和$\langle m_{10}, m_{11}, m_{20}\rangle$。每种译码顺序得到的速率子区域和此虚拟三用户多址接入信道的容量区域都由三个单一信息速率下界、三个单一信息速率上界、三个任意两个信息的和速率上界和一个三个信息的和速率上界来描述。实际上，从数学的角度，用户自己的公共信息及另一用户的公共信息的速率上界及二者的和速率上界是冗余的。因此，剩下四个上界在起作用，即用户自己的私有信息的速率上界，用户自己的私有信息和公共信息的和速率上界，用户自己的私有信息和另一用户的公共信息的和速率上界，以及用户自己的私有信息、公共信息和另一用户的公共信息的和速率上界。然而，每种译码顺序仅能确定一个最大的单一信息速率上界、一个最大的两个信息的和速率上界及一个最大的三个信息的和速率上界。因此，根据以上分析，要获得此虚拟三用户多址接入信道的容量区域，采用逐次干扰消除译码时最少需要两种译码顺序，而不必使用全部六种译码顺序。例如，对用户 1 的接收端来说，这两种译码顺序是$\langle m_{20}, m_{10}, m_{11}\rangle$和$\langle m_{10}, m_{20}, m_{11}\rangle$。实际上，这两种译码顺序获得的速率子区域包含了其他四种译码顺序对应的速率子区域。

另外，由于用户公共信息和私有信息的对称性，先译出哪个信息对于它们的和速率没有任何影响。因此，可以限定在译码时先译用户的公共信息，再译用户的私有信息。这样对应于编码时，就可以采用顺序叠加编码的方式，即用户的公共信息作为云团中心，用户的私有信息作为卫星码字，将二者叠加起来。这就意味着三种译码顺序是不必要的。例如，对用户 1 的接收端来说，仅$\langle m_{20}, m_{10}, m_{11}\rangle$，$\langle m_{10}, m_{20}, m_{11}\rangle$和$\langle m_{10}, m_{11}, m_{20}\rangle$三种译码顺序是必要的。再根据从数学角度得出的冗余表达式结论，$\langle m_{10}, m_{11}, m_{20}\rangle$获得的速率子区域包含在$\langle m_{10}, m_{20}, m_{11}\rangle$获得的速率子区域中，因而仅$\langle m_{20}, m_{10}, m_{11}\rangle$和$\langle m_{10}, m_{20}, m_{11}\rangle$两种译码顺序足以获得每个接收端的虚拟三用户多址接入信道的容量区域。因此，由每个接收端六种译码顺序获得的 HK 速率区域和由每个接收端两种译码顺序获得的 CMG 速率区域是等价的。

3.3.2　从化简冗余表达式的角度

比较简化 HK 和简化 CMG 速率区域的表达式，可以发现它们的主要区别在于单个速率的表示。文献[45]从 HK 和 CMG 速率区域的概率分布关系的角度，证明了 HK 和 CMG 速率区域是等价的,并去掉了两个冗余的单个速率上界,从而给出了这两个速率区域的紧致描述。这里提供一个简单的方法,即通过数值大小分析去掉 HK 和 CMG 速率区域当中的关于单个速率的两个冗余不等式。

1. HK 速率区域的化简

定理 5 令 $\mathcal{R}^{s}_{\mathrm{HK}}(P^*)$ 表示满足下列不等式的速率对 (R_1, R_2) 的集合:

$$R_1 \leqslant I(W_1U_1;Y_1 \mid W_2Q) \tag{3-198}$$

$$R_2 \leqslant I(W_2U_2;Y_2 \mid W_1Q) \tag{3-199}$$

$$R_1+R_2 \leqslant I(U_1W_1W_2;Y_1 \mid Q)+I(U_2;Y_2 \mid W_1W_2Q) \tag{3-200}$$

$$R_1+R_2 \leqslant I(U_2W_1W_2;Y_2 \mid Q)+I(U_1;Y_1 \mid W_1W_2Q) \tag{3-201}$$

$$R_1+R_2 \leqslant I(U_1W_2;Y_1 \mid W_1Q)+I(W_1U_2;Y_2 \mid W_2Q) \tag{3-202}$$

$$2R_1+R_2 \leqslant I(U_1W_1W_2;Y_1 \mid Q)+I(U_1;Y_1 \mid W_1W_2Q)+I(W_1U_2;Y_2 \mid W_2Q) \tag{3-203}$$

$$R_1+2R_2 \leqslant I(U_1W_2;Y_1 \mid W_1Q)+I(U_2;Y_2 \mid W_1W_2Q)+I(W_1W_2U_2;Y_2 \mid Q) \tag{3-204}$$

$$R_1, R_2 \geqslant 0 \tag{3-205}$$

则集合

$$\mathcal{R}^{s}_{\mathrm{HK}} = \bigcup_{P^* \in \mathcal{P}^*} \mathcal{R}^{s}_{\mathrm{HK}}(P^*) \tag{3-206}$$

是两用户离散无记忆干扰信道的一个可达速率区域。

证明 HK 速率区域的编译码证明过程见文献[38],采用傅里叶-莫茨金消元法的过程见文献[45,46]。消元后的结果与定理 5 的差别在于对单速率上界的表达。消元后得到的单速率上界表示如下:

$$R_1 \leqslant I(W_1U_1;Y_1 \mid W_2Q) \tag{3-207}$$

$$R_1 \leqslant I(U_1;Y_1 \mid W_1W_2Q)+I(W_1;Y_2 \mid W_2U_2Q) \tag{3-208}$$

$$R_2 \leqslant I(W_2U_2;Y_2 \mid W_1Q) \tag{3-209}$$

$$R_2 \leqslant I(U_2;Y_2 \mid W_1W_2Q)+I(W_2;Y_1 \mid W_1U_1Q) \tag{3-210}$$

关于 R_1 上界的化简,式(3-208)中 $I(W_1;Y_2 \mid W_2U_2Q)$ 表示在用户 2 的译码器上,先译出自己消息,再译用户 1 的公共消息,这种译法显然对提高对应用户和速率并没有帮助。假设用户 1 和 2 没有公共消息,即式(3-207)中 $W_1=0, W_2=0$,

将和式(3-208)相同。因此 $I(W_1;Y_2|W_2U_2Q)$ 项是冗余项，即式(3-208)冗余。类似地，由关于上界 R_2 的化简，可以得到式(3-210)也冗余，因此结论得证。

2. CMG 速率区域的化简

定理 6　令 $\mathcal{R}^s_{\mathrm{CMG}}(P_1^*)$ 表示满足下列不等式的非负速率对 (R_1,R_2) 的集合：

$$R_1\leqslant I(X_1;Y_1|W_2Q) \tag{3-211}$$

$$R_2\leqslant I(X_2;Y_2|W_1Q) \tag{3-212}$$

$$R_1+R_2\leqslant I(X_1W_2;Y_1|Q)+I(X_2;Y_2|W_1W_2Q) \tag{3-213}$$

$$R_1+R_2\leqslant I(X_2W_1;Y_2|Q)+I(X_1;Y_1|W_1W_2Q) \tag{3-214}$$

$$R_1+R_2\leqslant I(X_1W_2;Y_1|W_1Q)+I(X_2W_1;Y_2|W_2Q) \tag{3-215}$$

$$2R_1+R_2\leqslant I(X_1W_2;Y_1|Q)+I(X_1;Y_1|W_1W_2Q)+I(X_2W_1;Y_2|W_2Q) \tag{3-216}$$

$$R_1+2R_2\leqslant I(X_1W_2;Y_1|W_1Q)+I(X_2;Y_2|W_1W_2Q)+I(X_2W_1;Y_2|Q) \tag{3-217}$$

$$R_1,R_2\geqslant 0 \tag{3-218}$$

式中，Q 为分时辅助随机变量。则集合

$$\mathcal{R}^s_{\mathrm{CMG}}=\bigcup_{P_1^*\in\mathcal{P}_1^*}\mathcal{R}^s_{\mathrm{CMG}}(P_1^*) \tag{3-219}$$

是两用户离散无记忆干扰信道的一个可达速率区域。

证明　CMG 速率区域的编译码证明过程见文献[45]，采用傅里叶-莫茨金消元法的过程见文献[45,46]。消元后的结果与定理 6 的差别在于对单速率上界的表达。消元后得到的单速率上界表示如下：

$$R_1\leqslant I(X_1;Y_1|W_2Q) \tag{3-220}$$

$$R_1\leqslant I(X_1;Y_1|W_1W_2Q)+I(X_2W_1;Y_2|W_2Q) \tag{3-221}$$

$$R_2\leqslant I(X_2;Y_2|W_1Q) \tag{3-222}$$

$$R_2\leqslant I(X_2;Y_2|W_1W_2Q)+I(X_1W_2;Y_1|W_1Q) \tag{3-223}$$

关于 R_1 上界的化简，式(3-221)中 $I(X_2W_1;Y_2|W_2Q)$ 表示用户 1 的公有消息与用户 2 的私有消息的速率之和，显然比用户 1 的公有消息速率大，是一个多余项，因此式(3-221)冗余。类似地，由关于 R_2 上界的化简，可得式(3-223)冗余，因此结论得证。

比较定理 5 和定理 6 的单速率表达式可知，两个速率区域表达式相同，即 HK 和 CMG 速率区域等价。对于 HK 和 CMG 速率区域，其边界点是通过不同的

公有消息比例和不同的分时参数获得的，单速率的最大边界可以通过先译出所有的干扰消息，再译自己的消息，即逐次干扰消除的方法来获得。因此，速率分割技术不会提高单个速率，但可能提高和速率，即叠加码不能提高单个用户的最大速率，但在某些情况下可提高和速率。

小　结

本章从两个新的角度给出了 HK 速率区域和 CMG 速率区域等价性证明的论述。一是通过证明采用逐次干扰消除译码结合同时叠加编码或顺序叠加编码可以分别获得 HK 和 CMG 速率区域，证明过程中关于译码顺序的分析，使我们能清楚地了解同时叠加编码和顺序叠加编码间的内在联系，并证明了 HK 速率区域和 CMG 速率区域的等价性。二是从化简冗余表达式的角度将 HK 和 CMG 速率区域进一步简化，简化后两者有相同的表达式，证明了 HK 速率区域和 CMG 速率区域的等价性。本章对 HK 速率区域和 CMG 速率区域等价性的证明，有助于加深理解 HK 和 CMG 速率区域及其计算。

第4章

点对点码和叠加码的高斯干扰信道容量比较

当多对用户共享无线通信资源进行通信时，每对用户的通信将不可避免地受到其他用户对的通信干扰。Shannon 首先把这种情况建模成干扰信道来研究其通信性能限[3]。相对于离散无记忆干扰信道，高斯干扰信道指导意义更大，因此得到了更为广泛的关注，其容量限及最佳传输策略也成为研究的焦点。然而，目前仅设计出高斯干扰信道在一些特殊情况下的最佳传输策略。已有研究指出，采用点对点码或叠加编码方案，可以获得强干扰条件下高斯干扰信道的容量区域[16,17,38]；弱干扰情况下高斯干扰信道的和容量[18-20]；单边高斯干扰信道、混合高斯干扰信道的和容量[21,22]。其中，点对点码是指，为一对通信用户在点对点模型中的信道所设计的信道码（也称单用户码），接收机要么全部把干扰当噪声，要么全部译出干扰的码字，要么避免全部干扰；叠加编码是一种多用户码，最早由 Cover 提出，由 Carleial 首次应用到高斯干扰信道中[37]，要求用户在发送端采用多个点对点码叠加起来，接收机采用同时联合译码。1981 年，Han 和 Kobayashi 采用同时叠加编码获得了一个较好的可达速率区域——HK 内界。文献[45]采用顺序叠加编码获得了 HK 内界的简化描述——CMG 内界。相对于 HK 内界，CMG 内界虽然在不等式数量和随机变量的基数两方面都进行了化简，但是计算仍旧非常复杂。文献[41,42]采用简单的 HK 策略推导出在高信噪比条件下对称高斯干扰信道达到的对称速率区域与信道容量最多相差 1 bit。向量和 MIMO 干扰信道的研究再次引发了干扰信道的研究热情[97-100]。

综上所述，对于两用户高斯干扰信道，尽管采用叠加编码可获得较优的内界，但是所有已知的容量结果也可采用点对点码获得。叠加编码传输方案实现复杂,且还没有进入实用阶段,更不要说推广到多用户干扰信道。而点对点码传输策略已实用化多年、技术成熟,且更易于向多用户干扰信道推广。因此,为了以较小代价达到通信性能要求,需要在性能和实现代价方面进行折中来考虑编码方案。因此,点对点码和叠加码下的性能差距是一个重要的研究问题。

本章针对两用户高斯干扰信道,在经典信道参数条件下,比较点对点和叠加高斯码下的两用户对称和非对称高斯干扰信道容量区域的差距;比较对称高斯干扰信道在典型信噪比下,分别使用点对点和叠加高斯码情况下的和速率,分析叠加码有和速率增益的信道参数关系。数值结果直观地反映了点对点和叠加高斯码下两用户高斯干扰信道的容量限差距,为实际通信中采用点对点还是叠加高斯码提供了理论依据。

4.1 信道模型与定义

一个 K 用户的高斯干扰信道模型如图 4-1 所示,图中 $h_{n,m}$ 表示从用户 n 发射端到用户 m 接收端的信道系数。其矩阵表示如下:

$$\boldsymbol{y}=\boldsymbol{H}\boldsymbol{x}+\boldsymbol{z} \tag{4-1}$$

式中,$\boldsymbol{x}=(X_1,X_2,\cdots,X_K)^{\mathrm{T}}$,$X_i\in\mathbb{R}$,为相互独立并满足平均功率约束 P_k 的 K 个用户的发送信号;$\boldsymbol{y}=[Y_1,Y_2,\cdots,Y_N]^{\mathrm{T}}$ 为对应用户的接收信号;$\boldsymbol{z}=[Z_1,Z_2,\cdots,Z_K]^{\mathrm{T}}$ 为均值为 0,方差为 σ_k^2(假设为 1)的加性高斯白噪声;$\boldsymbol{H}=(h_{n,m})\in\mathbb{R}^{K\times K}$为信道增益矩阵。通常可以把任意用户 k 接收到的信号表示成如下形式:

$$Y_k = h_{kk}X_k + \sum_{i=1,2,\cdots,K,k\neq i} h_{ik}X_i + Z_k \tag{4-2}$$

为便于比较分别采用点对点高斯码和叠加高斯码下的高斯干扰信道容量限的性能,本章讨论 $K=2$ 时的情况,即两用户高斯干扰信道。标准化后,直接链路的信道系数为1。为便于后面的表达和计算,将交叉链路用户 1 到用户 2 的信道系数记为 $\sqrt{a_{12}}$,用户 2 到用户 1 的信道系数记为 $\sqrt{a_{21}}$,令 $C(x)=\frac{1}{2}\log_2(1+x)$。

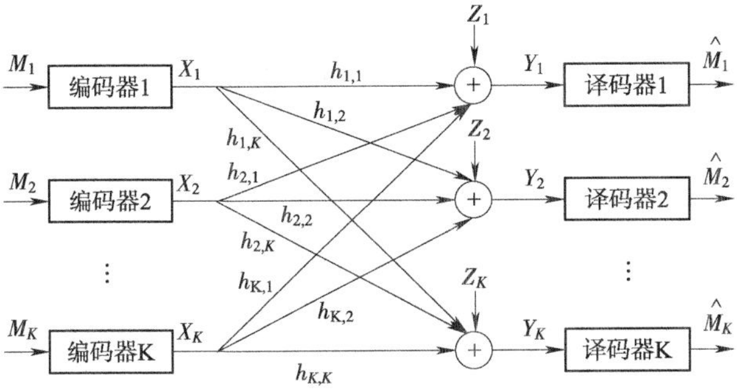

图 4-1　K 用户高斯干扰信道模型

4.2　点对点和叠加高斯码下的内界

4.2.1　点对点高斯码下的内界

当限定发送端采用点对点高斯码时，根据高斯干扰信道各种内界所采用的干扰管理策略，可以把各种内界分成避免干扰内界、忽略干扰内界、利用干扰内界、混合策略内界四类，各内界表达式见表 4-1。

表 4-1　点对点高斯码下各种内界

内界名称	内界表达式
TDM/FDM	$R_1 \leqslant \lambda_1 C\left(\frac{P_1}{\lambda_1}\right), R_2 \leqslant \lambda_2 C\left(\frac{P_2}{\lambda_2}\right)$
TIN	$R_1 \leqslant C\left(\frac{P_1}{1+a_{21}P_2}\right), R_2 \leqslant C\left(\frac{P_2}{1+a_{12}P_1}\right)$
DIC	$R_1 \leqslant \min\{C(P_1), C(a_{12}P_1)\}$, $R_2 \leqslant \min\{C(P_2), C(a_{21}P_2)\}$, $R_1 + R_2 \leqslant \min\{C(P_1 + a_{21}P_2), C(P_2 + a_{12}P_1)\}$
SD	$R_1 \leqslant C(P_1), R_2 \leqslant C(P_2)$, $R_1 + R_2 \leqslant \min\{C(P_1 + a_{21}P_2), C(P_2 + a_{12}P_1)\}$
BGT	$C = C_1 \cap C_2$，其中 $C_1: R_1 \leqslant C\left(\frac{P_1}{1+a_{21}P_2}\right) \cup$ $\{R_1 \leqslant C(P_1), R_1 + R_2 \leqslant C(P_1 + a_{21}P_2)\}$,

续表

内界名称	内界表达式
BGT	$C_2: R_2 \leqslant C\left(\frac{P_2}{1+a_{12}P_1}\right) \cup$ $\{R_2 \leqslant C(P_2), R_1 + R_2 \leqslant C(P_2 + a_{12}P_1)\}$
Sason	$\bigcup_{\alpha,\lambda_1,\lambda_2 \in [0,1]} \{(R_1, R_2)\}, R_1 \leqslant \alpha C\left(\frac{\lambda_1 P_1}{\alpha}\right) + \bar{\alpha}\min\left\{C\left(\frac{\bar{\lambda}_1 P_1}{\bar{\alpha} + a_{21}\bar{\lambda}_2 P_2}\right), C\left(\frac{a_{12}\bar{\lambda}_1 P_1}{\bar{\alpha} + \bar{\lambda}_2 P_2}\right)\right\}$ $R_2 \leqslant \bar{\alpha} C\left(\frac{\lambda_2 P_2}{\bar{\alpha}}\right) + \alpha\min\left\{C\left(\frac{\lambda_2 P_2}{\alpha + a_{12}\lambda_1 P_1}\right), C\left(\frac{a_{21}\lambda_2 P_2}{\alpha + \lambda_1 P_1}\right)\right\}$

避免干扰内界有 FDM/TDM 内界[37]，在中等干扰信道下其和速率是已知点对点码单一策略内界中较好的。系统在传输时，把可用的总带宽或时间段划分成两个子带或时隙，各用户独占相应的子带或时隙进行通信，彼此之间无任何干扰，因此信道干扰的强弱不会影响该传输策略的性能，因而它是一种能避免干扰的传输策略。

忽略干扰内界有 TIN 内界，它基于干扰是有害的观点，是一种忽略干扰结构的干扰管理策略，在干扰较弱情况下取得较好的容量限，并且能够在弱干扰情况下达到两用户高斯干扰信道的和速率容量[18-20]，但是在干扰越来越强的情况下，其性能会越来越差。

利用干扰内界认为干扰是由于无线通信的广播特性叠加到接收端的其他用户信号，因而干扰不同于噪声，是有结构的，且是可以利用的。因此通过译出干扰一般可以提高用户自己的速率。根据接收端是否唯一正确地译出干扰，可以分为正确地译出干扰（decoding the interference correctly，DIC）内界和不可靠译出干扰内界，也称同时译码（simultaneous decoding，SD）内界[4]。DIC 内界根据译出干扰的方式又分成 SICD 内界和联合译码（jointly decoding，JD）内界。这类内界在极强和强干扰情况下能达到两用户高斯干扰信道的容量[16,17,38]，在弱干扰情况下，SD 内界与 DIC 内界相比有明显的提高[4]。

混合策略内界即将上述各策略部分或全部组合使用得到的内界。这类内界主要有 Sason 内界[21]和 BGT 内界[7]，以及本书第 2 章提出的内界（为方便描述，简称 LSB 内界）。Sason 内界是通过组合改进的 TDM/FDM、TIN 和 DIC 的混合策略得到的。该混合策略把通信总带宽分成两个子带，把用户的发射功率同样分成两部分，分别在不同的子带发射信号，译码时，在每个子带中一个接收端把干扰当噪声译出自己的消息，另一个用户接收端采用 DIC 译出自己的消息。BGT 内界是 TIN 内界和 SD 内界的组合。通过两种内界的并来求在每一个接收端形成的信道的可达速率区域，然后再求两个接收端形成的可达速率区域的交集。

LSB 内界是通过组合时间共享随机变量、TIN 和 SD 技术获得的。而使用时间共享随机变量获得的内界通常要优于改进的 TDM/FDM 技术[4]，而 SD 内界优于 DIC 内界。实际上，该内界组合了目前点对点码下所有最优策略，因此是使用点对点码情况下目前最好的高斯干扰信道内界。由于 LSB 内界描述比较复杂，为了更加清晰和准确地描述该内界，因此将它放到了表 4-1 外面。

若不考虑时间共享随机变量，则满足下列不等式的速率对 (R_1, R_2) 的凸包包含在 LSB 内界中：

$$R_1 \leqslant C\left(\frac{P_1}{1+\bar{w}_2 a_{21} P_2}\right) \tag{4-3}$$

$$R_2 \leqslant C\left(\frac{P_2}{1+\bar{w}_1 a_{12} P_1}\right) \tag{4-4}$$

$$R_1 + R_2 \leqslant C\left(\frac{P_1 + w_2 a_{21} P_2}{1+\bar{w}_2 a_{21} P_2}\right) + C\left(\frac{\bar{w}_2 P_2}{1+\bar{w}_1 a_{12} P_1}\right) \tag{4-5}$$

$$R_1 + R_2 \leqslant C\left(\frac{P_2 + w_1 a_{12} P_1}{1+\bar{w}_1 a_{12} P_1}\right) + C\left(\frac{\bar{w}_1 P_1}{1+\bar{w}_2 a_{21} P_2}\right) \tag{4-6}$$

对 $w_j \in \{0,1\}, \bar{w}_j = 1 - w_j, j=1,2$。其中 $w_j, \bar{w}_j$ 为指示变量，代表要不要译出该信息，$w_j=1$ 代表译出该信息，$w_j=0$ 代表不译出该信息，即把该信息当噪声处理。其中，$C(x)=\frac{1}{2}\log_2(1+x)$，若不特别说明，下文中含义与此相同。

4.2.2　叠加高斯码内界

叠加高斯码下的两用户高斯干扰信道的内界主要有 Carleial 内界[37]、HK 内界、CMG 内界，以及由 HK 衍生出的便于计算的 Sason 内界[21]和 Shang 内界[40]。为了方便和公平地与点对点高斯码下的高斯干扰信道内界比较，采用文献[45]

中给出的 CMG 内界并且从是否考虑时间共享随机变量两个方面进行比较。满足下列不等式的速率对(R_1,R_2)的凸包包含在 HK 或 CMG 内界中：

$$R_1 \leqslant C\left(\frac{P_1}{1+\overline{w}_2 a_{21} P_2}\right) \tag{4-7}$$

$$R_2 \leqslant C\left(\frac{P_2}{1+\overline{w}_1 a_{12} P_1}\right) \tag{4-8}$$

$$R_1 + R_2 \leqslant C\left(\frac{P_1 + w_2 a_{21} P_2}{1+\overline{w}_2 a_{21} P_2}\right) + C\left(\frac{\overline{w}_2 P_2}{1+\overline{w}_1 a_{12} P_1}\right) \tag{4-9}$$

$$R_1 + R_2 \leqslant C\left(\frac{P_2 + w_1 a_{12} P_1}{1+\overline{w}_1 a_{12} P_1}\right) + C\left(\frac{\overline{w}_1 P_1}{1+\overline{w}_2 a_{21} P_2}\right) \tag{4-10}$$

$$R_1 + R_2 \leqslant C\left(\frac{\overline{w}_1 P_1 + w_2 a_{21} P_2}{1+\overline{w}_2 a_{21} P_2}\right) + C\left(\frac{\overline{w}_2 P_2 + w_1 a_{12} P_1}{1+\overline{w}_1 a_{12} P_1}\right) \tag{4-11}$$

$$2R_1 + R_2 \leqslant C\left(\frac{P_1 + w_2 a_{21} P_2}{1+\overline{w}_2 a_{21} P_2}\right) + C\left(\frac{\overline{w}_1 P_1}{1+\overline{w}_2 a_{21} P_2}\right) + C\left(\frac{\overline{w}_2 P_2 + w_1 a_{12} P_1}{1+\overline{w}_1 a_{12} P_1}\right) \tag{4-12}$$

$$R_1 + 2R_2 \leqslant C\left(\frac{P_2 + w_1 a_{12} P_1}{1+\overline{w}_1 a_{12} P_1}\right) + C\left(\frac{\overline{w}_2 P_2}{1+\overline{w}_1 a_{12} P_1}\right) + C\left(\frac{\overline{w}_1 P_1 + w_2 a_{21} P_2}{1+\overline{w}_2 a_{21} P_2}\right) \tag{4-13}$$

对 $w_j \in [0,1], \overline{w}_j = 1 - w_j, j = 1,2$。其中 w_j 代表公共信息部分的比例因子；$\overline{w}_j$ 代表私有信息部分的比例因子。

4.3 不使用时间共享变量的内界比较

为了便于比较，本节主要分析与比较在不使用改进的 TDM/FDM、时间共享随机变量等技术情况下，采用点对点高斯码和叠加高斯码时两用户高斯干扰信道的容量限差距。在第 2 章中，我们已经知道 LSB 内界是点对点码下各种最优传输策略的综合，因而是已知的点对点码下的最佳内界。因此只需要把 LSB 内界作为点对点高斯码下的内界代表与 CMG 内界进行比较即可。

4.3.1 主要结论

由于已知点对点和叠加高斯码下的内界表达式，因此通过理论推导的方法可得到以下结论：

定理 1　采用点对点和叠加高斯码两种情况下，无论信道干扰强度如何，都有相同的最大单个速率，即

$$R_1 \leqslant C(P_1) \tag{4-14}$$

$$R_2 \leqslant C(P_2) \tag{4-15}$$

证明　对于式(4-3)和式(4-4)，当 $\overline{w}_2 = \overline{w}_1 = 0$ 时，它们分别取得最大值，即式(4-14)和式(4-15)所描述的可达速率区域。也就是当干扰被完全译出来时，分别取得最大单个速率。类似地，对于式(4-7)和式(4-8)，当 $\overline{w}_2 = \overline{w}_1 = 0$ 时，它们分别取得最大值，即式(4-14)和式(4-15)所描述的可达速率区域，也就是说此时叠加高斯码退化成点对点高斯码，需要译出全部干扰。

定理 2　对于两用户高斯强干扰信道，采用点对点和叠加高斯码两种情况，有相同的可达速率区域，即

$$R_1 \leqslant C(P_1) \tag{4-16}$$

$$R_2 \leqslant C(P_2) \tag{4-17}$$

$$R_1 + R_2 \leqslant \min\{C(P_1 + a_{21}P_2), C(P_2 + a_{12}P_1)\} \tag{4-18}$$

证明　对于两用户高斯强干扰信道，最佳可达策略是完全译出干扰，即要求 $\overline{w}_2 = \overline{w}_1 = 0$ 和 $w_2 = w_1 = 1$，对于 LSB 内界，把它们代入式(4-3) ~ 式(4-6)，相应地得到式(4-16) ~ 式(4-18)。对于 CMG 内界，$\overline{w}_2 = \overline{w}_1 = 0, w_2 = w_1 = 1$ 时，代入式(4-7)和式(4-8)得式(4-16)和式(4-17)，代入式(4-9)和式(4-10)得式(4-18)，代入式(4-11)得

$$R_1 + R_2 \leqslant C(a_{21}P_2) + C(a_{12}P_1) \tag{4-19}$$

因为在强干扰时，即 $a_{21} \geqslant 1$ 和 $a_{12} \geqslant 1$，$\mathcal{C}(a_{21}P_2) + \mathcal{C}(a_{12}P_1)$ 大于 $\mathcal{C}(P_1 + a_{21}P_2)$ 和 $\mathcal{C}(P_2 + a_{12}P_1)$，因此式(4-19)冗余，即式(4-11)冗余。根据 $\overline{w}_2 = \overline{w}_1 = 0$，$w_2 = w_1 = 1, a_{21} \geqslant 1$ 和 $a_{12} \geqslant 1$，式(4-12)大于式(4-7)与式(4-9)的和，式(4-13)大于式(4-8)与式(4-10)的和，因此式(4-12)和式(4-13)也冗余。所以，CMG 内界可转化为式(4-16) ~ 式(4-18)，即强干扰信道时，叠加高斯码与点对点高斯码等效。

定理 3　对于两用户高斯弱干扰信道，采用点对点和叠加高斯码两种情况，有相同的和速率，即

$$R_1 + R_2 \leqslant \mathcal{C}\left(\frac{P_1}{1 + a_{21}P_2}\right) + \mathcal{C}\left(\frac{P_2}{1 + a_{12}P_1}\right) \tag{4-20}$$

证明 对于两用户高斯噪声级弱干扰信道,采用 TIN 策略可以达到和容量,即要求 $\overline{w}_2 = \overline{w}_1 = 1$ 和 $w_2 = w_1 = 0$,对于 LSB 内界,把它们代入式(4-3)~式(4-6)相应地得到式(4-20)。对于 CMG 内界,$\overline{w}_2 = \overline{w}_1 = 1$ 和 $w_2 = w_1 = 0$ 并满足噪声级弱干扰条件 $\sqrt{a_{21}}(a_{12}P_1 + 1) + \sqrt{a_{12}}(a_{21}P_2 + 1) \leqslant 1$ 时,把它们代入式(4-7)~式(4-13)相应地也得到式(4-20)。此时,叠加高斯码与点对点高斯码等效。

根据定理 1~定理 3 所描述的情况,在实际通信中若需要某个用户能以其最大单个速率通信,或者是在强干扰信道中通信,或者在弱干扰信道中以最大和速率通信时,系统只需要采用点对点高斯码,而无须采用叠加高斯码,即可获得同样的通信性能。

4.3.2 数值结果

对于中等干扰信道,因为在求 HK 或 CMG 内界时,要遍历全部公共信息可能占有的比例,所以无法用理论推导或计算的方法直接比较两种码下的内界。本节将通过一些典型参数下信道两种码的内界的数值结果进行比较直观的比较。

1. 速率区域

对于两用户高斯干扰信道,画出使用点对点和叠加高斯码情况下各自的可达速率区域,比较起来更直观。为了便于比较,对数、信道参数和发射功率约束采用的是与文献[38]中相同或相似的参数,因为这些参数涉及强、中等和弱干扰,对称和非对称干扰信道等经典参数,比较全面,如图 4-2~图 4-8 所示。其中,图 4-2~图 4-4、图 4-6 和图 4-8 五种情况下,点对点和叠加高斯码下的可达速率区域相同。图 4-2 和图 4-3 是强干扰信道,在这种情况下,译出干扰的策略能够获得更好的可达速率区域。因为全部干扰都要译出,所以采用点对点和叠加高斯码得到的速率区域是相同的。图 4-8 是对称干扰信道下译或不译干扰的临界情况,此时,点对点和叠加高斯码获得相同的可达速率区域。图 4-5 和图 4-7 两种情况下,叠加高斯码内界要比点对点高斯码的内界大。其中,图 4-5 是非对称干扰信道,图中,由坐标原点和 X, A, C, D, Y 点围成的区域是点对点高斯码的可达速率区域；而由坐标原点和 X,A,B,C,D,Y 点围成的区域是叠加高斯码的可达速率区域。图4-7是对称干扰信道，图中，由坐标原点和 X,A,D,Y 点围成的区域是点对点高斯码的可达速率区域；而由坐标原点和 X,A,B,C,D,Y 点围成的区域是叠加高斯码的可达速率区域。由以上比较可知，叠加高斯码内界通常优于点对点高斯码内界。但是，在很多特殊信道参数情况下，两种码内界相同，或者差距很小，在这种情况下考虑叠加高斯码实现的复杂度，可考虑采用点对点高斯码作为信道码。

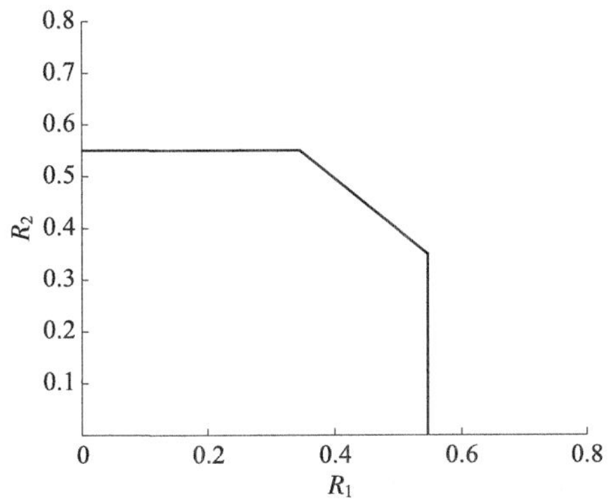

图4-2　$P_1=P_2=2.0, a_{12}=a_{21}=1.5$ 速率区域

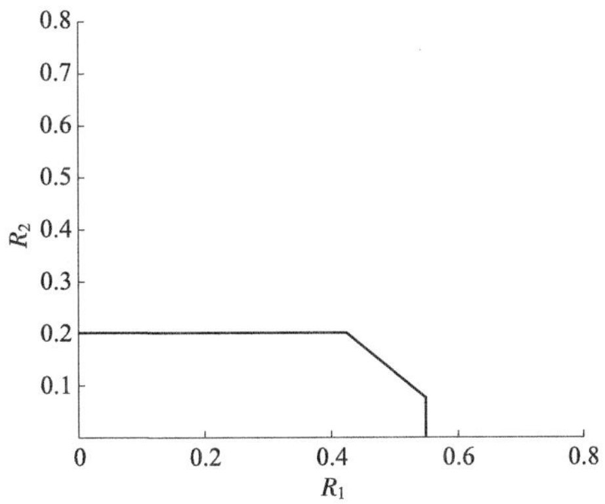

图4-3　$P_1=2.0, P_2=0.5, a_{12}=a_{21}=1.0$ 速率区域

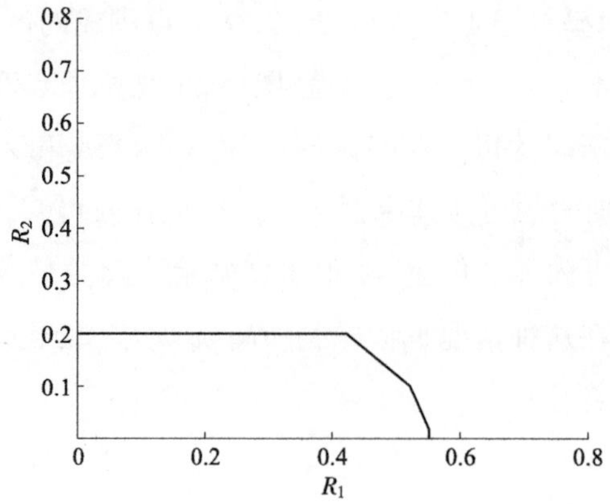

图 4-4　$P_1=2.0, P_2=0.5, a_{12}=0.25, a_{21}=1.0$ 速率区域

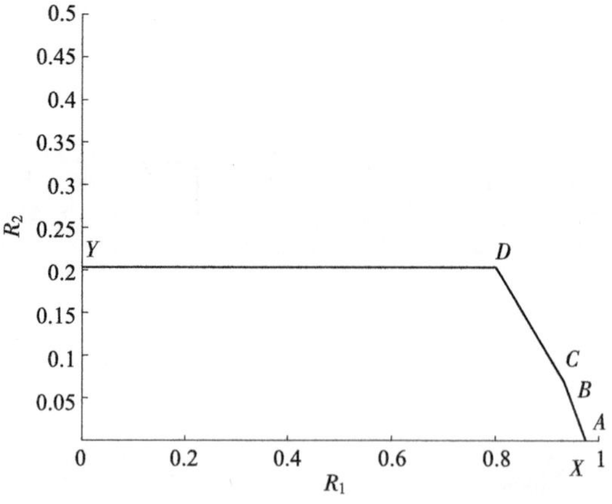

图 4-5　$P_1=6.0, P_2=0.5, a_{12}=0.25, a_{21}=1.0$ 速率区域

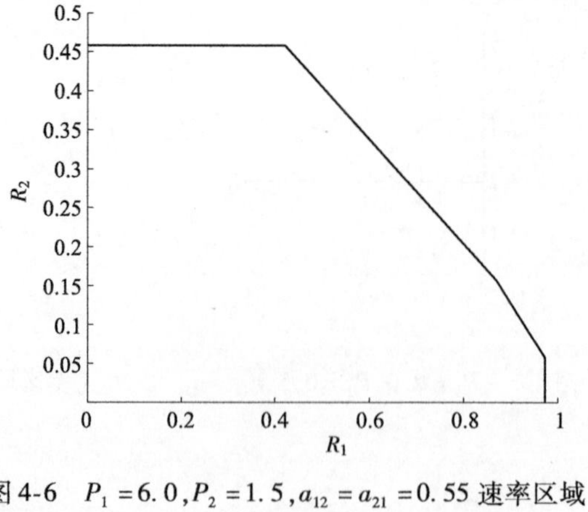

图 4-6　$P_1=6.0, P_2=1.5, a_{12}=a_{21}=0.55$ 速率区域

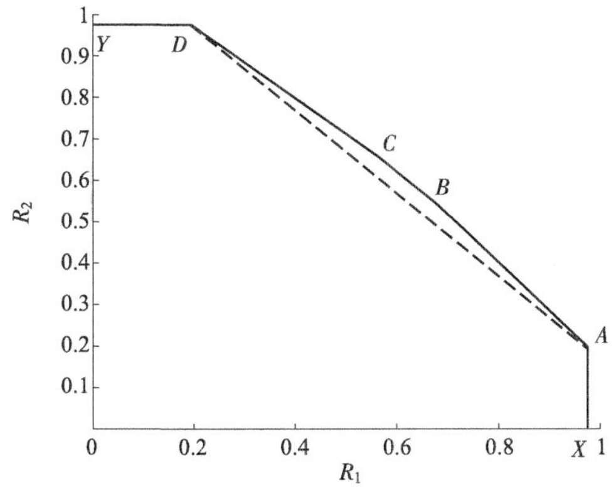

图 4-7　$P_1 = P_2 = 6.0, a_{12} = a_{21} = 0.55$ 速率区域

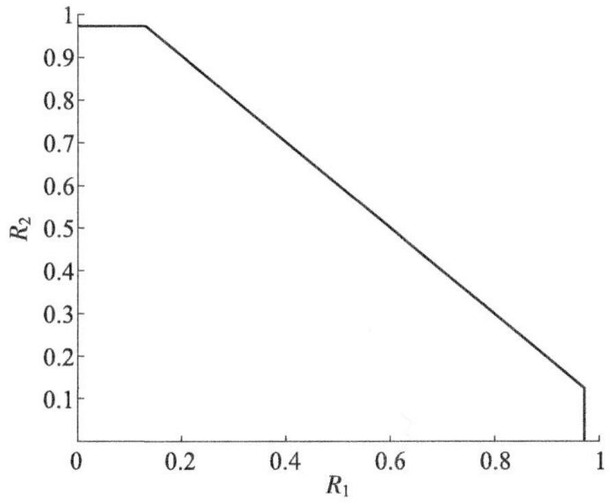

图 4-8　$P_1 = P_2 = 6.0, a_{12} = a_{21} = 1/3$ 速率区域

2. 和速率

在通信系统中,系统吞吐量是一个非常关键的性能指标,对应于信道的和速率。在研究信道的和速率时,为了便于发现其中的规律并推广,经常以对称信道为模型。本节针对两用户高斯对称干扰信道,比较点对点和叠加高斯码下的和速率差距。由于强干扰情况下,点对点和叠加高斯码有相同的速率区域,当然和速率也相同,因此,只需比较在中等干扰情况下二者的和速率。在图 4-9 ~ 图 4-12 中,由点 Y, C, A 和 X 确定的曲线代表的是点对高斯码下的和速率,而由点 Y, C, B, A 和 X 确定的曲线代表的是叠加高斯码下的和速率。显然,叠加高斯码的和速率不低于点对点高斯码的和速率。为便于比较,把和速率曲线划分成三段,在 YC 段和 AX 段,两种码的和速率相同;而在 CA 段,叠加高斯码的和速率优于点对点码的和速率。其中,点 C 是对称干扰信道下译出干扰和不译干扰和速率相等的临界情况。

此外,从图 4-13 中可以得到,随着信噪比增加,叠加高斯码和速率优于点对点高斯码和速率时的信道系数范围变窄,两种码的和速率的最大差距变大。例如,当信噪比为 30 dB 时,叠加高斯码和速率优于点对点高斯码和速率的信道系数范围只有 0.032 ~0.27,而在其他信道系数范围内,点对点高斯码和速率同叠加高斯码和速率相同,即此时选用点对点高斯码作为信道码更有利,叠加高斯码与点对点高斯码和速率最大差距为 0.74 bit;当信噪比为 10 dB 时,叠加高斯码和速率优于点对点高斯码和速率的信道系数范围扩大到 0.27 ~0.912,而在其他较小的信道系数范围内,点对点高斯码和速率同叠加高斯码和速率相同,即此时选用叠加高斯码作为信道码更有利,叠加高斯码与点对点高斯码和速率最大差距缩小为 0.154 bit。

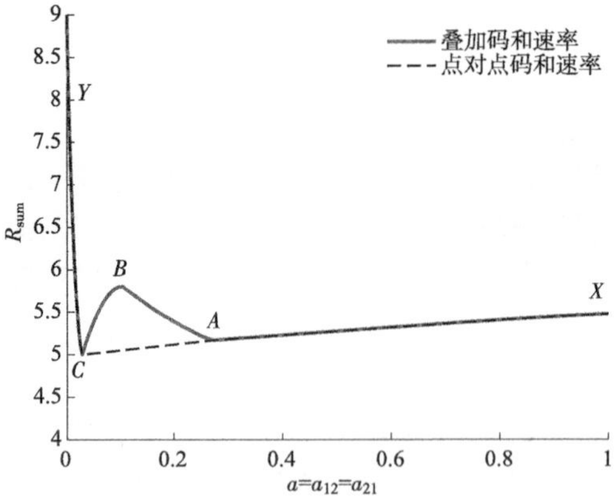

图 4-9　$P_1=P_2=1\ 000$ 和速率

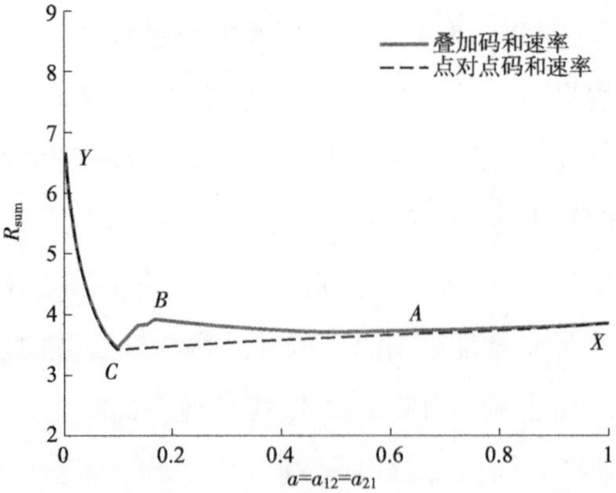

图 4-10　$P_1=P_2=100$ 和速率

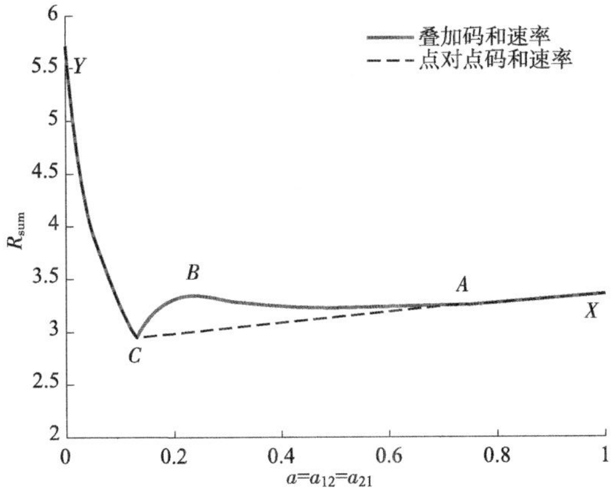

图 4-11　$P_1 = P_2 = 51$ 和速率

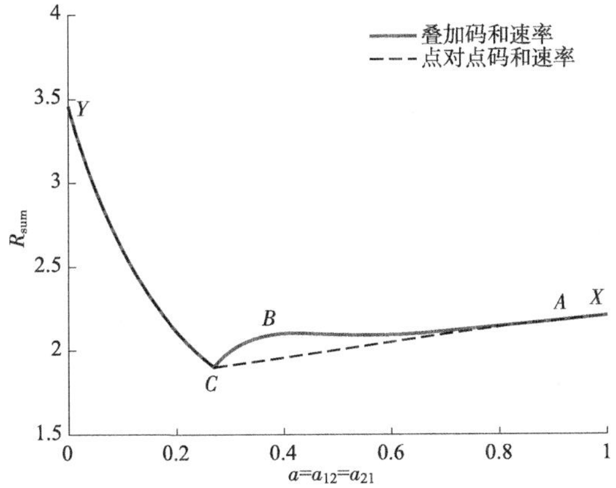

图 4-12　$P_1 = P_2 = 10$ 和速率

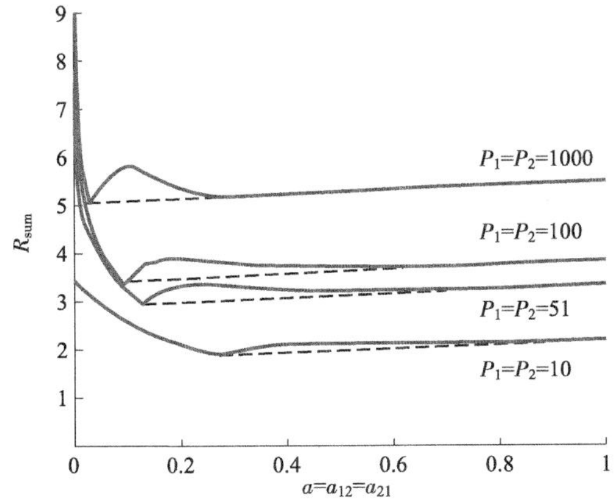

图 4-13　$P_1 = P_2 = 1\,000, 100, 51, 10$ 和速率

4.4 使用时间共享变量的和速率比较

当涉及时间共享变量时,不能通过分析表达式比较两者的内界。并且,由于HK速率区域涉及时间共享变量的基数非常大,计算其高斯干扰信道下的速率区域与和速率都极其困难,显然不适合实际通信。因此,本节只比较对称高斯干扰信道在点对点码和叠加码下的和速率数值结果。HK和速率采用Sason在文献[21]中给出的两种计算方法。

图4-14~图4-16给出了发射功率分别为10,51和1 000下五种和速率曲线。曲线1表示没使用时间共享变量的点对点码的和速率曲线,曲线2表示使用时间共享变量的点对点码的和速率曲线,曲线3表示没使用时间共享变量的HK和速率曲线,曲线4表示时间共享变量为0.5的HK和速率曲线,曲线5表示时间共享变量为取值在0~0.5之间的HK和速率曲线(本节中取0,0.25和0.5三个值)。从图中可以得出:未使用时间共享变量的点对点码的和速率性能最差,对应于图中的曲线1;时间共享变量为取值在0~0.5之间的HK和速率性能最好,对应于图中的曲线5,并且它始终在曲线2之上,也就是性能始终比使用时间共享变量的点对点码的和速率好;五条曲线在弱干扰下的和速率相同。从图4-14中可以看出,在某些低信噪比范围,未用时间共享变量的HK和速率与时间共享变量为0.5的HK和速率都要比使用时间共享变量的点对点码的和速率小。从图4-15中可以看出,在中等干扰下,未使用时间共享变量的HK和速率的最大值等于使用时间共享变量的点对点码的和速率的信噪比是17 dB,此时,时间共享变量为0.5的HK和速率在干扰偏强的一段超过了使用时间共享变量的点对点码的和速率。从图4-16中可以看出,在中等干扰下,未使用时间共享变量的HK和速率有一段超过了使用时间共享变量的点对点码的和速率,时间共享变量为0.5的HK和速率曲线有一小部分在使用时间共享变量的点对点码的和速率曲线之下。

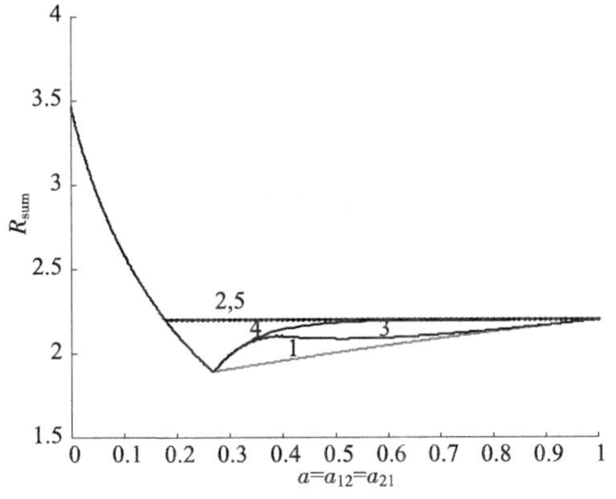

图 4-14　$P_1 = P_2 = 10$ 和速率

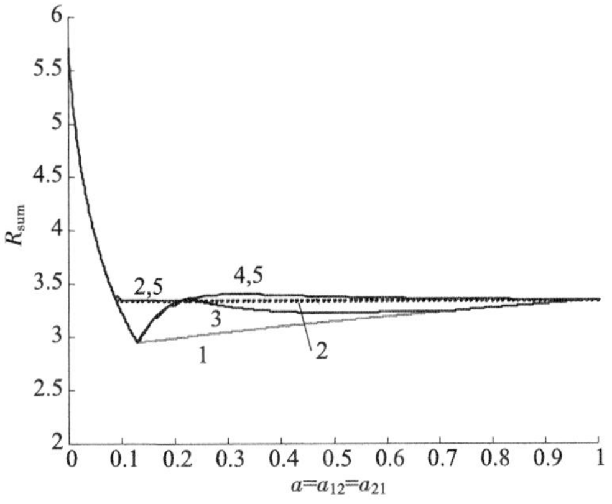

图 4-15　$P_1 = P_2 = 51$ 和速率

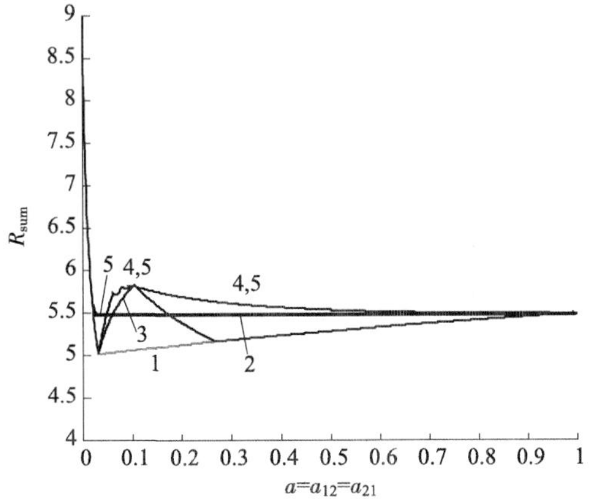

图 4-16　$P_1 = P_2 = 1\ 000$ 和速率

小　结

本章针对两用户高斯干扰信道，首先在不考虑改进的 TDM/FDM 传输策略和时间共享随机变量影响的情况下，论述了目前点对点和叠加高斯码下最佳的可达速率区域与和速率的比较结果。结果显示，点对点高斯码和叠加高斯码的最大单个速率相同；在强干扰情况下，点对点高斯码和叠加高斯码的内界相同；在弱干扰情况下，点对点高斯码和叠加高斯码的和速率相同。随着信噪比的增加，叠加高斯码的和速率优于点对点高斯码和速率的信道系数范围越来越小，叠加高斯码与点对点高斯码和速率的最大差距变大。此外，在其他一些特定的信道参数下，点对点高斯码和叠加高斯码的可达速率区域相同或者相近。在性能相同或相近的情况下，由于实现复杂度低，所以宜选用点对点高斯码。其他情况下，需要进一步考虑性能和复杂度的折中，以确定是否选用叠加高斯码。

其次在考虑时间共享随机变量的情况下，论述了两用户对称高斯干扰信道的和速率的比较结果。在低信噪比的时候，叠加高斯码的和速率几乎没有提高；而在高信噪比下，对于中等干扰强度，叠加高斯码的和速率优势逐渐增大。

上述结论为存在干扰的通信中编码方式的选择提供了理论依据。

第 5 章 多用户循环干扰信道的容量

一个很自然的问题是将两用户干扰信道容量使用单用户码和多用户码的可达策略推广到多用户干扰信道,以确定它们的容量区域。但是,由于多用户干扰信道本身的复杂性,其容量区域的刻画非常困难。一般的多用户干扰信道的容量区域就更加难以计算。网络信息论研究者为了降低问题的复杂度,转向研究比较特殊且有实际应用背景的一些多用户干扰信道的容量,并期望为解决一般的多用户干扰信道容量问题提供思路。本章针对近来研究较多的循环干扰信道,研究其容量与编码策略。

近几年,一类特殊的多用户干扰信道——循环干扰信道(cyclic interference channel,CIC)获得了网络信息理论界的极大关注。一方面,由于它的信道模型简单,其容量区域可能更容易确定,并且也有可能对刻画一般的多用户干扰信道的容量区域提供助力,具有非常重要的理论研究意义;另一方面,CIC 能够建模当前日益增多的高速路无线通信环境的下行链路,研究其容量区域亦具有重大的实际应用价值。高速路上的通信特点是通信主要沿路分布,所以基站可按高速路沿线进行覆盖,与人口密集地区的蜂窝网分布相比,小区呈线性排列分布,如图 5-1 所示。该模型称为 Wyner 模型[197],其通信特点在于,位于两个小区边缘区域的用户(图 5-1 中蜂窝小区 2 和 3 的交叉区域中,上面是汽车中用户,下面是火车中用户)会同时接收到相邻两个基站所发送的同频信号。此时,通信系统如果采用频率复用因子为 1 的方法来提高频谱效率,并且基站间不进行协作,那么该用户将只会受到相邻两个小区的干扰。如果假定每个移动用户只受到一个固定方向上的一个相邻小区的干扰,则将得到一个改进的 Wyner 模型。

该模型最初是作为小区软切换模型在文献[198]中提出的。在文献[60]中将其称作级联 Z 干扰信道,用来研究干扰问题,被重新关注。但是,由于更加便于计算和描述,另外一种更一般的干扰信道模型——CIC 成为网络信息理论界的关注焦点。级联 Z 干扰信道中增加第一个用户对最后一个用户的干扰即可演变成 CIC。因此,级联 Z 干扰信道是循环干扰信道的子类。

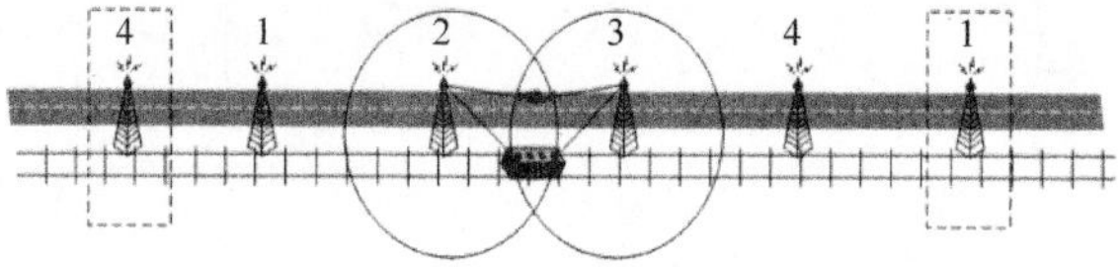

图 5-1　高速公路蜂窝小区示意图

国内外对级联 Z 干扰信道和循环干扰信道的研究成果主要有:文献[60]确定了三用户级联 Z 高斯干扰信道的和容量及强干扰情况下的容量区域;文献[62,63]采用 ETW 方案证明了 K 用户循环高斯干扰信道在弱干扰情况下的容量距离简单 HK 可达速率区域不超过 2 bit,并确定了强干扰条件下的容量区域;文献[64]除了确定了强干扰 N 用户循环干扰信道下的容量区域外,还建立了噪声强度干扰下的和容量结果;文献[65,6]针对一类特殊的确定循环干扰信道,给出了无噪反馈条件下的容量和用户数量 K 间的关系;文献[61]应用 HK 编译码策略获得了 K 用户循环干扰信道的一个可达速率区域,并从空间几何的角度,采用速率分裂参数进行分析来说明获得的可达速率区域可以通过 SICD 译码策略达到,但没有给出严格的理论证明。

针对该问题,本章聚焦 K 用户离散无记忆循环干扰信道,采用随机编码参数讨论的形式给出一个严格完整的证明,即 K 用户离散无记忆循环干扰信道基于 HK 方案获得的内界通过逐次干扰消除译码是可达的。

本章使用的记号如下:X,x 和 $\mathcal{X}$ 分别代表随机变量及其实现和取值范围。

$$X^n = (X_1, X_2, \cdots, X_n)$$

$$X_i^n = (X_{i1}, X_{i2}, \cdots, X_{in})$$

$$X_{(0)}^n = (X_0, X_1, X_2, \cdots, X_n)$$

5.1　信道模型

K 用户离散无记忆循环干扰信道模型如图 5-2 所示，包含 K 个输入字符表和 K 个输出字符表，分别记作 $\mathcal{X}_k$ 和 $\mathcal{Y}_k$，其中 $k=0,1,\cdots,K-1$，还包含一组分布在输出字符表 $\mathcal{Y}_0\times\mathcal{Y}_1\times\cdots\times Y_{K-1}$ 上的条件概率分布密度函数 $p(y_0,y_1,\cdots,y_{K-1}\mid x_0,x_1,\cdots,x_{K-1})$。

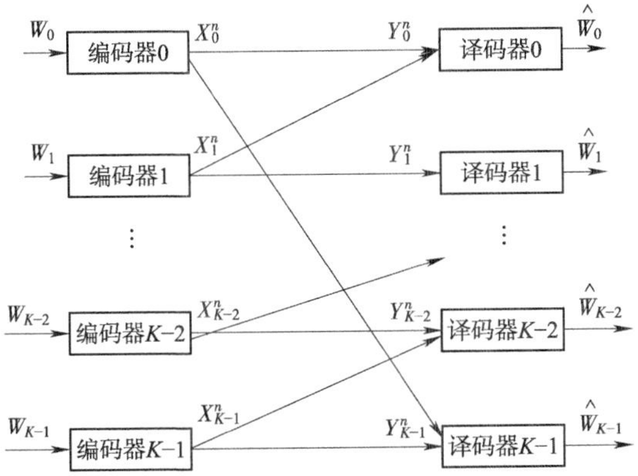

图 5-2　K 用户离散无记忆循环干扰信道模型

特别地，信道转移概率函数的边缘分布满足

$$p(y_k\mid x_0,x_1,\cdots,x_{K-1})=p(y_k\mid x_k,x_{(k+1)\bmod K})$$

即用户 k 的接收端只受到用户 $(k+1)\bmod K$ 的干扰。在该信道中，假定用户 $k(k=0,1,\cdots,K-1)$ 的发送端各自发送独立的消息 W_k（均匀分布在各自的消息字符表 $\mathcal{W}_k$ 上）给自己的接收端。K 用户离散无记忆循环干扰信道的一个码 $((2^{nR_0},2^{nR_1},\cdots,2^{nR_{K-1}}),n)$ 包含 K 个消息集 $\mathcal{W}_k=\{1,2,\cdots,2^{nR_k}\}$，$K$ 个编码函数 $f_k:\mathcal{W}_k\to\mathcal{X}_k^n$（在编码器 k 上实现），K 个译码函数 $g_k:\mathcal{Y}_k^n\to\mathcal{W}_k$（在译码器 k 上实现）。码书的平均译码错误概率定义为

$$P_e^{(n)}=Pr\{(\hat{W}_0,\hat{W}_1,\cdots,\hat{W}_{K-1})\neq(W_0,W_1,\cdots,W_{K-1})\}$$

若存在一个码 $((2^{nR_0},2^{nR_1},\cdots,2^{nR_{K-1}}),n)$，使得当码长 n 趋于无限长时，码书的平均译码错误概率趋于 0，则称速率元组 $(R_0,R_1,\cdots,R_{K-1})$ 对于 K 用户离散

无记忆循环干扰信道来说是可达的。K 用户离散无记忆循环干扰信道的容量区域就是所有可达速率元组$(R_0,R_1,\cdots,R_{K-1})$构成的集合的闭包。

5.2 HK 方案内界的 SICD 译码的可达性

下面证明 K 用户离散无记忆循环干扰信道基于 HK 方案得到的内界,也可以采用顺序叠加编码和逐次干扰消除译码方法获得。首先,重新描述采用 HK 方案获得的 K 用户离散无记忆循环干扰信道可达速率区域。

对于一个给定的 K 用户离散无记忆循环干扰信道,随机变量 $Q,U_0,\cdots,U_{K-1}$ 分别在它们对应的值域 $\mathcal{Q},\mathcal{U}_0,\cdots,\mathcal{U}_{K-1}$ 内取值。并令 $X_0,\cdots,X_{K-1}$ 和 $Y_0,\cdots,Y_{K-1}$ 分别在各自对应的信道输入字符表 $\mathcal{X}_0,\cdots,\mathcal{X}_{K-1}$ 和信道输出字符表 $\mathcal{Y}_0,\cdots,\mathcal{Y}_{K-1}$ 中取值。令 $\mathcal{P}$ 表示关于$(Q,U_0,\cdots,U_{K-1},X_0,\cdots,X_{K-1})$的概率分布的集合,并且满足

$$p(q,u_{(0)}^{K-1},x_{(0)}^{K-1}) = p(q)\prod_{k=0}^{K-1}p(u_k|q)p(x_k|u_k,q)$$

给定一个值 $p\in\mathcal{P}$,考虑$(Q,U_{(0)}^{K-1},X_{(0)}^{K-1},Y_{(0)}^{K-1})$上的分布

$$p(q,u_{(0)}^{K-1},x_{(0)}^{K-1},y_{(0)}^{K-1}) = p(q,u_{(0)}^{K-1},x_{(0)}^{K-1})p(y_{(0)}^{K-1}|x_{(0)}^{K-1})$$

并令 $\mathcal{R}_k(p)$ 表示满足下列不等式的速率元组$(R_{kp},R_{kc},R_{((k+1)\mathrm{mod}K)c})$的集合:

$$R_{kp}\leqslant I(X_k;Y_k|U_k,U_{(k+1)\mathrm{mod}K},Q) \tag{5-1}$$

$$R_{kc}+R_{kp}\leqslant I(X_k;Y_k|U_{(k+1)\mathrm{mod}K},Q) \tag{5-2}$$

$$R_{kp}+R_{((k+1)\mathrm{mod}K)c}\leqslant I(X_k,U_{(k+1)\mathrm{mod}K};Y_k|U_k,Q) \tag{5-3}$$

$$R_{kc}+R_{kp}+R_{((k+1)\mathrm{mod}K)c}\leqslant I(X_k,U_{(k+1)\mathrm{mod}K};Y_k|Q) \tag{5-4}$$

其中,R_{kc},R_{kp} 和 $R_{((k+1)\mathrm{mod}K)c}$ 分别表示用户 k 的公有消息和私有消息速率,以及用户$(k+1)\mathrm{mod}K$ 的公有消息速率。令 $\mathcal{R}^K(p)$ 代表满足

$$R_k = R_{kc}+R_{kp}$$

的速率元组$(R_0,R_1,\cdots,R_{K-1})$的集合,其中

$$(R_{kp},R_{kc},R_{((k+1)\mathrm{mod}K)c})\in R_k(p)$$

并且 $k=0,1,\cdots,K-1$。

引理 1 集合

$$\mathcal{R}^k = \bigcup_{p \in \mathcal{P}} \mathcal{R}_k(p)$$

是 K 用户离散无记忆循环干扰信道的可达速率区域。

证明　将编码时间共享技术,顺序叠加编码和逐次干扰消除译码结合起来,采用随机编码参数讨论的形式化来证明,具体如下:

(1)随机码书的构造

固定一个如下表达式所描述的分布:

$$p(q)p(u_k,x_k|q)p(u_{(k+1)\bmod K},x_{(k+1)\bmod K}|q)$$

根据分布

$$\prod_{i=1}^{n} p_Q(q_i)$$

随机产生一个序列 q^n。对于该 q^n 和 $j=k,(k+1)\bmod K$,根据分布

$$\prod_{i=1}^{n} p_{U_j|Q}(u_{ji}|q_i)$$

随机且条件独立地产生 $2^{nR_{jc}}$ 个序列 $u_j^n(w_{jc})$,其中 $w_{jc} \in [1:2^{nR_{jc}}]$。然后,对于每个 $u_j^n(w_{jc})$,根据分布

$$\prod_{i=1}^{n} p_{X_j|U_j,Q}(x_j|u_{ji}(w_{jc}),q_i)$$

条件独立地随机产生 $2^{nR_{jp}}$ 个序列 $x_j^n(w_{jc},w_{jp})$,其中 $w_{jp} \in [1:2^{nR_{jp}}]$。

(2)编码

要发送消息 $w_j=(w_{jc},w_{jp})$,相应的发送端 $j=k,(k+1)\bmod K$ 仅需发送其对应的码字 $x_j^n(w_{jc},w_{jp})$。

(3)译码

在每个用户的接收端 k,它自己的公有消息 w_{kc}、私有消息 w_{kp} 和干扰用户的公有消息 $w_{((k+1)\bmod K)c}$ 三个消息都要被译出来,因此可以看成一个虚拟的三个用户的多址接入信道。采用逐次干扰消除译码方法完成这三个消息的译码,可通过三步实现,并且一共存在六种可能的译码顺序。去掉其中两种没有意义的译码顺序,即干扰用户的公有消息在接收端最后被译出,之所以认为其没有意义,是因为这两种译码顺序对于提高用户自己的信息速率没有任何帮助,也就是对于确定用户可以达到的最大速率没有实质性的贡献。另外,由于采用了顺序叠

加编码技术,在接收端进行译码时,只有先译出每个用户自己的公有消息之后才能译出自己的私有消息,也就是说,用户自己的公有消息总是先于私有消息进行译码,因此再去掉用户自己的私有消息先于公有消息译码的两种译码顺序,最终,只剩下两种有意义的译码顺序,即先译干扰用户的公有消息,再译用户自己的公有消息,最后译用户自己的私有消息($\langle w_{((k+1)\bmod K)c}, w_{kc}, w_{kp}\rangle$)和先译用户自己的公有消息,再译干扰用户的公有消息,最后译用户自己的私有消息($\langle w_{kc}, w_{((k+1)\bmod K)c}, w_{kp}\rangle$)。

传统观念认为:每一种译码顺序确定了多址接入信道容量区域的一个拐角点,通过拐角点间,拐角点与坐标轴间进行凸运算来获得多址信道容量区域[4,5]。本质上,也可以认为每种译码顺序都确定了一个速率区域,本书称之为子区域。所有译码顺序对应的子区域的并集的凸包就是多址接入信道的容量区域。文献[4]指出编码时间共享技术可代替凸运算来获得多址接入信道的容量区域。因此,这两种译码顺序对应的两个子区域的并集的凸包,或者用编码分时参数表示的这两种译码顺序对应的两个子区域的并集,就是在每个接收端形成的虚拟三用户多址接入信道的容量区域。而K用户离散无记忆循环干扰信道的可达速率区域就是这K个虚拟三用户多址接入信道的容量区域受公有消息影响的结果。不失一般性,本章仅给出一种译码顺序$\langle w_{((k+1)\bmod K)c}, w_{kc}, w_{kp}\rangle$的证明。另外一种译码顺序$\langle w_{kc}, w_{((k+1)\bmod K)c}, w_{kp}\rangle$的证明是类似的,不再赘述。

用户k接收端的译码器如果能确定$\hat{w}_{((k+1)\bmod K)c}$是唯一的消息使得($q^n$, $u^n_{(k+1)\bmod K}(\hat{w}_{((k+1)\bmod K)c})$, y^n_k)联合典型,本文将其简单地标记为$(q^n, u^n_{(k+1)\bmod K}(\hat{w}_{((k+1)\bmod K)c}), y^n_k) \in T^{(n)}_{\varepsilon}$,则$\hat{w}_{((k+1)\bmod K)c}$就是干扰用户$(k+1)\bmod K$对应的发送端所发送的公有消息,否则译码器产生一个译码错误信息。找到这样的消息$\hat{w}_{((k+1)\bmod K)c}$后,如果译码器能找到一个唯一的消息$\hat{w}_{kc}$使得$(q^n, u^n_k(\hat{w}_{kc}), u^n_{(k+1)\bmod K}(\hat{w}_{((k+1)\bmod K)c}), y^n_k) \in T^{(n)}_{\varepsilon}$,则$\hat{w}_{kc}$就是用户$k$相应发送端所发送的公有消息,否则译码错误。找到这样的消息$\hat{w}_{((k+1)\bmod K)c}$和$\hat{w}_{kc}$后,如果译码器能确定一个唯一的消息$\hat{w}_{kp}$使得$(q^n, u^n_{(k+1)\bmod K}(\hat{w}_{((k+1)\bmod K)c}), x^n_k(\hat{w}_{kc}, w_{kp}), y^n_k) \in T^{(n)}_{\varepsilon}$,则$\hat{w}_{kp}$就是用户$k$相应发送端所发送的私有消息,否则译码器报告译码错误。

(4)译码错误概率分析

采用码书和消息的平均译码错误概率对其进行定界。根据随机码产生的对称性,译码错误概率并不依赖所发送的码字。因此,不失一般性,假定相关的两个用户 k 和 $(k+1)\mathrm{mod}K$ 发送的消息对是 $W_k=(1,1)$ 和 $W_{(k+1)\mathrm{mod}K}=(1,1)$,并把当 $W_k=(1,1)$ 和 $W_{(k+1)\mathrm{mod}K}=(1,1)$ 被发送时产生译码错误事件 ε 的条件概率定义为

$$P(\varepsilon)=P(\varepsilon \mid W_k=(1,1),W_{(k+1)\mathrm{mod}K}=(1,1))$$

仅当出现下列四种情况时,译码器就会报告产生译码错误:

$$\varepsilon_1=\{(Q^n,X_k^n(1,1),U_{(k+1)\mathrm{mod}K}^n(1),Y_k^n)\notin T_\varepsilon^{(n)}\}$$

对某个 $\hat{w}_{((k+1)\mathrm{mod}K)c}\neq 1$,

$$\varepsilon_2=\{(Q^n,U_{(k+1)\mathrm{mod}K}^n(\hat{w}_{((k+1)\mathrm{mod}K)c}),Y_k^n)\in T_\varepsilon^{(n)}\}$$

对某个 $\hat{w}_{kc}\neq 1$,

$$\varepsilon_3=\{(Q^n,U_k^n(\hat{w}_{kc})U_{(k+1)\mathrm{mod}K}^n(1),Y_k^n)\in T_\varepsilon^{(n)}\}$$

对某个 $\hat{w}_{kp}\neq 1$,

$$\varepsilon_4=\{(Q^n,X_k^n(1,\hat{w}_{kp})U_{(k+1)\mathrm{mod}K}^n(1),Y_k^n)\in T_\varepsilon^{(n)}\}$$

根据事件的联合界,可以得到

$$P(\varepsilon)\leqslant P(\varepsilon_1)+P(\varepsilon_2)+P(\varepsilon_3)+P(\varepsilon_4)$$

根据大数定律,当码长 n 趋于无限长时 $P(\varepsilon_1)$ 趋于0。根据填充引理[4],当码长 n 趋于无限长且

$$R_{((k+1)\mathrm{mod}K)c}\leqslant I(U_{(k+1)\mathrm{mod}K};Y_k \mid Q)-\delta(\varepsilon)$$

时 $P(\varepsilon_2)$ 趋于0;当码长 n 趋于无限长且

$$R_{kc}\leqslant I(U_k;Y_k \mid U_{(k+1)\mathrm{mod}K},Q)-\delta(\varepsilon)$$

时 $P(\varepsilon_3)$ 趋于0;当码长 n 趋于无限长且

$$R_{kp}\leqslant I(X_k;Y_k \mid U_k,U_{(k+1)\mathrm{mod}K},Q)-\delta(\varepsilon)$$

时 $P(\varepsilon_4)$ 趋于0。因此,当码长 n 趋于无限长时,总的平均译码错误概率 $P(\varepsilon)$ 趋于0。当给定 Q,并考虑各消息的和速率约束,译码顺序

$$\langle w_{((k+1)\mathrm{mod}K)c},w_{kc},w_{kp}\rangle$$

对应的可达速率子区域可由下列不等式来描绘:

$$R_{kp}\leqslant I(X_k;Y_k \mid U_k,U_{(k+1)\mathrm{mod}K},Q) \tag{5-5}$$

$$R_{kc} \leqslant I(U_k;Y_k \mid U_{(k+1)\bmod K},Q) \tag{5-6}$$

$$R_{((k+1)\bmod K)c} \leqslant I(U_{(k+1)\bmod K};Y_k \mid Q) \tag{5-7}$$

$$R_{kc}+R_{kp} \leqslant I(X_k;Y_k \mid U_{(k+1)\bmod K},Q) \tag{5-8}$$

$$R_{kc}+R_{((k+1)\bmod K)c} \leqslant I(U_k,U_{(k+1)\bmod K};Y_k \mid Q) \tag{5-9}$$

$$R_{kp}+R_{((k+1)\bmod K)c} \leqslant I(X_k;Y_k \mid U_k,U_{(k+1)\bmod K},Q)+I(U_{(k+1)\bmod K};Y_k \mid Q) \tag{5-10}$$

$$R_{kc}+R_{kp}+R_{((k+1)\bmod K)c} \leqslant I(X_k,U_{(k+1)\bmod K};Y_k \mid Q) \tag{5-11}$$

类似地,根据另外一种译码顺序$\langle w_{kc},w_{((k+1)\bmod K)c},w_{kp}\rangle$,可以得到相应的另一个速率子区域:

$$R_{kp} \leqslant I(X_k;Y_k \mid U_k,U_{(k+1)\bmod K},Q) \tag{5-12}$$

$$R_{kc} \leqslant I(U_k;Y_k \mid Q) \tag{5-13}$$

$$R_{((k+1)\bmod K)c} \leqslant I(U_{(k+1)\bmod K};Y_k \mid U_k,Q) \tag{5-14}$$

$$R_{kc}+R_{kp} \leqslant I(U_k;Y_k \mid Q)+I(X_k;Y_k \mid U_k,U_{(k+1)\bmod K},Q) \tag{5-15}$$

$$R_{kc}+R_{((k+1)\bmod K)c} \leqslant I(U_k,U_{(k+1)\bmod K};Y_k \mid Q) \tag{5-16}$$

$$R_{kp}+R_{((k+1)\bmod K)c} \leqslant I(U_{(k+1)\bmod K},X_k;Y_k \mid U_k,Q) \tag{5-17}$$

$$R_{kc}+R_{kp}+R_{((k+1)\bmod K)c} \leqslant I(X_k,U_{(k+1)\bmod K};Y_k \mid Q) \tag{5-18}$$

(5)可达速率区域

由上述两个速率子区域的并集,可以得到用户 k 的接收端所构成的虚拟三用户多址接入信道的容量区域。这 K 个虚拟三用户多址接入信道的容量区域联立就得到 K 用户离散无记忆循环干扰信道的可达速率区域,可由下列不等式刻画:

$$R_{kp} \leqslant I(X_k;Y_k \mid U_k,U_{(k+1)\bmod K},Q) \tag{5-19}$$

$$R_{kc} \leqslant I(U_k;Y_k \mid U_{(k+1)\bmod K},Q) \tag{5-20}$$

$$R_{((k+1)\bmod K)c} \leqslant I(U_{(k+1)\bmod K};Y_k \mid U_k,Q) \tag{5-21}$$

$$R_{kc}+R_{kp} \leqslant I(X_k;Y_k \mid U_{(k+1)\bmod K},Q) \tag{5-22}$$

$$R_{kc}+R_{((k+1)\bmod K)c} \leqslant I(U_k,U_{(k+1)\bmod K};Y_k \mid Q) \tag{5-23}$$

$$R_{kp}+R_{((k+1)\bmod K)c} \leqslant I(U_{(k+1)\bmod K},X_k;Y_k \mid U_k,Q) \tag{5-24}$$

$$R_{kc}+R_{kp}+R_{((k+1)\bmod K)c} \leqslant I(X_k,U_{(k+1)\bmod K};Y_k \mid Q) \tag{5-25}$$

其中,$k=0,1,\cdots,K-1$。

根据文献[45,46],去掉上述不等式中的冗余不等式,可以得到下列最终的可达速率区域表达式：

$$R_{kp} \leqslant I(X_k;Y_k \mid U_k, U_{(k+1)\mathrm{mod}K}, Q) \tag{5-26}$$

$$R_{kc} + R_{kp} \leqslant I(X_k;Y_k \mid U_{(k+1)\mathrm{mod}K}, Q) \tag{5-27}$$

$$R_{kp} + R_{((k+1)\mathrm{mod}K)c} \leqslant I(X_k, U_{(k+1)\mathrm{mod}K};Y_k \mid U_k, Q) \tag{5-28}$$

$$R_{kc} + R_{kp} + R_{((k+1)\mathrm{mod}K)c} \leqslant I(X_k, U_{(k+1)\mathrm{mod}K};Y_k \mid Q) \tag{5-29}$$

其中，$k=0,1,\cdots,K-1$。

这样，就证明了采用顺序叠加编码和逐次干扰消除译码相结合的方法可以获得采用 HK 方案获得的 K 用户离散无记忆循环干扰信道的可达速率区域。

小　　结

在一类特定的车辆网络中，基站沿着高速公路或铁路呈线性分布，循环干扰信道可以建模这种特定的通信情境。为了确定该通信系统的性能限，网络信息论研究者给予了用户循环干扰信道非常大的关注。将采用同时叠加编码或者顺序叠加编码和同时译码相结合的两用户 HK 方案拓展到用户循环干扰信道来获得其内界，是很自然的做法。本章论述了采用随机编码参数讨论形式，证明采用逐次干扰消除译码和相应的叠加编码也可以达到用户循环干扰信道基于 HK 方案的内界。该证明过程非常有助于理解和确定用户循环干扰信道基于 HK 方案的内界。也非常有助于推进确定一般的多用户干扰信道容量区域的闭合解析式。

第 6 章

高斯干扰信道的干扰译码策略

在两用户高斯干扰信道发送端采用点对点高斯码情况下，基于两种基本的译码方法，本章提出了根据信道增益和功率参数来获得最大吞吐量的译码策略，给出了确定最大吞吐量译码策略的两种等价的信道参数条件表示，表明了最优译码策略并不仅依赖信道增益的大小，而由信道增益和功率参数共同决定。

在无线通信中，多对用户共享信道进行通信时，由于通信的广播特性，每对用户的通信将受到其他用户的干扰，这种情况建模为干扰信道。自 1961 年 Shannon 首次对干扰信道展开研究[3]以来，不同信道条件下干扰信道的最佳编译码策略与可达速率区域一直是重要的研究内容。对于两用户高斯干扰信道，最佳编译码策略通常根据干扰强弱确定。强和极强干扰下，可通过随机编码和可靠地译出干扰(decoding the interference correctly, DIC)的策略获得容量区域[16,17,38]。在噪声与干扰强度相当的情况下，采用随机编码和把干扰当噪声(treating interference as noise, TIN)的策略可以达到和速率容量[18-20]，采用随机编码和 DIC 或 TIN 的策略可以达到混合与单边高斯干扰信道的和容量[21,22]。对于弱高斯干扰信道，Han 和 Kobayashi 采用叠加编码和同时译码策略获得了 HK 速率区域[8]。2008 年，Tse 等证明了采用简化的 HK 策略获得的速率区域在高信噪比下离信道容量不超过 1 bit，并用自由度描述了对称信道的和速率[42]。上述根据干扰强弱确定最优译码策略掩盖了各译码策略的实质，并且会造成最优译码策略仅依赖信道增益的误解。Baccelli 等基于目前的通信网中采用点对点码的事实，假定发送端不协作和不考虑功率控制的情况下，建立了使用点对点码时高斯干扰网络的容量区域，指出采用所提的最优译码策略，使用点对点码能够获得很大的性能增益[7]，但是其最优译码策略需要进行两次甚至多次译码，具有较高的译码代价。为了设计高效实用的干扰信道编码传输方案，基于竞争博弈的准最佳功率分配方案被提出[173]；Motahari 和 Khandani 则考虑了更多的实际情况，他们假设用户使用单一码书，并保证最大最小公平性条件下，提出了根据干扰噪声比与信噪比的简单大小关系来设计译码策略[144]。然而，这两种策略不能达到最大的和速率。

基于此，本章针对两用户高斯干扰信道，假定发送端采用点对点高斯码且不互相合作，也不进行功率控制的条件下，论述了根据信道增益和功率参数共同确定采用 TIN 或 DIC 译码方法来获得最佳速率区域或和速率的译码策略。首先给出非对称高斯干扰信道下根据信道增益和发射功率参数确定获得最大和速率的译码策略。其次，为满足不同应用的需求，将上面的结论扩展到通过信噪比和干噪比参数来确定获得最大和速率的译码策略。最后，将非对称高斯干扰信道下确定译码策略的方法应用到对称高斯干扰信道上。本章指明了在给定信道增益和发射功率参数情况下，为获得更佳和速率接收端译或不译干扰的问题，证明了最优译码策略并不仅依赖于信道增益的大小，而是由信道增益和功率参数共同决定的，并仿真分析了非对称标准高斯干扰信道下最优译码策略与信道增益和功率参数之间的关系。

6.1　信道模型

一个标准化的两用户高斯干扰信道模型如图 6-1 所示。其中，$X_i(i=1,2)$ 是相互独立并满足平均功率约束 P_i 的信道输入信号，接收信号用 Y_i 表示，Z_i 表示均值为 0 方差 σ_i^2 为 1 的高斯噪声，a_{12} 和 a_{21} 表示路径增益，则信道输出可表示成

$$Y_1 = X_1 + \sqrt{a_{21}}X_2 + Z_1 \tag{6-1}$$

$$Y_2 = \sqrt{a_{12}}X_1 + X_2 + Z_2 \tag{6-2}$$

当 $a_{12}=a_{21}=a$ 且 $P_1=P_2=P$ 时，信道称为对称高斯干扰信道，否则称为非对称高斯干扰信道。本章将信号发射功率与目的接收端噪声功率的比值称为信

噪比,将接收端收到的干扰信号功率与噪声功率的比值称为干扰噪声比(简称干噪比)。例如,P_1/σ_1^2,P_2/σ_2^2 为信噪比;$a_{12}P_1/\sigma_2^2$,$a_{21}P_2/\sigma_1^2$ 为干噪比。本章令 $C(x)=\frac{1}{2}\log_2(1+x)$。

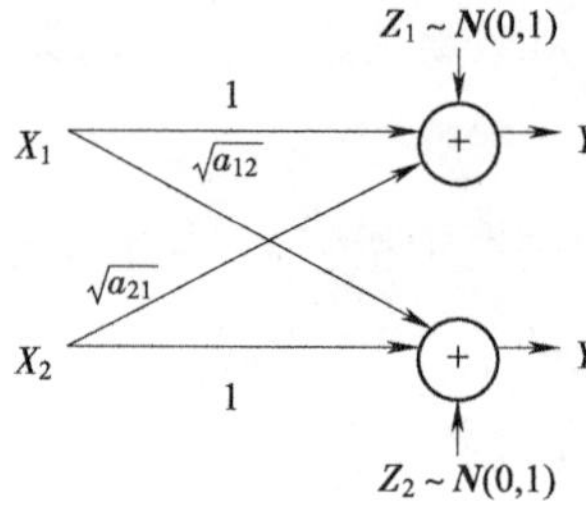

图 6-1　两用户标准高斯干扰信道模型

6.2　两种基本译码方法

从干扰管理的角度看,已有的译码策略都是基于 TIN 和 DIC 两种基本译码方法。或者说,这两种基本译码方法实质上代表了两种基本的干扰管理方法,也就是译和不译干扰。因此,这里只讨论这两种基本译码方法,其他译码方法也有相似结论。

6.2.1　TIN 译码方法

TIN 是实际通信系统广泛采用的译码方法,它认为干扰是有害的,因而所有用户均把干扰当作噪声来处理。对于实输入信号,该方法的可达速率区域可表示如下[24]:

$$R_1 \leqslant C(P_1/(1+a_{21}P_2)) \tag{6-3}$$

$$R_2 \leqslant C(P_2/(1+a_{12}P_1)) \tag{6-4}$$

式中,R_i 代表用户 i 的速率,单位是每 1 次使用信道传输的信息位数。

6.2.2　DIC 译码方法

由于无线通信的广播特性,干扰实质上是在接收端收到的来自其他用户的信号的叠加。因此,干扰是有结构的并且是可以利用的。DIC 方法基于这个事实,通过译出干扰来提高用户自己的速率。由于两个用户的信息都要在接收端可靠地译出,因此构成了复合多址信道。在输入实信号情况下,该方法的可达速率区域为[4]

$$R_1 \leqslant \min\{C(P_1), C(a_{12}P_1)\} \tag{6-5}$$

$$R_2 \leqslant \min\{C(P_2), C(a_{21}P_2)\} \tag{6-6}$$

$$R_1 + R_2 \leqslant \min\{C(P_1 + a_{21}P_2), C(P_2 + a_{12}P_1)\} \tag{6-7}$$

6.3　最优译码策略

针对发送端采用点对点高斯码的两用户高斯干扰信道,研究非对称和对称两种情况下,根据信道增益和发射功率联合确定采用 TIN 或 DIC 获得最优可达速率区域或和速率的方法。如果 DIC 译码方法获得更佳的可达速率区域或和速率,则简记为 DIC 优于 TIN,反之亦然。

6.3.1　非对称高斯干扰信道

当采用功率参数和信道增益参数表示 TIN 和 DIC 的可达速率区域时,定理 1 给出了获得最佳和速率的译码策略。

定理 1　对于非对称高斯干扰信道,当 $a_{12}<1$ 时,若 $P_2a_{12}a_{21}=1-a_{12}$,则在 Y_2 端 TIN 和 DIC 具有相同的可达速率区域;若 $P_2a_{12}a_{21}<1-a_{12}$,则在 Y_2 端 TIN 优于 DIC,反之,DIC 优于 TIN。$a_{12}\geqslant 1$ 时,在 Y_2 端 DIC 优于 TIN。a_{21} 和 a_{12} 互换,P_1 替换 P_2,在 Y_1 端可得到相似的结果。

证明　要使两种基本译码方法达到相同的可达速率区域或和速率,即要两种方法获得的单个用户速率及和速率分别相等,可得式(6-8)~式(6-10):

$$C(P_1/(1+a_{21}P_2)) = \min\{C(P_1), C(a_{12}P_1)\} \tag{6-8}$$

$$C(P_2/(1+a_{12}P_1)) = \min\{C(P_2), C(a_{21}P_2)\} \tag{6-9}$$

$$C(P_1/(1+a_{21}P_2)) + C(P_2/(1+a_{12}P_1)) = \min\{C(P_1+a_{21}P_2), C(P_2+a_{12}P_1)\} \tag{6-10}$$

(1)$a_{12} \geqslant 1, a_{21} \geqslant 1$

容易验证 TIN 所得到的可达速率区域一定小于 DIC。

(2)$a_{12} < 1, a_{21} < 1$

由式(6-8)~式(6-10)可以得 $P_2 a_{12} a_{21} = 1 - a_{12}$,$P_1 a_{12} a_{21} = 1 - a_{21}$,此时两种策略具有相同的可达速率区域与和速率。由式(6-8)~式(6-10)对应的不等式可得对应的优势策略:

①$P_2 a_{12} a_{21} < 1 - a_{12}$且 $P_1 a_{12} a_{21} < 1 - a_{21}$时,两个接收端 TIN 都优于 DIC。

②$P_2 a_{12} a_{21} > 1 - a_{12}$且 $P_1 a_{12} a_{21} > 1 - a_{21}$时,两个接收端 DIC 都优于 TIN。

③$P_2 a_{12} a_{21} > 1 - a_{12}$且 $P_1 a_{12} a_{21} < 1 - a_{21}$时,$Y_2$ 端 DIC 优于 TIN,Y_1 端 TIN 优于 DIC。

④$P_2 a_{12} a_{21} < 1 - a_{12}$且 $P_1 a_{12} a_{21} > 1 - a_{21}$时,$Y_2$ 端 TIN 优于 DIC,Y_1 端 DIC 优于 TIN。

(3)$a_{12} \geqslant 1, a_{21} < 1$

由上面的结果得 Y_2 端 DIC 优于 TIN。当 $P_1 a_{12} a_{21} < 1 - a_{21}$时,$Y_1$ 端 TIN 优于 DIC;当 $P_1 a_{12} a_{21} > 1 - a_{21}$时,$Y_1$ 端 DIC 优于 TIN。

(4)$a_{12} < 1, a_{21} \geqslant 1$

由上面的结果得 Y_1 端 DIC 优于 TIN。当 $P_2 a_{12} a_{21} < 1 - a_{12}$时,$Y_2$ 端 TIN 优于 DIC;当 $P_2 a_{12} a_{21} > 1 - a_{12}$时,$Y_2$ 端 DIC 优于 TIN。

综合上面的结果即可得到定理 1 的结论。

为了直观地表示可达速率区域与信道增益和功率参数间的关系,图 6-2 给出了 $P_1 = 4$,$P_2 = 2$ 时两种基本译码方法达到相同的可达速率区域时 a_{21} 与 a_{12} 的关系曲线;图 6-3 给出了 $\alpha = 0.1$,$a_{21} = 0.2$ 时,两种基本译码方法达到相同的可达速率区域时 P_1 与 P_2 的关系曲线。这些曲线将整个平面分成图 6-3 所示的四个区域(数字表示区域号),表 6-1 给出各个区域中在接收端能获得更大可达速率区域或和速率的信道参数条件和相应的译码策略。在表 6-1 和表 6-2 中,每行不等式中的逗号表示并且的含义,同一个区域中的多行不等式之间是或者的关系。这些结果说明当信道参数变化时,最优译码策略也可能发生变化。

由于用信噪比描述速率是一种常见的形式,将定理 1 中的条件用信噪比 $S_1 = P_1$,$S_2 = P_2$,干噪比 $I_1 = a_{21} P_2$,$I_2 = a_{12} P_1$ 表示,可得到推论 1,它的证明类似于定理 1。图 6-4 给出了 $S_1=4,S_2=2$ 时，两种基本译码方法达到相同的可达速率区域时 I_1 与 I_2 的关系曲线。这两条曲线将整个平面分成图 6-4 所示的四个区域，表 6-2 中各个区域中在接收端能获得更大可达速率区域或和速率的信道参数条件和译码策略。

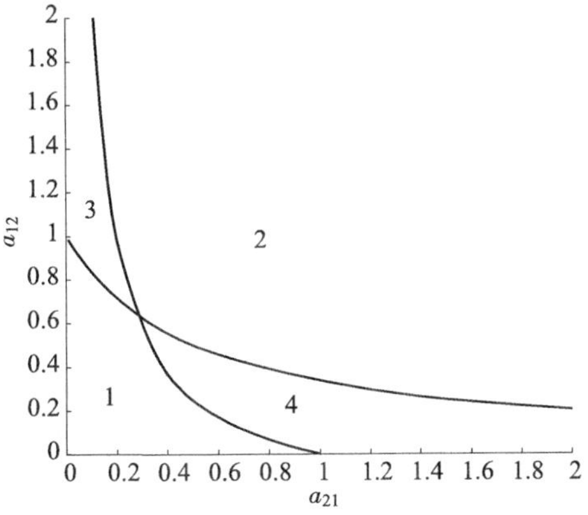

图 6-2　a_{21} 与 a_{12} 的关系曲线（$P_1=4,P_2=2$）

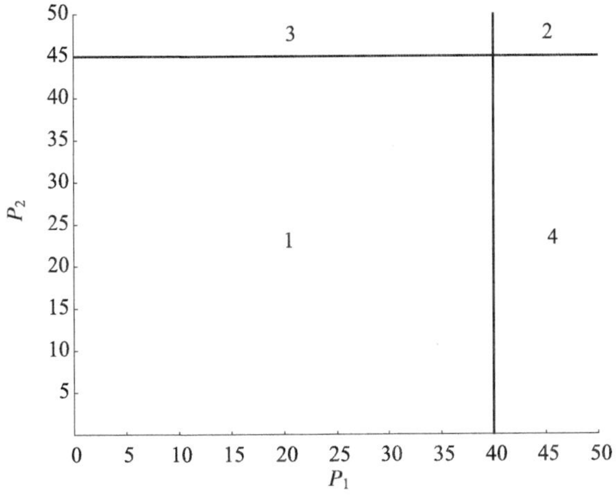

图 6-3　P_1 与 P_2 的关系曲线（$a_{12}=0.1,a_{21}=0.2$）

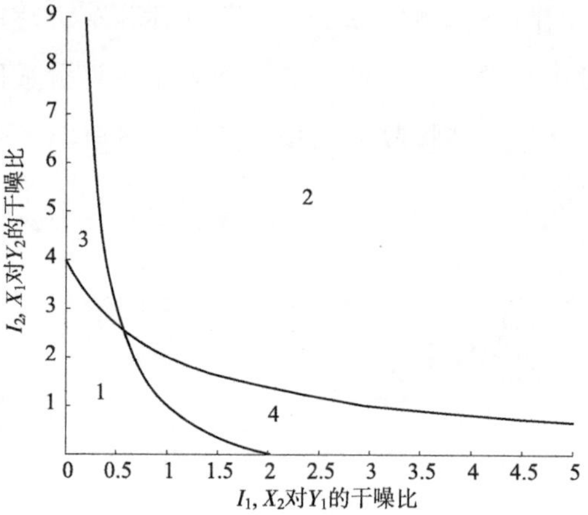

图 6-4 I_1 与 I_2 的关系曲线($S_1=4, S_2=2$)

表 6-1 信道参数条件与最佳译码策略

区域	Y_1 端	Y_2 端	信道参数条件
1	TIN 优	TIN 优	$a_{12}<1, a_{21}<1, P_2a_{12}a_{21}<1-a_{12}, P_1a_{12}a_{21}<1-a_{21}$
2	DIC 优	DIC 优	a. $a_{12}\geqslant 1, a_{21}\geqslant 1$ b. $a_{12}\geqslant 1, a_{21}<1, P_1a_{12}a_{21}>1-a_{21}$ c. $a_{12}<1, a_{21}\geqslant 1, P_2a_{12}a_{21}>1-a_{12}$ d. $a_{12}<1, a_{21}<1, P_1a_{12}a_{21}>1-a_{21}, P_2a_{12}a_{21}>1-a_{12}$
3	TIN 优	DIC 优	a. $a_{21}<1, P_1a_{12}a_{21}<1-a_{21}, P_2a_{12}a_{21}>1-a_{12}, a_{12}<1$ b. $a_{21}<1, a_{12}\geqslant 1, P_1a_{12}a_{21}<1-a_{21}$
4	DIC 优	TIN 优	a. $a_{12}<1, P_2a_{12}a_{21}<1-a_{12}, P_1a_{12}a_{21}>1-a_{21}, a_{21}<1$ b. $a_{12}<1, a_{21}\geqslant 1, P_2a_{12}a_{21}<1-a_{12}$

表 6-2 信噪比、干噪比与最佳译码策略

区域	Y_1 端	Y_2 端	信噪比和干噪比条件
1	TIN 优	TIN 优	$I_1<S_2, I_2<S_1, I_2(1+I_1)<S_1, I_1(1+I_2)<S_2$
2	DIC 优	DIC 优	a. $I_1\geqslant S_2, I_2\geqslant S_1$ b. $I_2\geqslant S_1, I_1(1+I_2)>S_2, I_1<S_2$ c. $I_1\geqslant S_2, I_2<S_1, I_2(1+I_1)>S_1$ d. $I_1<S_2, I_2<S_1, I_1(1+I_2)>S_2, I_2(1+I_1)>S_1$
3	TIN 优	DIC 优	a. $I_1<S_2, I_2<S_1, I_2(1+I_1)<S_1, I_1(1+I_2)>S_2$ b. $I_1<S_2, I_1(1+I_2)>S_2, I_2\geqslant S_1$
4	DIC 优	TIN 优	a. $I_2<S_1, I_1<S_2, I_2(1+I_1)>S_1, I_1(1+I_2)<S_2$ b. $I_2<S_1, I_2(1+I_1)>S_1, I_1\geqslant S_2$

推论 1　对于非对称高斯干扰信道，当 $I_2 < S_1$ 时，若 $I_2(1+I_1)=S_1$，则在 Y_2 端 TIN 和 DIC 有相同的可达速率区域；若 $I_2(1+I_1)<S_1$ 时，则在 Y_2 端 TIN 优于 DIC，反之，DIC 优于 TIN。当 $I_2 \geqslant S_1$ 时，在 Y_2 端 DIC 优于 TIN。将下标 1 换成 2，2 换成 1，在 Y_1 端可得到相似的结果。

6.3.2　对称高斯干扰信道

对称信道在信息论中常用于分析信道的和速率性能。对于对称高斯干扰信道，若用功率参数和信道增益参数描述其速率区域，推论 2 给出了确定最佳译码策略的方法，其证明类似定理 1。

推论 2　在对称高斯干扰信道中，$a<1$ 时，当 $1-a=Pa^2$，在接收端 TIN 和 DIC 具有相同的可达速率区域；当 $1-a>Pa^2$ 时，TIN 优于 DIC；反之，DIC 优于 TIN。当 $a \geqslant 1$ 时，DIC 优于 TIN。

类似地，将推论 2 中的条件用信噪比 $S=P$，干噪比 $I=aP$ 表示，可以得到推论 3。

推论 3　在对称高斯干扰信道中，$I<S$ 时，当 $I(1+I)=S$ 时，TIN 和 DIC 具有相同的可达速率区域；当 $I(1+I)<S$ 时，TIN 优于 DIC，反之，DIC 优于 TIN。当 $I \geqslant S$ 时，DIC 优于 TIN。

从对称高斯干扰信道下的结论容易看出：在弱干扰情况下，满足一定的信道参数条件，译出干扰能够得到更好的速率性能。因此，如果仅仅按照干扰强弱去确定译码策略，将不能有效区分各译码策略的实质。

小　　结

根据信道参数确定最优译码策略是干扰信道中的一个重要问题，现有的方法或者按照干扰强弱处理，或者按信噪比和干噪比的简单大小关系给出接收端的译码策略。而本章针对发射端采用点对点高斯码的两用户高斯干扰信道，提出既可根据发射功率和信道增益参数，也可依据信噪比和干噪比参数确定接收端采用 TIN 或 DIC 的译码方法来获得更佳的可达速率区域或和速率的译码策略。因此，可以得出最优译码策略并不仅仅依赖信道增益的大小，而是由信道增益和功率参数或者信噪比和干噪比参数共同决定。另外，该结论为多用户高斯干扰信道中确定最佳和速率的译码策略提供了一种思路。

第7章 干扰信道的研究展望

随着无线通信和信息技术的普及，使用固定谱段的 Wi-Fi 网络在很多区域重复覆盖，这就使得其中的用户在通信过程中相互干扰。干扰已经成为目前无线通信中一个难以忽略的普遍现象，并严重制约着无线通信系统的效率。为了研究干扰对无线通信性能限的影响，为实际的无线通信提供理论支撑，Shannon 在 1961 年提出了基本干扰信道模型，研究其速率容量。后来的信息理论和通信研究者在这一领域中开展了广泛而深入的研究，取得了许多令人瞩目的研究成果。针对各种干扰信道及网络，研究对应的容量和高效传输策略已成为当今信息理论界的一个研究热点。

尽管本书针对干扰信道容量及传输策略的研究中存在的问题做了一些工作，但还存在许多问题有待进一步研究与探索：

1. 一般的两用户干扰信道容量

一般的两用户干扰信道的容量区域是开放问题。虽然信息论研究者提出了一些可达策略，但不能确定是否达到了干扰信道容量，不过可以肯定的是，问题的解决好像越来越接近了。是还存在更好的可达策略，还是现在已有的外界还不够紧致？

2. 点对点码下干扰信道容量及最佳传输策略

目前通信系统主要采用点对点码进行信息传输，虽然点对点码下干扰信道的内界很多，但是到目前我们尚不知道点对点码下的容量区域，目前已有的点对点码下干扰信道的各种内界各有优劣，需要一个统一的点对点码下干扰信道最佳可达速率区域，确定其容量还需要发展与研究新的外界。由此才能设计出点对点码下干扰信道的最佳传输策略。

3. 叠加码下干扰信道容量及最佳传输策略

对于使用叠加码的两用户干扰信道来说，HK 与 CMG 速率区域是非常好的内界，虽然不能找出一种外界能确定 HK 与 CMG 速率区域就是两用户干扰信道的容量，但能否发展出一个外界来确定在使用叠加码的条件下，HK 与 CMG 速率区域就是满足条件的容量区域。

4. 干扰对齐的实现

干扰对齐极大地提高了多用户干扰信道的自由度，但无论是在理论，还是在实现上，都有很多问题亟待解决，因而成为当前干扰网络的研究热点。各种通信条件下，干扰对齐的可实现性，精确的信道状态信息都有待研究者攻克。

5. 满足各种条件的干扰信道容量及高效传输策略设计

实际通信中，通信系统存在各种各样的约束，因此需要研究各种条件下干扰信道容量及高效传输策略。简单地说，通信就是指通信用户使用时间、频谱、空间、功率和码字等，公共通信资源进行信息传输高效信息传输就是要在满足某些约束下最大化通信效率，当然也可以最大化某个或几个通信资源的利用率，或者其他目标（如公平性、代价）等，类似的，容量问题是否可以扩展到其他议题，而不仅仅是速率？

第 8 章 无公共信息的广播中继信道的译码转发策略

中继信道于 1971 年被 van der Meulen 提出[212]，其中的中继节点为发送端到接收端的通信提供帮助。文献[128]给出了物理退化，相对物理退化和具有反馈的中继信道的容量，并给出了一般中继信道的基于译码转发策略的可达速率。在传统的中继信道中，中继节点没有私有消息与其他节点进行通信，其所有资源都用于帮助其他节点的通信。有学者提出了一种策略，在空闲中继节点不可用的情况下，可以选择一些有私有消息与源和/或目的节点进行通信的网络节点[213,215-219]作为候选中继节点。在上行链路上有许多关于协作分集方案的研究[215-217]，其中一个用户共享另一个用户的通信资源以提高其传输速率。文献[213]提出了具有私有信息的中继信道，即在这种中继信道中，中继节点既具有与信源通信的私有信息，又具有与信宿通信的私有信息。但是，在实际的通信系统中，要找到这样的特殊节点和寻找空闲的节点都很困难。广播中继信道[218,219]（见图 8-1）由于对蜂窝无线电系统的公共下行链路进行建模而更加备受关注。在文献[218,219]中，提出了具有公共消息的两用户广播中继信道，其动机是在两用户广播信道中，一个用户通常比另一个用户到源端拥有更好的信道，可以辅助信道差的用户的通信。因此，基于对另一个用户的公共消息和私有消息的译码转发方案的容量边界被提出，即中继节点（同时是其中一个接收用户）将对另一接收用户的所有消息进行译码转发。受此启发，本章考虑了无公共消息的两用户广播中继信道的译码转发策略[206]。继而，针对这种无公共报文的两用户广播中继信道，对中继节点上另一用户的所有报文采用译码转发方案，在源节点和目的节点分别采用规则块马尔可夫编码和反向译码技术[214,220]，分别推导出离散无记忆信道和高斯信道情况下的可达速率区域。从而得出结论，通过译码转发方案可实现的速率区域和两用户广播中继信道没有或有公共的消息时是相同的。

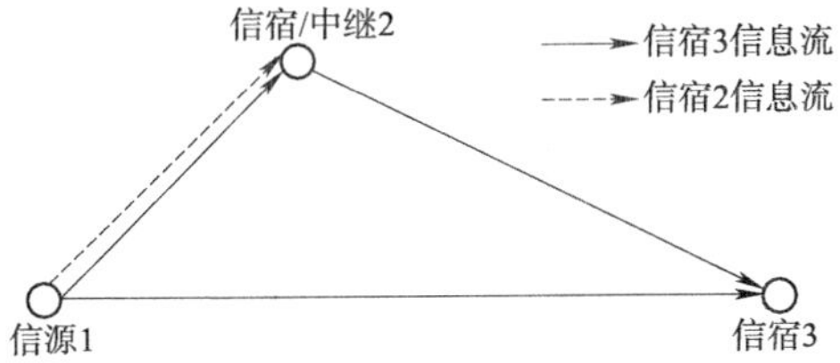

图 8-1　广播中继信道

在定义信道模型前，先定义一些标记。X 和 $\mathcal{X}$ 分别代表随机变量和对应的范围。确定的标量和向量分别用小写字母 x 和粗体小写字母 $\boldsymbol{x}$ 表示，并定义 $X_t^i \triangleq (X_{t,1}, X_{t,2}, \cdots, X_{t,i})$，$C(x) = \frac{1}{2}\log_2(1+x)$，$\bar{x} = 1 - x$。

8.1　信 道 模 型

定义 1　离散无记忆广播中继信道由信源输入字母表 $\mathcal{X}_1$，中继输入字母表 $\mathcal{X}_2$，信道输出字母表 $\mathcal{Y}_2$ 和 $\mathcal{Y}_3$ 以及信道转移概率 $p(y_2, y_3 | x_1, x_2)$ 组成。其中，x_1 和 x_2 分别代表信源和中继输入，y_2 和 y_3 分别代表中继和信宿输出。

定义 2　离散无记忆广播中继信道的一种编码$((2^{nR_{13}}, 2^{nR_{12}}), n)$的构成：

- 两个代表消息索引的整数集合：

$$\mathcal{W}_{12} = \{1, 2, \cdots, 2^{nR_{12}}\} \text{ 和 } \mathcal{W}_{13} = \{1, 2, \cdots, 2^{nR_{13}}\}$$

- 信源端编码函数：

$$X_1 : \mathcal{W}_{13} \times \mathcal{W}_{12} \to \mathcal{X}_1^n$$

- 一组中继函数$\{f_i\}_{i=1}^n$：

$$x_{2,i} = f_i(y_{2,1}, \cdots, y_{2,i-1}), 1 \leqslant i \leqslant n$$

- 信宿端译码函数：

$$d_1 : \mathcal{Y}_2^n \to \mathcal{W}_{12}$$

$$d_2 : \mathcal{Y}_3^n \to \mathcal{W}_{13}$$

假设广播中继信道是离散无记忆的,中继节点工作在全双工模式下,并以因果方式处理输入与过去的观测,则其编译码结构如图 8-2 所示。

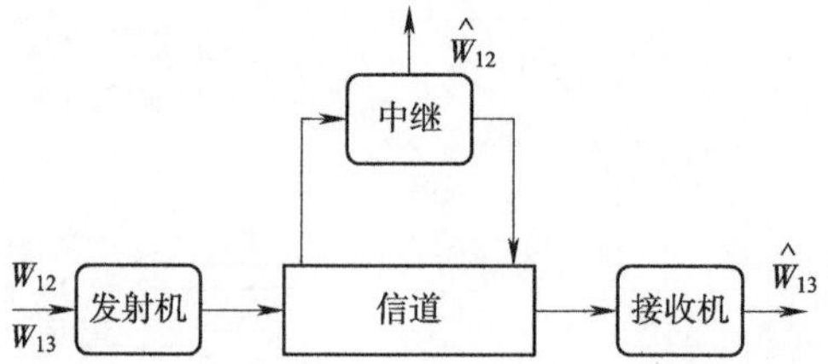

图 8-2　离散无记忆广播中继信道编译码结构

定义 3　广播中继信道是物理退化的,若其转移概率满足

$$p(y_2,y_3|x_1,x_2)=p(y_2|x_1,x_2)p(y_3|y_2,x_2)$$

即在已知 Y_2 和 X_2 条件下,Y_3 独立于 X_1,或者说 $X_1-[Y_2,X_2]-Y_3$ 构成了一个马尔可夫链。

定义 4　广播中继信道是相对物理退化的,若其转移概率满足

$$p(y_2,y_3|x_1,x_2)=p(y_3|x_1,x_2)p(y_2|y_3,x_2)$$

即在已知 Y_3 和 X_2 条件下,Y_2 独立于 X_1,或者说 $X_1-[Y_3,X_2]-Y_2$ 构成了一个马尔可夫链。

定义 5　AWGN 广播中继信道具有连续的输入、输出字母表和独立的加性高斯白噪声。中继和目的节点的信道输出可表示成

$$Y_2=X_1+Z_2 \tag{8-1}$$

$$Y_3=X_1+X_2+Z_3 \tag{8-2}$$

其中,$Z_2\sim\mathcal{N}(0,N_2)$和 $Z_3\sim\mathcal{N}(0,N_3)$是独立的高斯噪声。输入序列满足功率约束 $\varepsilon[x_1^2]<P_1$ 和 $\varepsilon[x_2^2]<P_2$,信道如图 8-3 所示。

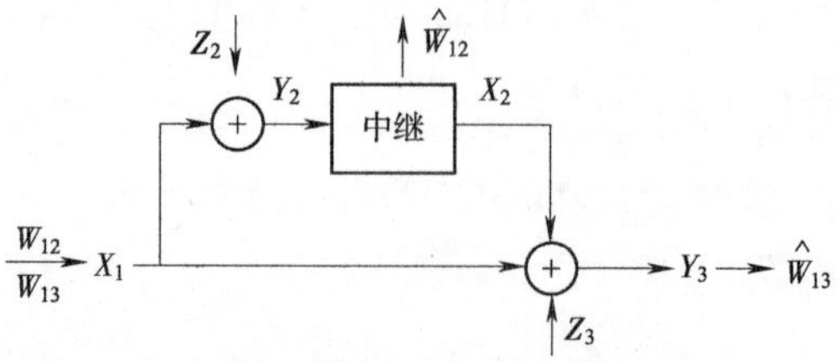

图 8-3　高斯广播中继信道

定义 6　物理退化 AWGN 广播中继信道是指信源输出和信宿输入信号在给定中继输入和输出条件下是独立的，或者说中继知道目的节点知道的所有信息。中继和目的节点的信道输出可表示成

$$Y_2 = X_1 + Z_2 \tag{8-3}$$

$$Y_3 = X_1 + X_2 + Z_2 + Z' \tag{8-4}$$

其中，$Z_2 \sim \mathcal{N}(0, N_2)$ 和 $Z' \sim \mathcal{N}(0, N_3 - N_2)$ 是独立的高斯噪声，$N_2 < N_3$。

定义 7　平均译码错误概率定义为估计值与传输的消息不同的概率：

$$P_{\mathrm{e}}^{(n)} = P(\hat{W}_{12} \neq W_{12} \text{或} \hat{W}_{13} \neq W_{13})$$

其中，$\hat{W}$ 代表 W 的估计，每个码字含有 n 个符号。假定信源和中继节点独立均匀地在 $\mathcal{W}_{13} \times \mathcal{W}_{12}$ 上选择它们自己的消息 (W_{13}, W_{12})。中继和目的节点的译码错误概率分别定义为

$$P_{\mathrm{e,R}}^{(n)} = P(\hat{W}_{12} \neq W_{12})$$

$$P_{\mathrm{e,D}}^{(n)} = P(\hat{W}_{13} \neq W_{13})$$

根据联合界有

$$\max\{P_{\mathrm{e,R}}^{(n)}, P_{\mathrm{e,D}}^{(n)}\} \leqslant P_{\mathrm{e}}^{(n)} \leqslant P_{\mathrm{e,R}}^{(n)} + P_{\mathrm{e,D}}^{(n)}$$

因此，如果 $P_{\mathrm{e}}^{(n)} \to 0$，则 $P_{\mathrm{e,R}}^{(n)} \to 0$，$P_{\mathrm{e,D}}^{(n)} \to 0$。

定义 8　如果存在一个码序列 $((2^{nR_{13}}, 2^{nR_{12}}), n)$ 使得当 $n \to \infty$ 时，$P_{\mathrm{e}}^{(n)} \to 0$，则速率对 (R_{13}, R_{12}) 对于广播中继信道是可达的。

8.2　译码转发策略

在中继节点上使用译码转发策略的情况下，可得到离散无记忆广播中继信道的一种可达速率区。

8.2.1　离散无记忆广播中继信道

定理 1　速率对 (R_{13}, R_{12}) 对于离散无记忆广播中继信道是可达的，若对于某个联合分布 $p(x_2)p(u|x_2)p(x_1|u,x_2)p(y_2,y_3|x_1,x_2)$ 有

$$R_{13} < \min\{I(U, X_2; Y_3), I(U; Y_2 | X_2)\} \tag{8-5}$$

$$R_{12} < I(X_1;Y_2 \mid U,X_2) \tag{8-6}$$

证明 信源使用规则叠加块马尔可夫编码,中继使用叠加编码,信宿端采用后向译码技术[4]。考虑包含 B 个块的一次传输,其中每一个块包含 n 个符号。$B-1$ 个报文序列 $W_{13}(b)$ 和 $W_{12}(b)$ 在信道上经过 nB 次传输,其中,b 代表块索引,取值为 $1 \sim B-1$。当 $B \to \infty$ 时,速率对 $\left(R_{13}\frac{B-1}{B}, R_{12}\frac{B-1}{B}\right)$ 趋于 (R_{13}, R_{12})。

随机变量的选取服从概率分布 $p(u,x_1,x_2) = p(x_2)p(u \mid x_2)p(x_1 \mid u,x_2)$。

随机码本构造:

(1)产生 $2^{nR_{13}}$ 个独立同分布 x_2 序列,每个服从分布 $p(x_2) = \prod_{i=1}^{n} p(x_{2,i})$,记为 $x_2(w'_{13})$。

(2)对于每一个 $x_2(w'_{13})$ 产生 $2^{nR_{13}}$ 个独立同分布 u 序列,每个服从分布 $p(u) = \prod_{i=1}^{n} p(u_i \mid x_{2,i}(w'_{13}))$,记为 $u(w'_{13}, w_{13})$。

(3)对于每一个 $(x_2(w'_{13}), u(w'_{13}, w_{13}))$ 产生 $2^{nR_{12}}$ 个独立同分布 x_1 序列,每个服从分布 $p(x_1) = \prod_{i=1}^{n} p(x_{1,i} \mid x_{2,i}(w'_{13}), u_i(w'_{13}, w_{13}))$,记为 $x_1(w'_{13}, w_{23}, w_{12})$。

编码:

(1)信源在第 b 个分组发送 $x_1(w_{13,b-1}, w_{13,b}, w_{12,b})$,其中 $w_{13,b-1}$ 表示 w'_{13}。

(2)假设中继从前一个分组中正确估计出 $w_{13,b-1}$,然后在第 b 个分组发送 $x_2(w_{13,b-1})$。

所以,发送的码对为

$x_1(1, w_{13,1}, w_{12,1}), x_2(1)$ 当 $b=1$,

$x_1(w_{13,b-1}, w_{13,b}, w_{12,b}), x_2(w_{13,b-1})$ 当 $b=2,\cdots,B-1$

$x_1(w_{13,B-1}, 1, 1), x_2(w_{13,B-1})$ 当 $b=B$

译码:

(1)假设中继已经译出 $w_{13,b-1}$,然后通过寻找唯一的 $\hat{w}_{13,b}$ 使得 $u(w_{13,b-1}, \hat{w}_{13,b}), x_2(w_{13,b-1}), y_2(b)$ 联合典型来译出 $w_{13,b}$。译出 $w_{13,b}$ 后,再通过寻找唯一的 $\hat{w}_{12,b}$ 使得 $u(w_{13,b-1}, w_{13,b}), x_2(w_{13,b-1}), x_1(w_{13,b-1}, w_{13,b}, \hat{w}_{12,b}), y_2(b)$ 联合典型来译出 $w_{12,b}$。这种顺序译码可靠实现要求:

$$R_{13} < I(U;Y_2 \mid X_2) \tag{8-7}$$

$$R_{12} < I(X_1;Y_2 \mid U,X_2) \tag{8-8}$$

(2)目的节点收到全部分组后开始后向译码。假设它在第 $b+1$ 个分组中译出 $w_{13,b}$，则在第 b 个分组中寻找唯一的 $\hat{w}_{13,b-1}$ 使得 $u(\hat{w}_{13,b-1},w_{13,b})$，$x_2(\hat{w}_{13,b-1})$，$y_3(b)$联合典型。可靠译码要求：

$$R_{13} < I(U,X_2;Y_3) \tag{8-9}$$

综合式(8-7)～式(8-9)即可得到定理中的可达速率区。

注：当 $R_{12}=0$ 时，离散无记忆广播中继信道退化为离散无记忆中继通道。离散无记忆广播中继信道是文献[218,219]所提信道的特殊情况，其中公共消息为空。

8.2.2　高斯广播中继信道

由于辅助随机变量基数难以定界使得离散无记忆速率区几乎是不可计算的，并且高斯信道是对理想的无线信道模型的近似，因此刻画高斯信道下的容量区更加引人关注。通过将广播中继信道离散无记忆条件下的结论应用于高斯情况，可以获得一些直观的数值结果。尽管高斯输入可能不是最优的，为简便起见，下面的结论假定输入分布是高斯的。

推论 1　AWGN 广播中继信道的可达速率区是满足以下条件的速率(R_{13}，R_{12})的凸包：

$$R_{13} < \min\left\{C\left(\frac{\bar{\alpha}P_1 + P_2 + 2\sqrt{\overline{\alpha\gamma}P_1P_2}}{\alpha P_1 + N_3}\right), C\left(\frac{\gamma\bar{\alpha}P_1}{\alpha P_1 + N_2}\right)\right\} \tag{8-10}$$

$$R_{12} < C\left(\frac{\alpha P_1}{N_2}\right) \tag{8-11}$$

式中，$\alpha \in [0,1]$，用于指示传送信源到中继节点的私有信息的功率比例；$\gamma \in [0,1]$，用于控制分配给前一个分组与当前分组中信源到目的节点的信息的功率比例。

证明　利用定理 1 描述的编码策略，并使用以下高斯随机变量和关系式计算互信息，可以证明该速率区是可达的。$X_2 \sim \mathcal{N}(0,P_2)$，$V' \sim \mathcal{N}(0,\overline{\gamma\alpha}P_1)$，$X_1' \sim \mathcal{N}(0,\alpha P_1)$是相互独立的，并令

$$U = \sqrt{\frac{\overline{\alpha\gamma}P_1}{P_2}}X_2 + V',\quad X_1 = \sqrt{\frac{\overline{\alpha\gamma}P_1}{P_2}}X_2 + X_1' + V'$$

由式(8-6)得

$$\begin{aligned}R_{12} &< I(X_1;Y_2 \mid U,X_2)\\ &= h(Y_2 \mid U,X_2) - h(Y_2 \mid U,X_1,X_2)\\ &= h(X_1' + Z_2) - h(Z_2)\\ &= \frac{1}{2}\log_2\left(\frac{\alpha P_1 + N_2}{N_2}\right)\\ &= C\left(\frac{\alpha P_1}{N_2}\right)\end{aligned} \tag{8-12}$$

由式(8-5)得

$$R_{13} < \min\{I(U,X_2;Y_3),I(U;Y_2 \mid X_2)\}$$

分别计算 $I(U,X_2;Y_3)$和$I(U;Y_2 \mid X_2)$。

$$\begin{aligned}&I(U,X_2;Y_3)\\ &= h(Y_3) - h(Y_3 \mid U,X_2)\\ &= h(Y_3) - h(X_1' + Z_3)\\ &= C\left(\frac{\overline{\alpha}P_1 + P_2 + 2\sqrt{\overline{\alpha\gamma}P_1P_2}}{\alpha P_1 + N_3}\right)\end{aligned} \tag{8-13}$$

$$\begin{aligned}&I(X_1;Y_2 \mid U,X_2)\\ &= h(Y_2 \mid U,X_2) - h(Y_2 \mid U,X_1,X_2)\\ &= h(V' + Z_2) - h(Z_2)\\ &= \frac{1}{2}\log_2\left(\frac{\alpha P_1 + N_2}{N_2}\right)\\ &= C\left(\frac{P_1 + \overline{\gamma}P_2 + 2\sqrt{\overline{\alpha\gamma}P_1P_2}}{\gamma P_2 + N_3}\right)\end{aligned} \tag{8-14}$$

综合式(8-12)~式(8-14),得出推论 1 的结论。

8.3 外　　界

8.3.1 割集界

利用最大流最小割定理[5]可以得到下面的速率区外界:

由切断信源到中继和信源到目的两条链路的割，得

$$R_{12}+R_{13}<I(X_1;Y_2,Y_3|X_2) \tag{8-15}$$

由切断信源到目的和中继到目的两条链路的割，得

$$R_{13}<I(X_1,X_2;Y_3) \tag{8-16}$$

由切断信源到中继链路的割，得

$$R_{12}<I(X_1;Y_2|X_2) \tag{8-17}$$

8.3.2 利用辅助随机变量改进的外界

利用文献[128,215]中辅助随机变量方法，得到一个紧致的外界：

$$R_{13}<\min\{I(U,X_2;Y_3),I(U;Y_2,Y_3|X_2)\} \tag{8-18}$$

$$R_{12}<I(X_1;Y_2,Y_3|U,X_2) \tag{8-19}$$

$$R_{13}<I(X_1;Y_2,Y_3|U',X_2) \tag{8-20}$$

$$R_{12}<I(U';Y_2|X_2) \tag{8-21}$$

式中，X_2-U-X_1，$X_2-U'-X_1$，$[U,U']-[X_1,X_2]-[Y_2,Y_3]$分别构成了一个马尔可夫链。

8.4 退化广播中继信道

使用译码转发策略，在物理退化广播中继信道和相对物理退化广播中继信道特定情况下，可以使得可达速率区和割集界一致，因此得到这两种情况下的容量区。

8.4.1 物理退化广播中继信道

由物理退化广播中继信道定义，可知 $X_1-[Y_2,X_2]-Y_3$ 构成了一个马尔可夫链。

1. 物理退化中继信道

当令 $U=X_1$ 且 $R_{12}=0$ 时，采用译码转发策略可以达到的可达速率区可简化为

$$R_{13} < \min\{I(X_2, X_1; Y_3), I(X_1; Y_2 | X_2)\} \tag{8-22}$$

割集界中

$$I(X_1; Y_2, Y_3 | X_2) = I(X_1; Y_2 | X_2) + I(X_1; Y_3 | Y_2, X_2) = I(X_1; Y_2 | X_2)$$

因此,此时可达速率区与外界相同。这对应于原始物理退化中继信道[128]。

2. 物理退化广播中继信道

内界和改进外界一致,所以内界即容量。

式(8-18)中由退化条件得

$$I(U; Y_2, Y_3 | X_2) = I(U; Y_2 | X_2) + I(U; Y_3 | X_2, Y_2) = I(U; Y_2 | X_2)$$

因此式(8-18)与式(8-5)相同。同理,式(8-19)与式(8-6)相同。

例子 1 当 $P_1 = P_2 = P, \frac{P}{N_2} = 10$ dB, $\frac{P}{N_3} = 5$ dB 时,退化高斯广播中继信道可达速率区(CSRC),与退化高斯广播信道(BC)、退化高斯原始中继信道(RC)容量比较如图 8-4 所示。

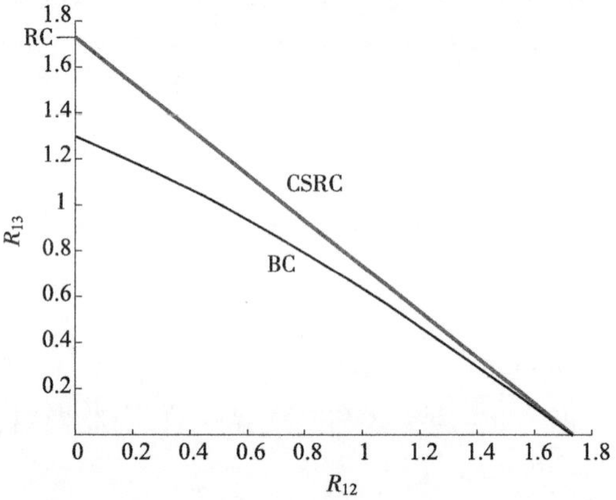

图 8-4 退化高斯广播中继、广播和中继信道比较

8.4.2 相对物理退化广播中继信道

由相对物理退化广播中继信道定义,可知 $X_1 - [Y_3, X_2] - Y_2$ 构成了一个马尔可夫链。

1. 相对物理退化中继信道

当令 $U = X_1$ 且 $R_{12} = 0$ 时,采用译码转发策略可以达到的可达速率区亦可简化为式(8-22)。

割集界中

$$I(X_1;Y_2,Y_3|X_2)=I(X_1;Y_3|X_2)+I(X_1;Y_2|Y_3,X_2)\leqslant I(X_1,X_2;Y_3)$$

这意味着割集界是

$$C\leqslant\max_{a\in\mathcal{X}_2}\max_{p(x_1)}I(X_1;Y_3|X_2=a) \tag{8-23}$$

显然,该速率是可达的[128]。

2. 相对物理退化广播中继信道

辅助变量外界中

$$I(U;Y_2,Y_3|X_2)=I(U;Y_3|X_2)+I(U;Y_2|Y_3,X_2)\leqslant I(U,X_2;Y_3)$$

这意味着容量是

$$C\leqslant\max_{a\in\mathcal{X}_2}\max_{p(u)}I(U;Y_3|X_2=a) \tag{8-24}$$

小　　结

原始中继信道和具有私有信息的中继信道的中继节点在实际系统中限于条件难以选择,结合实际通信系统中常用的广播信道,提出选择通信量少或者通信速率低的目的节点作为其他目的节点的中继,建立了广播中继信道模型,给出了采用译码转发策略时的可达速率区和物理退化、相对物理退化中继信道在特殊参数下的容量。

第9章

中继多址信道的译码转发策略

在无线通信中，通过用户的合作可以提高点对点链路的信道容量[216,217]。中继信道是一种具有协作能力的基本信道，于1971年首次被提出[212]。在这个信道中，一个发送方打算用一个空闲中继与一个接收方通信，以帮助从发送方到接收方的通信。文献[128]计算出了物理退化，相对物理退化和具有反馈的中继信道的容量，并给出了一般中继信道的基于译码转发策略的可达速率。为了区别于本章讨论的中继信道模型，将这种中继信道称为原始中继信道。在原始中继信道中，中继节点没有自己的通信信息，其所有资源用于帮助信源的通信。事实上，在一些实际通信中很难找到这样的空闲中继节点，因此可以选择一些通信流量较少或速率较低的网络节点作为候选中继节点[213,218,219]。例如，文献[213]提出了一种中继具有私有信息要传输的特殊中继信道。在这种中继信道中，中继既具有与信源通信的私有信息，又具有与信宿通信的私有信息，即中继节点在通信系统中，既是信源节点的信宿，又是目的节点的信源。当然，在中继本身的通信量很少或者速率较低的情况下，让中继节点提供一部分资源为信源服务来提高信源的速率，对中继节点的选择方法无疑是一个有益的补充。但是，在实际的通信系统中，这样的特殊中继节点和空闲的节点很难找到。文献[218,219]考虑并提供了一个中继广播信道的速率区域，其中中继节点需要从源节点接收其私有消息。

受此启发，本章考虑了另一种特定的中继信道——中继多址信道(RMAC)。在该信道中，中继节点不仅帮助发送源节点的信息，还向目的节点发送自己的私有消息。由于和要帮助的信源节点具有相同的信宿，因此将这种信道命名为中继多址信道，如图9-1所示。本章分别推导了离散无记忆RMAC(DM-RMAC)和加性高斯白噪声 RMAC(AWGN-RMAC)基于文献[128]中引入的译码转发策略的可达速率区域[207]。考虑到实际应用,本章只给出 AWGN-RMAC 可达速率区域的数值结果。结果表明,选择到目的端通信速率较低的节点作为中继节点,确实提高了源端到同一目的端的通信速率。

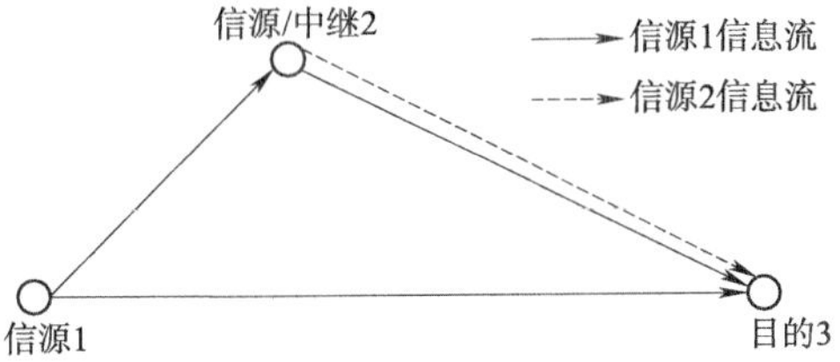

图 9-1　中继多址信道

9.1　定义与信道模型

在定义信道模型前,先定义一些标记。X 和 $\mathcal{X}$ 分别代表随机变量和对应的范围。确定的标量和向量分别用小写字母 x 和粗体小写字母 $\boldsymbol{x}$ 表示。$X_t^i \triangleq (X_{t,1},X_{t,2}\cdots,X_{t,i})$,$C(x)=\frac{1}{2}\log_2(1+x)$,$\bar{x}=1-x$。

定义 1　离散无记忆中继多址信道由信源输入字母表 $\mathcal{X}_1$,中继输入字母表 $\mathcal{X}_2$,信道输出字母表 $\mathcal{Y}_2$ 和 $\mathcal{Y}_3$ 以及信道转移概率 $p(y_2,y_3|x_1,x_2)$ 组成。其中,x_1 和 x_2 分别代表信源和中继输入,y_2 和 y_3 分别代表中继和信宿输出。

定义 2　离散无记忆中继多址信道的一种编码$((2^{nR_{13}},2^{nR_{23}}),n)$的构成:

- 两个整数集合代表消息索引集合:

$$\mathcal{W}_{23}=\{1,2,\cdots,2^{nR_{23}}\}\text{和 }\mathcal{W}_{13}=\{1,2,\cdots,2^{nR_{13}}\}$$

- 信源端的编码函数:

$$X_1:\mathcal{W}_{13}\to\mathcal{X}_1^n$$

- 一组中继函数$\{f_i\}_{i=1}^n$:

$$x_{2,i}=f_i(y_{2,1},\cdots,y_{2,i-1},w_{23}),1\leqslant i\leqslant n$$

- 信宿端的译码函数:

$$d:\mathcal{Y}_3^n\to\mathcal{W}_{13}\times\mathcal{W}_{23}$$

假设信道是无记忆的，中继节点工作在全双工模式下，并以因果方式处理输入与过去的观测。其编译码结构如图 9-2 所示。

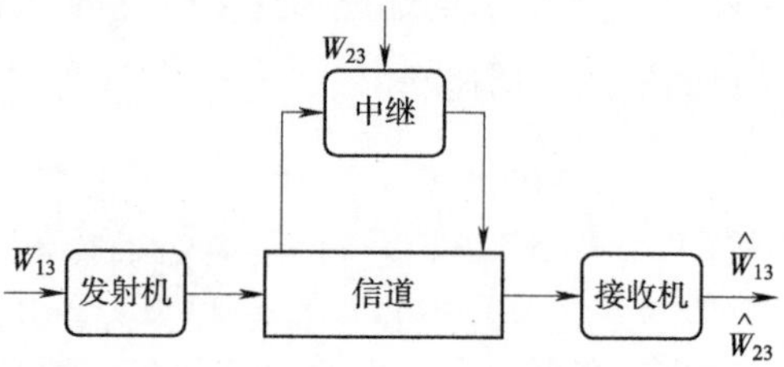

图 9-2　离散无记忆中继多址信道编译码结构

定义 3　中继多址信道是物理退化的，若其转移概率满足

$$p(y_2,y_3|x_1,x_2)=p(y_2|x_1,x_2)p(y_3|y_2,x_2)$$

即在已知 Y_2 和 X_2 条件下，Y_3 独立于 X_1，或者说 $X_1-[Y_2,X_2]-Y_3$ 构成了一个马尔可夫链。

定义 4　中继多址信道是相对物理退化的，若其转移概率满足

$$p(y_2,y_3|x_1,x_2)=p(y_3|x_1,x_2)p(y_2|y_3,x_2)$$

即在已知 Y_3 和 X_2 条件下，Y_2 独立于 X_1，或者说 $X_1-[Y_3,X_2]-Y_2$ 构成了一个马尔可夫链。

定义 5　AWGN 中继多址信道具有连续的输入、输出字母表和独立的加性高斯白噪声。中继和目的节点的信道输出可表示成

$$Y_2=X_1+Z_2 \tag{9-1}$$

$$Y_3=X_1+X_2+Z_3 \tag{9-2}$$

其中，$Z_2\sim\mathcal{N}(0,N_2)$ 和 $Z_3\sim\mathcal{N}(0,N_3)$ 是独立的高斯噪声。输入序列满足功率约束 $\varepsilon[x_1^2]<P_1$ 和 $\varepsilon[x_2^2]<P_2$，如图 9-3 所示。

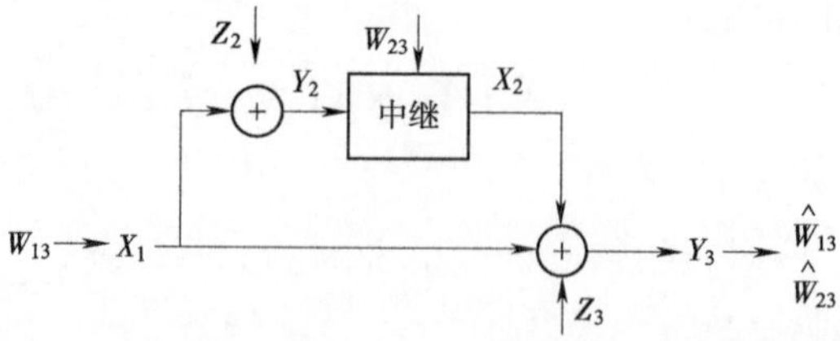

图 9-3　AWGN 中继多址信道

定义 6　物理退化 AWGN 中继多址信道是指信源输出和信宿输入信号在给定中继输入和输出条件下是独立的，或者说中继知道目的节点知道的所有信息。中继和目的节点的信道输出可表示成

$$Y_2 = X_1 + Z_2 \tag{9-3}$$

$$Y_3 = X_1 + X_2 + Z_2 + Z' \tag{9-4}$$

其中，$Z_2 \sim \mathcal{N}(0, N_2)$ 和 $Z' \sim \mathcal{N}(0, N_3 - N_2)$ 是独立的高斯噪声，$N_2 < N_3$。

定义 7　平均译码错误概率定义为译出的结果与传输的消息不同的概率：

$$P_{\mathrm{e}}^{(n)} = P((\hat{W}_{13}, \hat{W}_{23}) \neq (W_{13}, W_{23}))$$

其中，$\hat{W}$ 代表 W 的估计，每个码字含有 n 个符号。这里，假定信源和中继节点独立均匀地在 $\mathcal{W}_{13} \times \mathcal{W}_{23}$ 上选择它们自己的消息(W_{13}, W_{23})。

定义 8　如果存在一个码序列$((2^{nR_{13}}, 2^{nR_{23}}), n)$使得当 $n \to \infty$ 时，$P_{\mathrm{e}}^{(n)} \to 0$，则速率对$(R_{13}, R_{23})$对于中继多址信道是可达的。

9.2　译码转发策略

在中继节点上使用译码转发策略[217]情况下，得到中继多址信道的一种可达速率区。

9.2.1　离散无记忆中继多址信道

定理 1　速率对(R_{13}, R_{23})对于离散无记忆中继多址信道是可达的，若对于某个联合分布 $p(u)p(x_1 | u)p(x_2 | u)p(y_2, y_3 | x_1, x_2)$ 有

$$R_{13} < \min\{I(U, X_1; Y_3), I(X_1; Y_2 | U, X_2)\} \tag{9-5}$$

$$R_{23} < I(X_2; Y_3 | U, X_1) \tag{9-6}$$

证明　信源使用规则叠加块马尔可夫编码，中继使用叠加编码。信宿端采用后向译码技术[128]。考虑包含 B 个块的一次传输，其中每一个块包含 n 个符号。$B-1$ 个报文序列 $W_{13}(b)$ 和 $W_{23}(b)$ 在信道上经过 nB 次传输，其中，b 代表块索引，取值为 $1 \sim B-1$。当 $B \to \infty$ 时，速率对 $\left(R_{13}\dfrac{B-1}{B}, R_{23}\dfrac{B-1}{B}\right)$ 趋于(R_{13}, R_{23})。

随机变量的选取服从任意的概率分布 $p(u,x_1,x_2)=p(u)p(x_1|u)p(x_2|u)$。

随机码本构造：

(1)产生 $2^{nR_{13}}$ 个独立同分布 $u=(u_1,u_2,\cdots,u_n)$ 序列，每个服从分布 $p(u)=\prod_{i=1}^{n}p(u_i)$，记作 $\boldsymbol{u}(w'_{13})$。

(2)对于每一个 $u(w'_{13})$ 产生 $2^{nR_{13}}$ 个独立同分布 x_1 序列，每个服从分布 $p(x_1)=\prod_{i=1}^{n}p(x_{1,i}|u_i(w'_{13}))$，记作 $x_1(w'_{13},w_{13})$。

(3)对于每一个 $u(w'_{13})$ 产生 $2^{nR_{23}}$ 个独立同分布 x_2 序列，每个服从分布 $p(x_2)=\prod_{i=1}^{n}p(x_{2,i}|u_i(w'_{13}))$，记作 $x_2(w'_{13},w_{23})$。

编码：

(1)信源在第 b 个分组发送 $x_1(w_{13,b-1},w_{13,b})$，其中 $w_{13,b-1}$ 表示 w'_{13}。

(2)假定中继从前一个分组中正确估计出 $w_{13,b-1}$，然后在第 b 个分组发送 $x_2(w_{13,b-1},w_{23,b})$，其中 $w_{13,0}=w_{13,B}=1$，$w_{23,0}=w_{23,B}=1$。

译码：

(1)假定中继已译出 $w_{13,b-1}$，它通过寻找唯一的 $\hat{w}_{13,b}$ 使得 $u(w_{13,b-1})$，$x_1(w_{13,b-1},\hat{w}_{13,b})$，$x_2(w_{13,b-1},w_{23,b})$，$y_2(b)$ 联合典型来译出 $w_{13,b}$。实现可靠译码要求：

$$R_{13}<I(X_1;Y_2|U,X_2) \tag{9-7}$$

(2)目的节点收到全部分组后开始译码。假定它在第 $b+1$ 个分组中译出 $w_{13,b}$，则在第 b 个分组中寻找唯一的 $\hat{w}_{13,b-1}$ 使得 $u(\hat{w}_{13,b-1})$，$x_1(\hat{w}_{13,b-1},w_{13,b})$，$y_3(b)$ 联合典型。译出 $w_{13,b-1}$ 和 $w_{13,b}$ 后，目的节点通过寻找唯一的 $\hat{w}_{23,b}$ 使得 $u(w_{13,b-1})$，$x_1(w_{13,b-1},w_{13,b})$，$x_2(w_{13,b-1},\hat{w}_{23,b})$，$y_3(b)$ 联合典型来译出 $w_{23,b}$。这种顺序译码可获得如下速率：

$$R_{13}<I(U,X_1;Y_3) \tag{9-8}$$

$$R_{23}<I(X_2;Y_3|U,X_1) \tag{9-9}$$

综合上述速率不等式即可得到定理中的可达速率区。

9.2.2 高斯中继多址信道

1. 可达速率区

由于辅助随机变量基数难以定界使得离散无记忆速率区几乎是不可计算的，并且高斯信道是对理想的无线信道模型的近似，因此刻画高斯信道下的容量区更加引人关注。通过将中继多址信道离散无记忆条件下的结论应用于高斯情况，可以获得一些直观的数值结果。尽管高斯输入可能不是最优的，但为简便起见，下面的结论假定输入分布是高斯的。

推论 1　AWGN 中继多址信道的可达速率区是满足以下条件的速率(R_{13}，R_{23})的凸包：

$$R_{13} < \min\left\{C\left(\frac{P_1+\bar{\gamma}P_2+2\sqrt{\alpha\gamma P_1 P_2}}{\gamma P_2+N_3}\right),C\left(\frac{\alpha P_1}{N_2}\right)\right\} \tag{9-10}$$

$$R_{23} < C\left(\frac{\gamma P_2}{N_3}\right) \tag{9-11}$$

式中，$\alpha,\gamma\in[0,1]$。α 用于控制分配给前一个分组与当前分组中信源到目的节点的信息的功率比例，γ 用于指示传送中继到目的节点的私有信息的功率部分。

证明　通过定理 1 描述的编码策略，并使用以下独立分布和关系式计算互信息，可以证明该速率区是可达的。$U\sim\mathcal{N}(0,P_u)$，$V'\sim\mathcal{N}(0,\alpha P_1)$，$X_2'\sim\mathcal{N}(0,\gamma P_2)$是独立的，并且令

$$X_1=\sqrt{\frac{\bar{\alpha}P_1}{P_u}}U+V',X_2=\sqrt{\frac{\bar{\gamma}P_2}{P_u}}U+X_2'$$

由式(9-5)得

$$\begin{aligned}R_{23} &< I(X_2;Y_3\mid U,X_1)\\ &=h(Y_3\mid U,X_1)-h(Y_3\mid U,X_1,X_2)\\ &=h(X_2'+Z_3)-h(Z_3)\\ &=\frac{1}{2}\log_2\left(\frac{\gamma P_2+N_3}{N_3}\right)\end{aligned} \tag{9-12}$$

由式(9-6)得

$$R_{13} < \min\{I(U,X_1;Y_3),I(X_1;Y_2\mid U,X_2)\}$$

分别计算 $I(U,X_1;Y_3)$ 和 $I(X_1;Y_2|U,X_2)$。

$$\begin{aligned} & I(U,X_1;Y_3) \\ & = h(Y_3) - h(Y_3|U,X_1) \\ & = h(Y_3) - h(X_2' + Z_3) \\ & = C\left(\frac{\alpha P_1}{N_2}\right) \end{aligned} \tag{9-13}$$

$$\begin{aligned} & I(U;Y_2|X_2) \\ & = h(Y_2|X_2) - h(Y_2|U,X_2) \\ & = h(V' + X_1' + Z_2) - h(X_1' + Z_2) \\ & = C\left(\frac{\gamma\bar{\alpha}P_1}{\alpha P_1 + N_2}\right) \end{aligned} \tag{9-14}$$

综合式(9-12)~式(9-14),得出推论 1 的结论。

2. 数值结果

AWGN 中继多址信道,AWGN 多址信道和 AWGN 中继信道在 $P_1 = P_2 = 5$,$N_2 = 0.5$ 和 $N_3 = 1$ 条件下的速率区如图 9-4 所示。

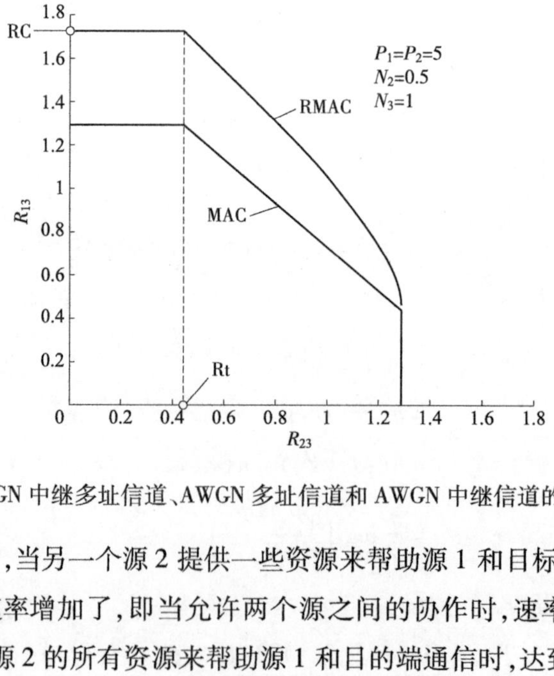

图 9-4 AWGN 中继多址信道、AWGN 多址信道和 AWGN 中继信道的速率区比较

在图 9-4 中,当另一个源 2 提供一些资源来帮助源 1 和目标之间的通信时,源 1 到目标的速率增加了,即当允许两个源之间的协作时,速率区域确实提高了,并且当使用源 2 的所有资源来帮助源 1 和目的端通信时,达到最大值。这就

是基于译码转发策略的中继信道的速率，在图中纵轴上用一个小圆圈表示。当 R_{13} 达到最大值时，R_{23} 达到的最大速率用 R_t 表示。因此，当中继节点的速率不大于阈值 R_t（图 9-4 中用横轴上的小圆圈指示），可以利用中继节点的一部分资源来帮助从源到目的的通信。从图 9-4 中也可以得出中继信道是 RMAC 的一个特例。

9.3 割集界

利用最大流最小割定理[5]可以得到下面的速率区外界：

由切断信源到中继和信源到目的两条链路的割，得

$$R_{13} < I(X_1;Y_2,Y_3|X_2) \tag{9-15}$$

由切断信源到目的和中继到目的两条链路的割，得

$$R_{23} + R_{13} < I(X_1,X_2;Y_3) \tag{9-16}$$

由切断中继到目的的链路的割，得

$$R_{23} < I(X_2;Y_3|X_1) \tag{9-17}$$

综合得割集界

$$R_{13} < \min\{I(X_1;Y_3),I(X_1;Y_2,Y_3|X_2)\} \tag{9-18}$$

$$R_{23} < I(X_2;Y_3|X_1) \tag{9-19}$$

9.4 退化中继多址信道容量

使用译码转发策略，在物理退化中继多址信道和相对物理退化中继多址信道特定情况下，可以使得可达速率区和割集界一致，因此得到这两种情况下的容量区。

9.4.1 物理退化中继多址信道

由物理退化中继多址信道定义，可知 $X_1-[Y_2,X_2]-Y_3$ 组成了一个马尔可夫链。当令 $U=X_2$ 且 $R_{23}=0$ 时，采用译码转发策略可以达到的可达速率区可简化为

$$R_{13} < \min\{I(X_2,X_1;Y_3),I(X_1;Y_2|X_2)\} \tag{9-20}$$

割集界中

$$I(X_1;Y_2,Y_3|X_2)=I(X_1;Y_2|X_2)+I(X_1;Y_3|Y_2,X_2)=I(X_1;Y_2|X_2)$$

因此,此时可达速率区与外界相同,分组马尔可夫编码是最佳的。这对应于原始物理退化中继信道[217]。

9.4.2 相对物理退化中继多址信道

由相对物理退化中继多址信道定义,可知 $X_1-[Y_3,X_2]-Y_2$ 组成了一个马尔可夫链。

当令 $U=X_2$ 且 $R_{23}=0$ 时,采用译码转发策略可以达到的可达速率区可简化为

$$R_{13}<\min\{I(X_2,X_1;Y_3),I(X_1;Y_2|X_2)\} \tag{9-21}$$

割集界中

$$I(X_1;Y_2,Y_3|X_2)=I(X_1;Y_3|X_2)+I(X_1;Y_2|Y_3,X_2)\leqslant I(X_1,X_2;Y_3)$$

这意味着割集界是

$$C\leqslant\max_{a\in\mathcal{X}_2}\max_{p(x_1)}I(X_1;Y_3|X_2=a) \tag{9-22}$$

显然,该速率是可达的[128]。

小　结

原始中继信道和具有私有信息的中继信道的中继节点在实际系统中限于条件难以选择,本章结合实际通信系统中常用的多址信道,提出选择通信量少或者通信速率低的信源节点作为其他信源节点的中继,建立了中继多址信道模型。本章分别基于译码转发策略计算了 DM-RMAC 和 AWGN-RMAC 的可达速率区域。数值计算结果表明,该方案可以通过中继节点与目的地进行私有通信来提高用户的传输速率,同时也说明了一般中继信道在某些情况下是 RMAC 的特例。此外,给出了采用译码转发策略时的可达速率区和物理退化、相对物理退化中继信道在特殊参数下的容量。更重要的是,本章提供了一种在某些通信环境下,特别是蜂窝通信上行链路中选择可用中继节点的方法。

第10章

利用RLDPC矩阵实现无线传感网数据收集

无线传感器网络(WSNs)可以改变人与世界的交互方式,已经被部署在广泛的应用场景中,如军事、环境监测、生理监测、交通运输和农业[221-223]。无线传感器网络的发展面临两个主要挑战:一是将面临大数据的冲击[224],目前对大数据的研究正处于应用推广阶段;二是传感器节点的能量消耗问题,因为每个传感器节点通常由电池供电,在许多情况下无法充电[225]。在无线传感器网络中,数据采集是节约能耗的重要途径[226]。文献[225]、[227]和[228]采用了基于链、层次和树结构的数据收集方法。文献[229]提出了一种基于预测的卡尔曼滤波数据采集方法。文献[230]和文献[231]采用了基于聚类的数据收集方法。然而,这些方法通常会导致一些传感器节点过早死亡,因为它们使用频率高,消耗的能量比其他节点多,所示这些方法存在着能量消耗不均衡的缺点,不可避免地会缩短网络的寿命。本章从基于感知矩阵的数据采集角度考虑能耗问题。

众所周知,基于随机感知的数据采集方法可以通过少量的测量来捕获 k 稀疏信号的特征,从而节省传感器节点的能量消耗[225,232]。已有研究表明,随机矩阵,如高斯矩阵和伯努利矩阵,高概率地满足限制等距性质(RIP),并实现有保证的重构性能[233-234]。然而,这些矩阵的随机性和稠密性通常会导致以下问题:

(1)随机感知矩阵不能在采样必须是确定性矩阵的某些情况下使用,并且它们的实现通常很困难[235]。

(2)在实际应用中,稠密矩阵会导致计算复杂度高、存储空间大、传感器或检测器数量多[236-237]。

为了解决问题(1),已经提出一些确定性矩阵,如 chirp 感知矩阵[238]、BCH

感知矩阵[239]和 Toeplitz 感知矩阵[240]。虽然 RIP 是一种公认的性能度量,但目前还没有一种算法来检查确定性矩阵是否满足 RIP。因此,提供了一些其他性能指标,如互相关性[234]、统计受限等距性(StRIP)[241]和 k 集相关性[242]来衡量感知矩阵的性能。

为了解决问题(2),分别用文献[236]、文献[243]中一个高质量的不平衡扩展图和一个优化的扩展图族的邻接矩阵来构造稀疏感知矩阵。文献[244]在贝叶斯框架下开发了一种类似低密度奇偶校验(LDPC)矩阵的稀疏编码矩阵和一种信念传播解码器。虽然它可以加快编码和解码的速度,但不能保证感知矩阵的性能。

本章论述通过规则 LDPC(RLDPC)矩阵构造一类互相干小且满足 StRIP 的确定性稀疏感知矩阵,并提出了一种基于 RLDPC 感知矩阵的无线传感网数据采集方法[208]。首先,推导出命题 2 中 RLDPC 矩阵的互相关性的阶为 $O\left(\frac{1}{w_c}\right)$,其中 w_c 为矩阵的列权重。其次,通过引入 StRIP 与互相关的关系,在命题 3 和命题 4 中给出了 RLDPC 矩阵满足 StRIP 的条件。根据命题 2 ~ 命题 4,通过限制 RLDPC 矩阵的列权重或稀疏度水平,并消除测量的相应 Tanner 图的短环来构建感知矩阵。因此所构建的感知矩阵具有较小的互相关性,满足 StRIP 要求。一般来说,与随机稠密感知矩阵相比,确定性稀疏感知矩阵重构信号需要更多的测量值[244,245]。然而,由于构建的感知矩阵遵循文献[245]中讨论的特殊规则,因此它与用于信号恢复的稠密测量集合具有相同的测量数尺度,其证明在命题 5 中给出。实验结果证明,与高斯矩阵、伯努利矩阵和 CS-LDPC[244]矩阵相比,本章所构建的感知矩阵具有更好的重构性能。结果表明,在相同重构性能的前提下,基于 RLDPC 矩阵的数据采集比基于其他三种感知矩阵的数据采集更节省传感器节点的能耗。

本章首先论述了构造一类具有性能保证的确定性稀疏感知矩阵,这是感知矩阵构造领域中的重要和难点问题;其次,论述了证明所构造的感知矩阵与稠密测量矩阵具有相同的测量数尺度;最后,论述了提出一种通过构造的 RLDPC 矩阵进行无线传感网数据采集的方法,该方法比通过随机矩阵进行数据采集的方法节省了能量消耗,并且比现有的通过其他稀疏矩阵进行数据采集的方法具有更高的重构性能。此外，所提出的数据采集方法适用于无线传感器网络中时空相关性强的情况。这对应于采集数据具有稀疏特征的情况。

10.1　感知矩阵基础

本节首先介绍一些衡量感知矩阵性能的指标，其次给出该观测的 Tanner 图，最后描述一类稀疏矩阵 RLDPC 矩阵。

10.1.1　感知矩阵的性能指标

由 Candes 和 Tao[246] 提出的 RIP 是感知矩阵第一个也是最著名的性能指标。如果一个感知矩阵 $\boldsymbol{\Phi}$，其列向量有单位范数，满足

$$1-\delta_k \leqslant \frac{\|\boldsymbol{\Phi x}\|_2}{\|\boldsymbol{x}\|_2} \leqslant 1+\delta_k \tag{10-1}$$

对于所有 k 个具有限制等距常数 δ_k 的稀疏向量 $\boldsymbol{x}$，$\boldsymbol{\Phi}$ 服从 k 阶 RIP(k-RIP)。满足 $2k$-RIP 的条件 $\boldsymbol{\Phi}$ 足以从少量的测量数据中完美地重构 k 稀疏向量。由于具有独立同分布的高斯矩阵和伯努利矩阵等随机矩阵高概率地满足 $2k$-RIP，因此在压缩感知框架中常用它们作为感知矩阵。

然而，目前还没有一种算法来检验给定矩阵是否满足 RIP 协议。因此，提出了一些较为宽松的性能指标。StRIP[241] 是一种新的测量感知矩阵的性能指标。如果感知矩阵满足

$$1-\varepsilon \leqslant \frac{\|\boldsymbol{\Phi x}\|_2}{\sqrt{N}\,\|\boldsymbol{x}\|_2} \leqslant 1+\varepsilon \tag{10-2}$$

当概率超过 $1-\delta$ 时，就说 $\boldsymbol{\Phi}$ 服从 $(2k,\varepsilon,\delta)$-StRIP。如果 $\boldsymbol{\Phi}$ 满足 $(2k,\varepsilon,\delta)$-StRIP，则 k 稀疏向量可以由少量的高概率测量得到完美的重构。显然，StRIP 是 RIP 的弱版本。此外，还有一些其他的性能指标，如互相关性[234] 和 k 集相关性[242]。

10.1.2　观测的 Tanner 图

当使用随机感知矩阵 $\boldsymbol{\Phi}$ 测量一个 N 长度的信号 $\boldsymbol{x}$ 时，压缩测量可以由

$$y = \boldsymbol{\Phi} \boldsymbol{x} \tag{10-3}$$

式中，$y = (y_1, \cdots, y_i, \cdots, y_M)^{\mathrm{T}}$；$\boldsymbol{x} = (x_1, \cdots, x_j, \cdots, x_N)^{\mathrm{T}}$；$\boldsymbol{\Phi} = (\boldsymbol{\Phi}_1, \cdots, \boldsymbol{\Phi}_i, \cdots, \boldsymbol{\Phi}_M)^{\mathrm{T}}$，$\boldsymbol{\Phi}_i = (\Phi_{i1}, \cdots, \Phi_{ij}, \cdots, \Phi_{iN})$。然后有

$$y_i = \sum_{j=1}^{N} \Phi_{ij} x_j \tag{10-4}$$

上述观测的 Tanner 图如图 10-1 所示。

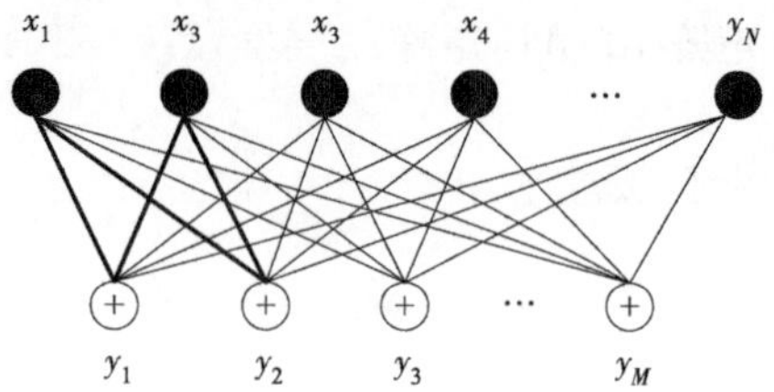

图 10-1　观测 Tanner 图

在图 10-1 中，当 $\boldsymbol{\Phi}$ 为高斯矩阵或伯努利矩阵时，y_i 与 x_j 之间总是有一条边。它将导致的结果是，y_{i1} 和 y_{i2}($1 \leqslant i_1, i_2 \leqslant M, i_1 \neq i_2$)之间总是存在一个长度为 4 的短环，例如，图 10-1 中用粗体线条标记的循环 $x_1 \rightarrow y_1 \rightarrow x_2 \rightarrow y_2 \rightarrow x_1$。这样的短环路将导致两次测量的相干性。因此，可以通过减少 Tanner 图中的边和短环的数量来降低压缩测量的相干性。实际上，Tanner 图的边数正好等于感知矩阵中非零元素的个数。因此，利用稀疏感知矩阵的 Tanner 图包含少量边和短环，可以降低压缩测量的相干性。

10.1.3　RLDPC 矩阵

LDPC 矩阵是 LDPC 码的校验矩阵。RLDPC 矩阵是一类稀疏矩阵，具有以下四个性质[247-248]：

(1)每行由值为 1 的 w_{r} 个元素组成，其中 w_{r} 称为行权重。

(2)每列由值为 1 的 w_{c} 个元素组成，其中 w_{c} 称为列权重。

(3)任意两列中同一行元素 1 的个数不大于 1，记为 $\boldsymbol{\lambda}$。

(4)w_{r} 和 w_{c} 均小于码长和矩阵行数。

LDPC 码最接近香农极限，其对偶码称为低密度生成矩阵(LDGM)，是一种很好的压缩码[249]，因此 LDPC 矩阵可能是一种很好的感知矩阵。在文献[244]

中,构造了类似 LDPC 矩阵的稀疏感知矩阵。由于满足上述性质(1)、(2)、(4),因此不是 RLDPC 矩阵。然而,性质(3)与感知矩阵的相互相干性密切相关。受此启发,将在下一节中构造具有小互相干性的 RLDPC 矩阵。

10.2　RLDPC 矩阵的构造

RLDPC 矩阵由于其规律性,能够均匀地获取信息,并且由于其性质(3),具有较小的互相干性。这两个特征在感知矩阵的构建中都是需要的。因此,通过 RLDPC 矩阵构造了一类确定性稀疏感知矩阵。

10.2.1　构造的理论基础

文献[241]的 StRIP 特性为测量确定性感知矩阵的性能提供了一个指标。当给定的矩阵满足 StRIP 性质时,通过少量的测量就可以以压倒性的概率完美地重构出信号。文献[250]通过分析 StRIP 的性质,推导出 StRIP 与互相干性之间的关系,这在命题 1 中有描述。

命题 1[250]　当归一化的 $M\times N$ 确定性感知算子的相互相干阶数不高于 $O\left(\frac{1}{\sqrt{M}}\right)$时,该算子高概率具有 StRIP 属性。

同样,可以计算 RLDPC 矩阵的互相干的阶数,如命题 2 所示。

命题 2　RLDPC 矩阵的互相干性的阶为 $O\left(\frac{1}{w_c}\right)$。

证明　根据 RLDPC 矩阵的定义,$\boldsymbol{\Phi}$ 每列包含值为 1 的元素 w_c 个和 0 元素 $M-w_c$ 个。归一化后,$\boldsymbol{\Phi}$ 的每个非零元素为$\frac{1}{\sqrt{w_c}}$。根据 RLDPC 矩阵的性质(3),$\boldsymbol{\Phi}$ 的任意两列在同一行有相同的非零元素 0 或 1。结合以下互相干[14]的定义:

$$\mu(A)=\max_{l\neq m}\left(\frac{|<\boldsymbol{A}_l,\boldsymbol{A}_m>|}{(\|\boldsymbol{A}_l\|_2\ \|\boldsymbol{A}_m\|_2)}\right)\tag{10-5}$$

式中,$\boldsymbol{A}_l$ 和 $\boldsymbol{A}_m$ 是矩阵 $\boldsymbol{A}(l\neq m)$的任意两列,可以推导出

$$\mu(\boldsymbol{\Phi})=\max\left(\frac{1}{w_c},0\right)=\frac{1}{w_c}\tag{10-6}$$

因此 RLDPC 矩阵 $\boldsymbol{\Phi}$ 的互相干性为 $O\left(\frac{1}{w_c}\right)$。

根据命题1和命题2,可以得到 RLDPC 矩阵满足 StRIP 性质的一个条件,在命题3中描述。

命题3 当 $w_c \geqslant \sqrt{M}$,RLDPC 矩阵 $\boldsymbol{\Phi}$ 大概率满足 StRIP 性质。

证明 根据命题2,RLDPC 矩阵 $\boldsymbol{\Phi}$ 的互相干性的阶为 $O\left(\frac{1}{w_c}\right)$。$w_c \geqslant \sqrt{M}$时,矩阵 $\boldsymbol{\Phi}$ 的相互相干性 $O\left(\frac{1}{w_c}\right)$不大于 $O\left(\frac{1}{\sqrt{M}}\right)$。根据命题1,当 $w_c \geqslant \sqrt{M}$时,矩阵 $\boldsymbol{\Phi}$ 大概率满足 StRIP 性质。

命题4 $d \geqslant \frac{1}{\sqrt{M}}$时,RLDPC 矩阵 $\boldsymbol{\Phi}$ 大概率满足 StRIP 性质,其中 d 为稀疏度等级。

证明 稀疏度 d 可以表示为

$$d = \frac{w_c \times N}{M \times N} = \frac{w_c}{M} \tag{10-7}$$

当 $d \geqslant \frac{1}{\sqrt{M}}$,有 $d = \frac{w_c}{M} \geqslant \frac{1}{\sqrt{M}}$。然后可以推导出来 $w_c \geqslant \sqrt{M}$。根据命题3,RLDPC 矩阵 $\boldsymbol{\Phi}$ 高概率满足 StRIP 性质。

在命题3中,建立了具有 StRIP 性质的 RLDPC 矩阵 $\boldsymbol{\Phi}$ 与列权 w_c 的关系。然后,建立了具有 StRIP 性质的 RLDPC 矩阵 $\boldsymbol{\Phi}$ 与命题4中稀疏度等级的关系。这些结论可用于通过 RLDPC 矩阵构建感知矩阵。

10.2.2 RLDPC 矩阵构造算法

根据命题3,将构造一类高概率满足 StRIP 性质的 RLDPC 矩阵。正如它所暗示的那样,Tanner 图中的短环路越少,测量的相干性就越小。所以在不丢失信息的情况下消除了短环。在构造算法中,首先构造一个满足列权 w_c 约束($w_c \geqslant \sqrt{M}$)的矩阵 $\boldsymbol{\Phi}$,然后消去上述构造的 Tanner 图中长度为 4 的短环,以满足 RLDPC 矩阵的性质(3)。具体的构建算法如图 10-2 所示。

● 输入M，N，w_c ● 输出$\boldsymbol{\Phi}$
（1）**初始化**：计算N_r，构造$\boldsymbol{\Phi}_{M\times N}$满足$w_c$，计算$\boldsymbol{c}$；令$i$=1，rloop=$R$和loop=1。 （2）**调整**：若$\boldsymbol{c}(i)>N_r$，则将第$i$行中值为1的（$\boldsymbol{c}(i)-N_r$）个元素移动到值为1少于$N_r$的其他行。 （3）**迭代1**：令$i$=$i$+1然后重复步骤（2）和步骤（3），直到$i>M$。 （4）**判定**：若loop≤rloop，令r=1，转到步骤（5）；否则转到步骤（7）。 （5）**消除**：搜索第r行中值为1的元素的位置，记为$\boldsymbol{p}$，计算其长度，记为L。对于i（$1\leqslant i\leqslant r-1$，$r+1\leqslant i\leqslant M$）以外的每一行，搜索长度为4的短环，并消除它。然后令r=r+1并重复步骤（5）直到$r>M$。 （6）**迭代2**。令loop=loop+1然后重复步骤（4）～步骤（6）直到loop＞rloop。 （7）**输出$\boldsymbol{\Phi}$**。

图 10-2　RLDPC 感知矩阵的构造算法

在图 10-2 中，首先输入构建的感知矩阵的行号 M 和列号 N，以及列权值 w_c。在初始化的步骤(1)中，计算每行允许的最大 1 个数，表示为 N_r，根据约束 w_c 生成初始矩阵 $\boldsymbol{\Phi}_{M\times N}=[\boldsymbol{\Phi}(1)\boldsymbol{\Phi}(2)\cdots\boldsymbol{\Phi}(M)]^{\mathrm{T}}$，然后计数 $c=[c(1),\cdots,c(i),\cdots,c(M)]$，其中 $c(i)$ 为第 i 行中 1 的个数，并设置行索引 $i=1$、迭代次数索引 loop = 1 和总迭代次数 rloop = R。在调整步骤(2)中，如果 $c(i)>N_r$，则将第 i 行中值为 1 的元素移动到具有 $c(i')<N_r(1\leqslant i'\leqslant M, i'\neq i)$ 的其他行。在迭代步骤(3)中，设置 $i=i+1$ 并重复步骤(2)和步骤(3)来调整下一行的行权值，直到 $i>M$。在判定步骤(4)中，如果 loop≤rloop，令 $r=1$，转到(5)去消除短回路；否则转到步骤(7)停止计算并输出 $\boldsymbol{\Phi}$。在消短环步骤(5)中，搜索第 r 行中值为 1 的元素的位置，记为 p，计算其长度，记为 L。对于 $r(1\leqslant i\leqslant r-1, r+1\leqslant i\leqslant M)$ 以外的每一行 i，搜索长度为 4 的短环(由第 r 行和第 i 行组成)，并消除它。然后设置 $r=r+1$ 并重复步骤(5)，以消除与第 r 行相关的短环，直到 $r>M$。在迭代步骤(6)中，设置 rloop = rloop + 1 并重复步骤(4) ~ 步骤(6)，继续消除 Tanner 图中剩余的短环，直到 loop > rloop。在步骤(7)中，输出一个 $M\times N$ 确定性的稀疏 RLDPC 矩阵 $\boldsymbol{\Phi}$。

在上述算法中，步骤(2)和步骤(3)构造了列权相同且行权几乎相同的矩阵 $\boldsymbol{\Phi}$。即 $\boldsymbol{\Phi}$ 每列包含值为 1 的 w_c 个元素，值为 0 的元素 $M-w_c$ 个，每一行包含值为 1 的元素 w_r 个和值为 0 的元素 $M-w_r$ 个。接下来步骤(4) ~ 步骤(6)将消除上述结构的 Tanner 图中长度为 4 的短环。接下来，将在下一小节中分析构造的确定性稀疏 RLDPC 矩阵的性能。

10.2.3 所构造的 RLDPC 矩阵的性能分析

本小节将从 StRIP 性质和测量数的尺度两个方面分析构建的 RLDPC 矩阵的性能。

根据图 10-2 中的算法，构建的感知矩阵为 RLDPC 矩阵。由于 $\sqrt{M} \leqslant w_c \leqslant M$，根据命题 3，构造的感知矩阵大概率满足 StRIP 性质，并分析了其测量数的尺度。

虽然像高斯测量这样的稠密测量集合可以获得测量数的最优尺度，但它会导致高计算复杂度和巨大的存储空间。稀疏测量集合可以有效地降低计算和存储成本。直观地说，稀疏测量需要比稠密测量更多的测量次数来重建信号。幸运的是，文献[245]给出了稠密和稀疏感知矩阵的稀疏信号恢复的信息理论限制，并对一个特殊情况得出如下结论。当 $N \to \infty$，如果 $dk \to \infty$，则 $O(M_s) = O(M_d)$，其中 $O(M_s)$ 和 $O(M_d)$ 分别表示用于信号恢复的稀疏和稠密测量集合的测量数的阶。

基于上述结论，给出命题 5 来说明所构建的稀疏感知矩阵的测量数的阶。

命题 5 假设 $O(M_\Phi)$ 是所构造的稀疏感知矩阵的阶数，有 $O(M_\Phi) = O(M_d)$。

证明 在本章的构造中，$d = \frac{w_c}{M}$ 和 $k = \beta N$，其中 β 是所述信号的稀疏度级别。所以有

$$\mathrm{d}k = \frac{w_c \beta}{M} N \tag{10-8}$$

由于 $0 < \frac{w_c}{M}, \beta < 1$，当 $N \to \infty$ 时，则 $\mathrm{d}k \to \infty$。根据上述结论，可以推断

$$O(M_\Phi) = O(M_d) \tag{10-9}$$

即构建的稀疏感知矩阵与用于信号恢复的稠密测量集合具有相同的测量数尺度。

10.3　基于所构造 RLDPC 矩阵的无线传感网数据收集方法

10.3.1　基于感知矩阵的无线传感网数据收集模型

假设传感器节点部署在一个$\sqrt{N} \times \sqrt{N}$的方形区域，那么整个传感区域被划分为 N 个小区域。并假设每个小区域只包含一个传感器节点，即整个感知区域中有 N 个传感器节点。将上述传感器节点的二维布局重塑为一维矢量。对于具有 N 个传感器节点的网络，令 $n_i(1 \leqslant i \leqslant N)$ 表示该网络的第 i 个节点，x_i 为该节点的读数。假设随着下标 i 变大，节点 n_i 离汇聚节点越近。设 $\boldsymbol{\Phi} = (\boldsymbol{\Phi}_1, \cdots, \boldsymbol{\Phi}_j, \cdots, \boldsymbol{\Phi}_M)^{\mathrm{T}}(1 \leqslant j \leqslant M$ 且 $M < N)$ 为感知矩阵，其中 $\boldsymbol{\Phi}_j$ 为第 j 个测量向量。然后将汇聚节点中基于感知矩阵的数据采集表示为 $y_j = \boldsymbol{\Phi}_j x$，其中 $x = (x_1, \cdots, x_i, \cdots, x_N)$。也就是说，$y_j = \boldsymbol{\Phi}_{j1} x_1 + \boldsymbol{\Phi}_{j2} x_2 + \cdots + \boldsymbol{\Phi}_{jn} x_n$。数据收集过程可以描述如下：

（1）节点 n_1 计算 $\boldsymbol{\Phi}_{j1} x_1$ 并传输给节点 n_2。

（2）节点 n_2 计算 $\boldsymbol{\Phi}_{j1} x_1 + \boldsymbol{\Phi}_{j2} x_2$ 并传输给节点 n_3。

（3）依此类推，n_N 计算 $y_j = \boldsymbol{\Phi}_{j1} x_1 + \boldsymbol{\Phi}_{j2} x_2 + \cdots + \boldsymbol{\Phi}_{jn} x_n$ 并传输到汇聚节点 S，因此这里采用的网络模型是多跳网络。请注意，只有部分下标较大的传感器节点可以直接将数据传输到接收器。最后，在汇聚节点中收集到的测量值表示为

$$y = (y_1, \cdots, y_j, \cdots, y_M)$$

显然，矢量 y 是低维测量，而 x 是高维信号。数据采集问题可以看作数据提取问题，其模型如式(10-10)所示，即 x 从 y 中抽取。

$$\min \ \| x \|_1 \mathrm{s.\,t.}\ \boldsymbol{\Phi} x = y \tag{10-10}$$

然而，由于 $M < N$，它是一个欠定问题。幸运的是，由于无线传感器网络中的信号具有相关性，因此具有稀疏特征。因此，可以利用信号的稀疏性来解决上述欠定问题。如果 x 是可压缩的，则可以将其投影到其特定的稀疏域 $\boldsymbol{\Psi}$，则 $y_j = \boldsymbol{\Phi}_j \boldsymbol{\Psi} \theta$，在系数 θ 稀疏的情况下，式(10-10)所示的模型可以表示为

$$\min \ \| \theta \|_1 \mathrm{s.\,t.}\ \boldsymbol{\Phi} \boldsymbol{\Psi} \theta = y \tag{10-11}$$

因此，可以通过求解式(10-10)或式(10-11)来获得传感器节点的数据。

10.3.2 基于 RLDPC 的无线传感网数据收集方法

本节采用图 10-2 所示的感知矩阵来采集传感器节点的数据,其具体算法如图 10-3 所示。在步骤(1)中,初始化 M,N,d,并生成一个 $M\times N$ RLDPC 测量矩阵 $\boldsymbol{\Phi}$,令传感器节点的轮次 $j=1$ 和标号 $i=1$,且 $d\geqslant\frac{1}{\sqrt{M}}$。在步骤(2)中,如果 $j\leqslant M$,令 $d=\boldsymbol{\Phi}_j$ 表示采集向量并标记为 $d=(d_1,d_2,\cdots,d_N)$;否则 M 轮的收集已经完成,转到步骤(6)。在步骤(3)中,如果 $d_i=1$,则汇聚节点将采集第 i 个传感器的数据,即 $y_j=y_j+d_ix_i$;否则不收集该节点的数据。在步骤(4)中,令 $i=i+1$,如果 $i\leqslant N$,则重复步骤(3)和步骤(4)来收集其他传感器节点的数据;否则 y_j 已收集到一轮数据,转到步骤(5)。在步骤(5)中,令 $j=j+1$ 并重复步骤(2)~步骤(5)来收集新一轮的测量值 y_j。在步骤(6)中,汇聚节点收集了测量数据 y 并从中提取传感器节点的数据 x,然后停止收集和计算。

(1)初始化 M,N,d,然后构造一个 $M\times N$ RLDPC感知矩阵 $\boldsymbol{F}$,并令 $j=1$,$i=1$ 和 $\boldsymbol{y}=\boldsymbol{0}$。
(2)若 $j\leqslant M$,令 $\boldsymbol{d}=\boldsymbol{F}_j$ 并记作 $\boldsymbol{d}=(d_1, d_2, \cdots, d_N)$;否则转到步骤(6)。
(3)若 $d_i=1$,则令 $y_j=y_j+d_ix_i$;否则转到步骤(4)。
(4)令 $i=i+1$,若 $i\leqslant N$,则重复步骤(3)和步骤(4);否则转到步骤(5)。
(5)令 $j=j+1$,重复步骤(2)~步骤(5)。
(6)停止收集并根据式(10-10)计算 $\boldsymbol{x}$。

图 10-3 基于 RLDPC 的数据收集算法

10.4 实验结果

本节首先比较构建的感知矩阵与高斯、伯努利和 CS-LDPC[244] 感知矩阵在有噪声和无噪声时的重构性能;其次给出不同稀疏度的感知矩阵的重构性能;最后与基于上述感知矩阵的方法相比,基于所构建的感知矩阵的数据采集方法可以节省通信能耗。选择同伦法作为重建算法是因为它适合于恢复稀疏信号[251-252]。

10.4.1 有无噪声下的观测重构

在实验中,由于无线传感器网络中传感器节点的数据具有稀疏性,因此选择随机稀疏信号作为测试信号。具体而言,生成一个长度为 n 的 k 稀疏度信号。

随机生成 k 个非零位置,并将其对应的元素分配为 0 ~ 1 之间的随机数,其他 $N-k$ 位置的元素设为 0。图 10-4 给出了 $N=200$ 和 $k=10$ 的随机稀疏信号示例。接下来将构建的感知矩阵与高斯、伯努利和 CS-LDPC 感知矩阵在有噪声和无噪声测量下的重构性能进行比较,并对所构建的不同稀疏度感知矩阵的重构性能进行测试。在每次测试中,重构频率由 1 000 次统计实验计算。

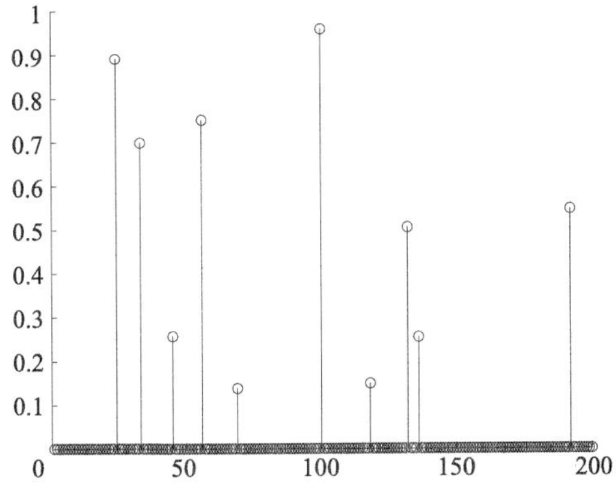

图 10-4　$N=200$ 和 $k=10$ 的随机稀疏信号示例

首先,随机生成长度不同、稀疏度相同的信号;以 200 为间隔,在 200 ~ 1 000 之间均匀地选择 N。其次,设置信号的稀疏度级别,则 $k=\beta N$。假设所构建的感知矩阵的稀疏度为 $d=0.25$。对于每个稀疏信号,分别使用伯努利矩阵、高斯矩阵、CS-LDPC 矩阵和所构造的矩阵作为感知矩阵。对于每种类型的感知矩阵,分别使用 2.5k、3k、4k、5k 的测量数,对应的重构频率见表 10-1。

表 10-1　不同长度随机信号的重构频率($\beta=0.1, d=0.25$)

矩　阵	M	$N=200$	$N=400$	$N=600$	$N=800$	$N=1\ 000$
Bernoulli	2.5k	0.005	0.001	0	0	0
	3k	0.241	0.21	**0.214**	0.098	0.105
	4k	0.986	0.999	0.999	1	1
	5k	1	0.9960	1	1	1
Gaussian	2.5k	0.008	0.001	0	0	0
	3k	0.207	0.164	**0.188**	0.081	0.093
	4k	0.987	1	1	1	1
	5k	1	1	1	1	1

续表

矩阵	M	N=200	N=400	N=600	N=800	N=1 000
CS_LDPC	2.5k	0.045	0.001	0	0	0
	3k	0.378	0.358	**0.109**	0.119	0.052
	4k	0.993	0.998	0.998	0.999	0.999
	5k	0.998	0.9990	0.999	1	1
本章所提矩阵	2.5k	0.327	0.274	0.215	0.388	0.249
	3k	0.95	0.984	**0.999**	0.998	0.999
	4k	1	1	1	1	1
	5k	1	1	1	1	1

在表 10-1 中,第 1 列表示感知矩阵的类型;第 2 列 M 表示测量值数量;第 3~7 列的数据分别表示不同长度的稀疏信号的重构频率。由表 10-1 可知,对于不同的 M 和 N,所构建的感知矩阵的重构频率要高于伯努利、高斯和 CS-LDPC 矩阵的重构频率。例如,$M=3k$ 和 $N=600$ 时,四种矩阵的重构频率分别为 0.214、0.188、0.109 和 0.999,如表 10-1 中黑体字所示。结果表明,本章所构建的感知矩阵比其他三种感知矩阵具有更好的重构性能。

为了直观地说明四种感知矩阵的重构性能,图 10-5 给出了 $N=400$ 时信号重构频率随参数 M/k 的变化情况。从图 10-5 可以看出,为了达到高重构频率,所构建的感知矩阵比伯努利、高斯和 CS-LDPC 矩阵所需的测量量更少。

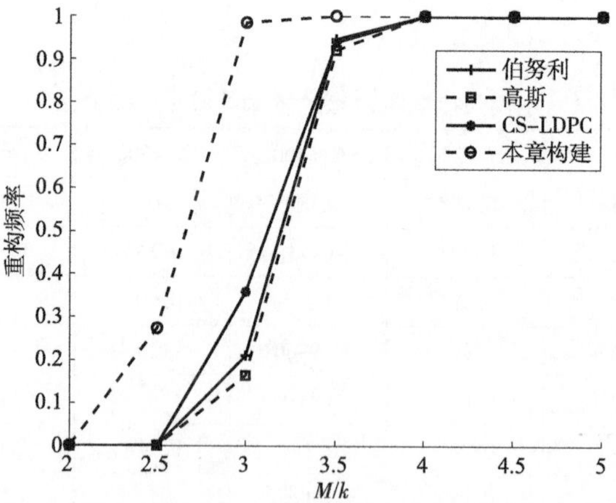

图 10-5　无噪观测的重构频率($N=400$)

当测量值被均值为 0、方差为 0.01 的高斯噪声污染时，图 10-6 显示了四种感知矩阵的重构频率变化。在实验中 $N=400$，$\beta=0.1$，$d=0.2$。从图 10-6 中可以发现，对于含噪测量，为了获得高的重构频率，本章构建的感知矩阵比伯努利矩阵、高斯矩阵和 CS-LDPC 矩阵所需的测量量更少。

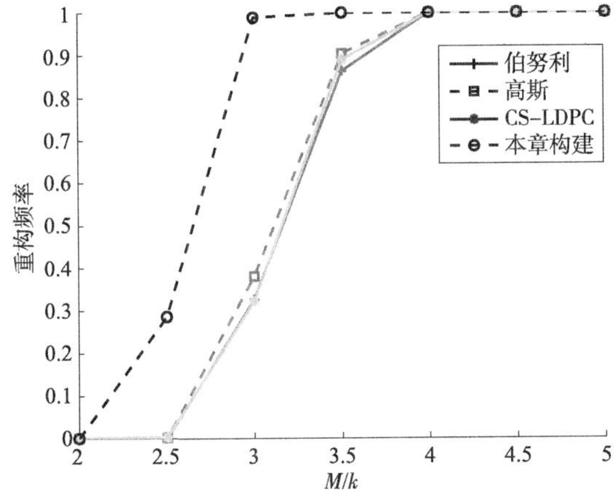

图 10-6　含噪观测的重构频率（$N=400$）

此外，对于不同稀疏度的信号，实验结果表明，所构建的感知矩阵具有更好的重构性能，见表 10-2。

表 10-2　不同稀疏度随机信号的重构频率（$N=400$，$d=0.2$）

矩　阵	M	$\beta=0.05$	$\beta=0.1$	$\beta=0.15$	$\beta=0.2$
伯努利	$2.5k$	0	0.005	0.047	0.739
	$3k$	0.014	**0.432**	0.882	0.999
	$4k$	0.520	1	0.998	0.999
	$5k$	0.987	0.997	0.999	0.998
高斯	$2.5k$	0	0.003	0.049	0.723
	$3k$	0.005	**0.421**	0.868	1
	$4k$	0.465	1	1	1
	$5k$	0.990	1	1	0.999
CS-LDPC	$2.5k$	0	0.003	0.046	0.727
	$3k$	0.009	**0.468**	0.885	1
	$4k$	0.491	0.998	0.999	1

续表

矩　阵	M	$\beta=0.05$	$\beta=0.1$	$\beta=0.15$	$\beta=0.2$
CS-LDPC	$5k$	0.993	1	1	1
本章构建	$2.5k$	0.006	0.493	0.977	1
	$3k$	0.298	**0.999**	1	1
	$4k$	0.988	1	1	1
	$5k$	1	1	1	1

10.4.2　不同稀疏度的观测重构

命题3说明，当$w_c \geqslant \sqrt{M}$时，本章构建的感知矩阵具有StRIP性质。实际上，命题4提供了本章构建的感知矩阵的稀疏度的下界$d \geqslant \frac{1}{\sqrt{M}}$。例如，当$N=400$，$k=40$和$M=3k=120$时，则满足$w_c \geqslant \sqrt{M} \approx 10.9545$的$w_c$最小值为11。它对应于所构造的感知矩阵$d=\frac{11}{120}=0.091$的稀疏度下界。当感知矩阵的稀疏度水平为0.1、0.15、0.2、0.25时，四种感知矩阵对应的重构频率见表10-3。

表10-3　不同稀疏度d的稀疏感知矩阵的重构频率($N=400,k=40,M=120$)

矩　阵	$d=0.1$	$d=0.15$	$d=0.2$	$d=0.25$
伯努利	0.253	0.222	0.306	0.230
高斯	0.255	0.243	0.348	0.243
CS-LDPC	0.249	0.257	0.343	0.240
本章构建	0.989	0.987	0.996	0.982

在表10-3中，第1列表示感知矩阵的类型；第2～5列的数据分别显示了四个感知矩阵在不同稀疏度下的重构频率。由表10-3可知，在满足条件$d \geqslant \frac{1}{\sqrt{M}}$时，所构建的感知矩阵在不同稀疏度下的重构频率均高于伯努利、高斯和CS-LDPC矩阵的重构频率。

实验结果表明，所构建的感知矩阵具有较好的重构性能。原因分析如下：

(1)与稠密高斯和伯努利感知矩阵的比较。当本章构建的稀疏感知矩阵能够提取指定信号时,具有相同维数的稠密感知矩阵也能够提取。然而,稠密感知矩阵对信号成分有一些多余的提取,这将阻碍信号的重建。

(2)与 CS-LDPC 感知矩阵的比较。根据本章构建方法,本章构建的感知矩阵降低了相互相干性,并在一定条件下进一步满足 StRIP 特性,从而获得更好的重构性能。

10.4.3　基于四种感知矩阵的 WSNs 数据收集能耗

在无线传感器网络的数据采集过程中,传感器节点的能量消耗包括采集测量值和将测量值发送到汇聚节点两个方面。设 E_1 为传感器节点获取测量值所消耗的能量,E_2 表示将测量值传输到汇聚节点所消耗的能量,E 表示总能耗,则可得

$$E = E_1 + E_2 \tag{10-12}$$

由于 E_2 在测量次数相同的情况下基于四种感知矩阵的数据采集方法相同,因此总能耗 E 由 E_1 决定。假设每次通信的能耗为 E_e,则四种数据采集方法($N=200, k=20, d=0.2$)的重构频率和能耗 E_1 见表 10-4。

表 10-4　四种感知矩阵比较($N=200, k=20, d=0.2$)

矩　阵	M	重构频率	E_1
伯努利	40	0	7 960E_e
	60	**0.363**	**11 940E_e**
	80	0.981	15 920E_e
	100	0.996	19 900E_e
	120	1	23 880E_e
高斯	40	0	7 960E_e
	60	**0.322**	**11 940E_e**
	80	0.982	15 920E_e
	100	1	19 900E_e
	120	0.999	23 880E_e
CS-LDPC	40	0	1 560E_e
	60	**0.385**	**2 340E_e**
	80	0.989	3 120E_e

续表

矩　阵	M	重构频率	E_1
CS-LDPC	100	0.996	$3\,900E_e$
	120	0.996	$4\,680E_e$
本章构建	40	0.002	$1\,560E_e$
	60	**0.950**	**$2\,340E_e$**
	80	0.999	$3\,120E_e$
	100	1	$3\,900E_e$
	120	1	$4\,680E_e$

在表10-4中，第1列给出了数据收集中使用的测量矩阵的类型；第2列表示收集到的观测量；第3列列出了不同类型测量矩阵在1 000次统计实验中的重构频率；第4列说明了相应的能源消耗。我们以表10-4中黑体字为例，从两个方面进行说明。

(1)重建频率。伯努利测量值、高斯测量值、CS-LDPC测量值和所构造测量值分别为0.363、0.322、0.385和0.950。

(2)能源消耗。伯努利和高斯测量的能耗为$11\,940E_e$，CS-LDPC和本章构建测量的能耗为$2\,340E_e$。

对于基于高斯和伯努利感知的数据采集方法，传感器节点需要与其他节点进行$N-1$次通信才能获得测量值，汇聚节点才能接收M个测量值，则可得出结论$E_1=M(N-1)E_e$。对$M=60$，则$E_1=60(200-1)E_e=11\,940E_e$。而CS-LDPC和本章构建矩阵的稀疏度水平为0.2，则这两种数据采集方法只需要消耗能量$E_1=M(0.2N-1)E_e$。对$M=60$，则$E_1=60(0.2\times200-1)E_e=2\,340E_e$，而此时CS-LDPC和本章构建的RLDPC矩阵重构频率分别为0.385、0.950。因此，当获得几乎相同的重建质量时，所提方法比其他三种方法节省更多的能耗。

为了说明能耗的变化，图10-7给出了所提感知矩阵稀疏度d分别为0.1、0.15、0.2和0.25时的能耗($E_e=1$)。从图10-7中可以发现，随着所提感知矩阵稀疏度d的增加，能源消耗会增加。

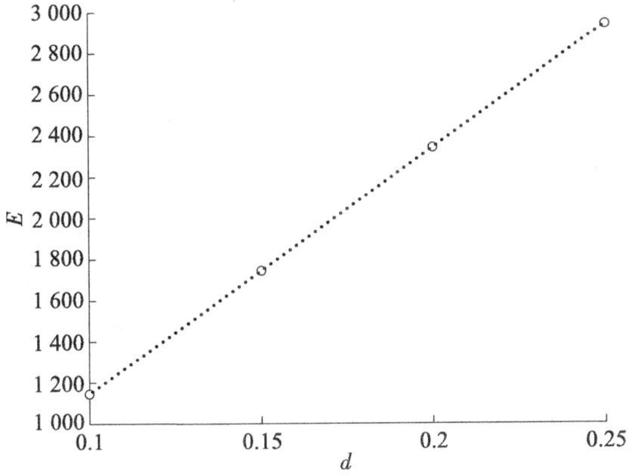

图 10-7　所提感知矩阵不同稀疏度下的能耗

小　　结

在无线传感器网络中，传感器节点的能量消耗不平衡不可避免地缩短了网络的生命周期，这是一个巨大的挑战。基于均匀随机感知的数据采集方法可以节省传感器节点的能量消耗。然而，经典随机矩阵的随机性和稠密性会导致实现困难、计算复杂度高、存储空间大。鉴于此，本章论述了构建确定性稀疏感知矩阵。然而，用已知的度量来保证感知矩阵的性能是很困难的。本章论述了通过 RLDPC 矩阵构建一类互相干小且满足 StRIP 的确定性稀疏感知矩阵，并提出一种基于 RLDPC 矩阵的无线传感器网络数据采集方法。推导出 RLDPC 矩阵满足 StRIP 的高概率条件和感知矩阵稀疏度的下界。此外，还论述了证明本章构建的感知矩阵与稠密测量集合具有相同的测量数尺度。实验结果表明，与高斯矩阵、伯努利矩阵和 CS-LDPC 矩阵相比，本章构建的感知矩阵具有更好的重构性能。结果表明，在相同重构性能的前提下，基于 RLDPC 矩阵的数据采集比基于其他感知矩阵的数据采集更节省传感器节点的能耗。因此，本章构建的感知矩阵和所提出的数据收集方法由于其重建性能和能耗而更具吸引力。

第 11 章

利用RC和CS的可靠且高能效无线传感网数据收集

由于无线传感器网络(WSNs)的特点,它被广泛应用于军事、智能交通、监控、医疗卫生等诸多领域[223,254,255]。由于传感器网络中的每个传感器节点通常由电池供电,而电池在许多情况下难以充电或无法充电,因此传感器节点的能量消耗问题成为一个主要挑战。WSNs 的数据收集是一种有效的节能方式[223,256],数据采集的方案可以理解为来自传感器节点的感知范围的数据将由汇聚节点收集,一般采用固定速率码采集数据。然而,复杂的网络环境往往导致信道通信质量的变化,难以进一步选择合适的码率。

鉴于此,Byers 于 1998 年提出了无速率码(rateless code,RC)。与传统的固定码率码相比,RC 在发送端没有固定码率。Luby 变换(Luby transform,LT)码是第一个实用的 RC 码,由 Luby 于 2002 年提出。LT 码的基本思想是发送方无限制地、随机地发送已编码的符号,直到接收方能够成功地恢复源端的符号信息[253]。因此,通过 LT 码采集数据可以达到较高的可靠性。但是,这将大大增加网络的能耗和存储空间。另外,通过随机独立地选择一些符号进行异或操作而生成编码包,实现了 LT 码的基本编码思想。解码算法通常采用消息传播(message propagation,MP)算法,该算法严重依赖于 1 度编码符号。当接收端没有 1 度编码符号时,解码将失败。实际上,这些编码符号可能已经包含要发送的符号的全部信息,只是还没有得到充分的利用。

针对上述问题,本章提出一种结合 LT 码和压缩感知(CS)的数据采集方法[209]。由于 CS 可以用少量观测高概率的完美地重构信号[233,235],因此通过 CS 采集数据可以大大减少采集的传感器数据数量,进一步节省传感器节点的能耗和汇聚节点的存储空间[208,237,260]。此外,本章提出的数据采集编码方案采用算术相加运算代替异或运算,因此解码不再依赖 1 度编码符号。该方法不仅可以实现可靠的恢复,而且节省了数据采集的能耗和汇聚节点的存储空间。实验结果表明,与使用 LT 码采集数据相比,该方法可减少约 40% 的能耗和约 40% 的存储空间。

11.1　相关工作

本节介绍典型的 RC——LT 码,CS 理论及其在无线传感器网络中的应用。

11.1.1　LT 码

Luby 于 2002 年提出了首个实用的 RC 码——LT 码。由于其编码和解码简单的特点,LT 码被广泛应用于无线电通信、卫星通信、数据存储和 WSNs[257] 等众多场合。其编码和解码步骤如下所示:

LT 码的基本编码思想[259]是随机独立地选择一些异或(XOR)符号,在发送方有要发送的符号的条件下生成编码包。它通常需要两个随机序列生成器:一个用于生成编码符号的度;另一个用于生成所选原始符号的序列号。具体步骤如下:

(1)根据一定的度分布,用随机序列发生器生成一个正整数作为当前编码符号的度。

(2)随机均匀生成 w 个整数(取值为 $1 \sim k$)作为原始符号的序号,供另一个随机序列发生器选择。

(3)根据序号,选择对应的符号进行异或,得到其中一个编码符号。

(4)重复步骤(1)~步骤(3),直至生成所有编码包。

LT 码的基本解码思想是:接收方只要接收到任何 n 个编码包,就能以大概率成功恢复所有源包,其中 n 通常大于 k。解码算法通常采用消息传播(message propagation, MP)算法,该算法严重依赖于 1 度编码符号。当接收端没有 1 度编码符号时,解码将失败。具体步骤如下。

(1)接收端在接收到一定数量的编码符号后,寻找 1 度编码符号。

(2)接收方根据1度编码符号恢复相应的原始符号,并删除这些1度编码符号。

(3)通过异或从未解码的编码符号中删除已恢复的符号。然后寻找其他1度编码符号,转到步骤(2)。如果没有编码符号,并且所有原始符号都没有解码,则转到步骤(4),否则停止,即解码成功。

(4)继续收到更多的编码符号。

(5)从新接收到的未解码的编码符号中通过异或去除已恢复的符号,然后重复步骤(2)~步骤(5)。

由以上讨论可知,度分布是LT码设计的重要步骤,决定了LT码的随机性。常用的度分布有均匀分布、理想孤子分布(ISD)和鲁棒孤子分布(RSD)。编码符号的度是指与编码符号相关联的原始符号的数量,用 w 表示。每个编码符号的度 w 服从独立同分布,称为度分布的离散概率分布。

由于LT码的特征是发送方无限制地、随机地发送编码后的符号,直到接收方能够成功地恢复源的符号信息,因此它已被应用于WSNs[257]。基于RC的数据采集是无线传感器网络实现可靠数据采集的有效途径。然而,为了实现这种高可靠性,需要收集大量的传感器数据,这大大增加了传感器节点的能耗和汇聚节点的存储空间。

11.1.2 压缩感知

Candes,Donoho在2006年提出的压缩感知(compressed sensing,CS)理论提供了一种新的信息获取方式[233,235]。CS理论表明,在满足限制等距特性(RIP)的情况下,$O(\alpha\log_2(k/\alpha))(\alpha\ll k)$ 个测量可以大概率完美地重建长度为 k 和稀疏度为 α 的信号。CS的主要思想如下:假设一个 k 长信号 $\boldsymbol{x}$ 的系数在正交的基本框架或紧框架 $\boldsymbol{\Psi}$ 中是稀疏的或可压缩的。如果将这些系数投影到与之不相关的 $n\times k(n<<k)$ 测量矩阵 $\boldsymbol{\Phi}$ 中,就可以得到观测值 y。然后可以通过以下两个步骤来获得信号 $\boldsymbol{x}$。

(1)通过求解模型公式(11-1)实现。

(2)通过 $\boldsymbol{x}=\boldsymbol{\Psi\theta}$ 计算 $\boldsymbol{x}$。

$$\min\|\boldsymbol{\theta}\|_1 \text{ s. t. } \boldsymbol{\Phi\Psi\theta}=\boldsymbol{y} \tag{11-1}$$

当然,如果 $\boldsymbol{x}$ 是稀疏的,那么式(11-1)可以转化为

$$\min\|\boldsymbol{x}\|_1 \text{ s. t. } \boldsymbol{\Phi x}=\boldsymbol{y} \tag{11-2}$$

由于 CS 的特性,它被应用于许多领域,如信号和图像处理、成像、WSNs[261,264]。在 WSNs 中引入 CS 采集数据,可以大大节省传感器节点的能耗[258,262,263]。

11.2　结合 LT 码与 CS 的无线传感器网络数据采集

为了避免通过 RC 采集数据的高能耗,可以在通过 LT 代码采集数据时引入 CS,减少采集传感器数据的数量,进一步节约能耗和存储空间。本节首先给出基于测量矩阵的数据采集模型,在此基础上提出一种将 LT 码与 CS 相结合的数据采集方法。

11.2.1　通过观测矩阵实现无线传感器网络数据采集的模型

假设整个网络包括 k 个传感器节点和一个汇聚节点。传感器节点在一个方形区域内部署。并将区域划分为小方形区域,每个小区域只部署一个传感器节点。汇聚节点位于传感区域周围。令 $n_i(1\leqslant i\leqslant k)$ 表示 WSNs 的第 i 个节点,x_i 为第 i 个区域的读数并表示其特征。$\boldsymbol{\Phi}=(\boldsymbol{\Phi}_1,\cdots,\boldsymbol{\Phi}_j,\cdots,\boldsymbol{\Phi}_n)^{\mathrm{T}}(1\leqslant j\leqslant n)$ 为测量矩阵,其中 $\boldsymbol{\Phi}_j$ 为第 j 个测量向量。汇聚节点的收集数据表示为 $\boldsymbol{y}_j=\boldsymbol{\Phi}_j\boldsymbol{X}$,其中 $\boldsymbol{x}=(x_1,\cdots,x_i,\cdots,x_k)$。当数据采集完成后,汇聚节点获得向量 $\boldsymbol{y}=[y_1,\cdots,y_j,\cdots,y_n]$。最后利用重构算法提取汇聚节点中传感器节点的数据。

11.2.2　所提数据收集方法

众所周知,与固定编码率的数据采集相比,通过 RC 采集数据可以保证可靠的恢复。但是,为了实现高可靠性,需要采集大量的传感器数据,这样会产生一些冗余数据,大大增加传感器节点的能耗和汇聚节点的存储空间。由于传感器节点数据之间的相关性,可以通过 LT 码将 CS 引入数据采集中,这样可以减少采集传感器数据的数量,进一步节省能耗和存储空间。具体算法如图 11-1 所示。

（1）初始化n，k，令j=1，i=1 和Y=0。
（2）根据一种特定的度分布产生一个$n \times k$感知矩阵$\boldsymbol{\Phi}$。
（3）若$j \leqslant n$，令$D=\boldsymbol{\Phi}_j$并记作$\boldsymbol{D}=(d_1, d_2, \cdots, d_k)$；否则转到步骤（7）。
（4）若$d_i=1$，则$y_j=y_j+d_i x_i$；否则转到步骤（5）。
（5）令$i=i+1$，若$i \leqslant k$，则重复步骤（3）-步骤（4）；否则转到步骤（6）。
（6）令$j=j+1$，重复步骤（3）-步骤（6）。
（7）根据式（11-1）或者（11-2）分别从Y_{n-1}和Y_n抽取$\hat{X}_{n-1}$和$\hat{X}_n$。
（8）若$|\hat{X}_{n-1}-\hat{X}_n|/|\hat{X}_n|<\tau$，则停止收集；否则令$j=j+1$，根据一种特定的度分布产生$\boldsymbol{\Phi}_j$，令$\boldsymbol{D}=\boldsymbol{\Phi}_j$，记作$\boldsymbol{D}=(d_1, d_2, \cdots, d_k)$，令$i$=1然后转到步骤（9）。
（9）若$d_i=1$，则$y_j=y_j+d_i x_i$；否则令$i=i+1$，若$i \leqslant k$，则重复步骤（9）；否则转到步骤（8）。
（10）输出$\hat{X}_j$和j。

图 11-1　提出的数据收集算法

在图 11-1 所示的算法中，整个过程分为四个阶段。

（1）中显示的第一个阶段是初始化。在此阶段，初始化 n，k，令 $j=1$，$i=1$ 和 $Y=0$，其中 j 表示轮的序号，i 表示第 i 个传感器。

第二阶段为（2），测量矩阵 $\boldsymbol{\Phi}$ 按一定度分布生成。度分布是 LT 码设计的关键。ISD 和 RSD 是常用的度分布。对于 ISD，度分布 $\rho(i)$ 按式（11-3）生成，对于 RSD，度分布 $u(i)$ 按式（11-4）生成。

第三阶段为步骤（3）~步骤（9），完成数据采集和重构。在这一阶段，汇聚节点首先收集步骤（3）~步骤（6）所示的 n 轮数据。在步骤（3）中，如果 $j \leqslant n$，则未完成 n 轮的数据收集，则令 $D=\boldsymbol{\Phi}_j$ 和标记 $\boldsymbol{D}=(d_1, d_2, \cdots, d_k)$ 并转到步骤（4），否则转到步骤（7）。在步骤（4）中，标记的变量 d_i 决定是否在汇聚节点收集第 i 个传感器的数据。若 $d_i=1$，则汇聚节点将收集其数据，即 $y_j=y_j+d_i x_i$；否则它不会收集。在步骤（5）中，当 i 从 1 变为 k 时，则将第 j 轮的数据收集到 y_j。对于 $i>k$，转到步骤（6），将开始新一轮的数据收集。在步骤（6）中，令 $j=j+1$ 并重复步骤（3）~步骤（6）来收集新一轮的测量值 y_j。在此阶段的步骤（7）中，汇聚节点收集了 n 个测量值。可以使用式（11-1）或式（11-2）分别从 Y_{n-1} 和 Y_n 提取 $\hat{X}_{n-1}$ 和 $\hat{X}_n$。在步骤（8）和步骤（9）中，如果 $|\hat{X}_{n-1}-\hat{X}_n|/|\hat{X}_n|<\tau$（$\tau$ 为阈值），则停止收集；否则继续生成一些测量，直到重建完成。

第四阶段为步骤（10），输出源数据 $\hat{X}_j$ 和数据采集的轮次 j。

$$\rho(i)=\begin{cases}1/k, & i=1\\ 1/(i(i-1)), & i=2,\cdots k\end{cases} \tag{11-3}$$

$$u(i)=(\rho(i)+\tau(i))/\beta,\quad i=1,\cdots,k \tag{11-4}$$

式中，$\tau(i)=\begin{cases}R/(ik), & i=1,\cdots,k/R-1\\ R\ln(R/\delta)/k, & i=k/R\\ 0, & i=k/R+1,\cdots,k\end{cases}$

$$\beta=\sum_{i=1}^{k}(\rho(i)+\tau(i))$$

$$R=c\ln(k/\delta)\sqrt{k},c>0$$

11.3　实验结果

在实验中，由于传感器数据的空间相关性，选择稀疏信号作为测试信号。汇聚节点中的重构算法采用同伦方法，它适合于稀疏信号的恢复。

在实验中，由于无线传感器网络中传感器数据的稀疏特性，选择随机稀疏信号作为测试信号。接下来生成长度为 k 的稀疏度为 α 的信号：随机生成 α 个位置，对应的元素设为 1，其他 $k-\alpha$ 个位置的元素设为 0。$k=200$ 且 $\alpha=10$ 的随机稀疏信号示例如图 11-2 所示。图 11-2 中，x 轴为信号的长度，记作 L；y 轴为信号值，表示为 V。对于每次测试，重构频率由 1 000 次统计实验计算。

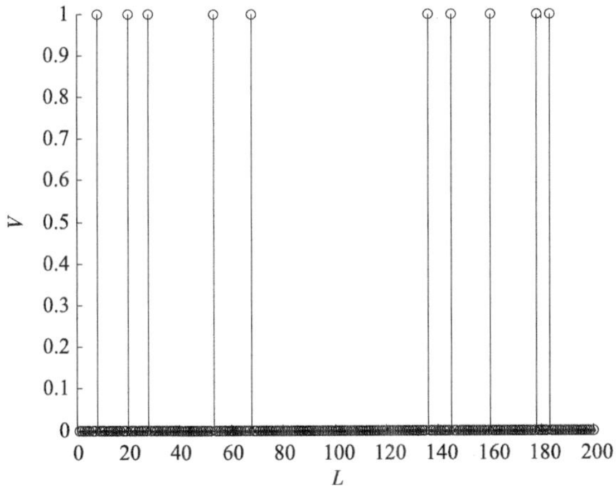

图 11-2　一个随机稀疏信号 $k=200,\alpha=10$

11.3.1 不同稀疏度随机稀疏信号的重构性能

首先,以传感器节点数 $k=200$ 为例,稀疏程度为 0.1 ~ 0.25,间隔为 0.05。采用 ISD 下的 LT 编码。统计实验结果如图 11-3 所示。图 11-3 中,x 轴为测量次数与信号长度之比,y 轴为 1 000 次随机实验的重构频率。从图 11-3 中可以看出,重构频率会随着测量次数的增加而增加,且稀疏度对重构频率的影响不大。为了进一步说明这一点,做了类似的实验。取稀疏水平为 0.1 ~ 0.25,间隔为 0.05,采用 RSD 下的 LT 编码,统计实验结果如图 11-4 所示。可以看到两个实验图得出了相同的结论。

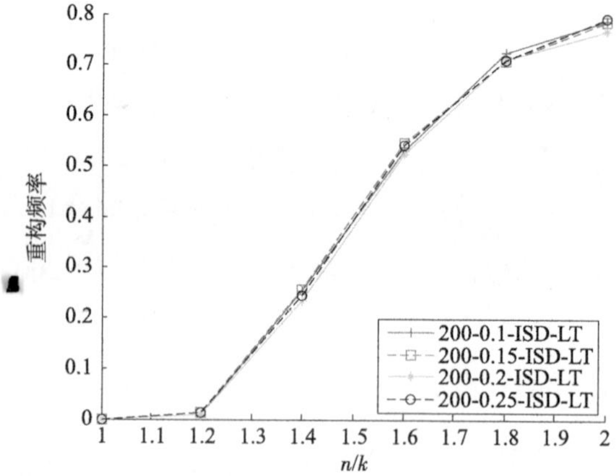

图 11-3　ISD 下 LT 不同稀疏度信号的重构频率

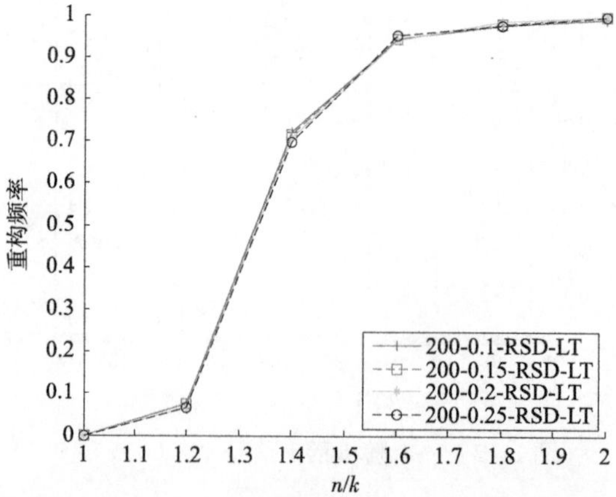

图 11-4　RSD 下 LT 不同稀疏度信号的重构频率

在接下来的实验中，选择参数为 $k=200$，d 为 0.1～0.25，间隔为 0.05，分别在 ISD 和 CS 下使用 LT 码进行编码。统计实验结果如图 11-5 所示。从图 11-5 中可以看出，重构频率会随着测量次数的增加而增加，且稀疏程度影响重构频率。信号稀疏度越小，重构效果越好。在 RSD 和 CS 下使用 LT 编码时，图 11-6 显示了相同的结论。这个结论与 CS 描述的结论是一致的。

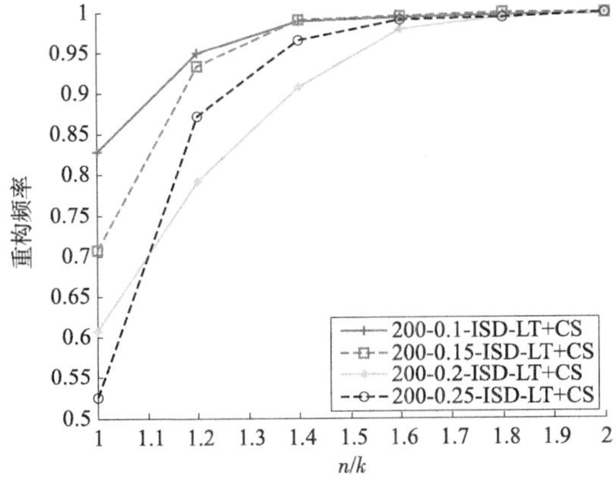

图 11-5　ISD 下 LT + CS 不同稀疏度信号的重构频率

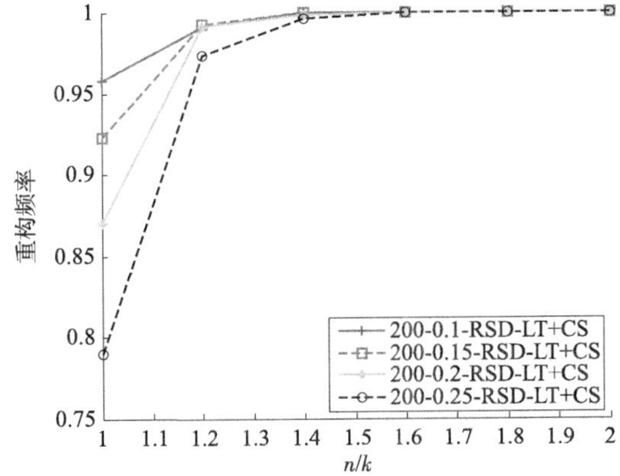

图 11-6　RSD 下 LT + CS 不同稀疏度信号的重构频率

11.3.2　不同长度随机稀疏信号的重构性能

在上一节中，使用不同稀疏度的随机稀疏信号作为测试信号。在本小节中，使用不同长度的随机稀疏信号。其中 k 取值 100 和 200，稀疏水平 d 分别为 0.1

和0.2,编码为RSD和CS下的LT编码。统计实验结果如图11-7所示。从图11-7中可以看出,重构频率会随着测量次数的增加而增加。这也说明了即使对于不同长度的随机稀疏信号,也存在相同的趋势。

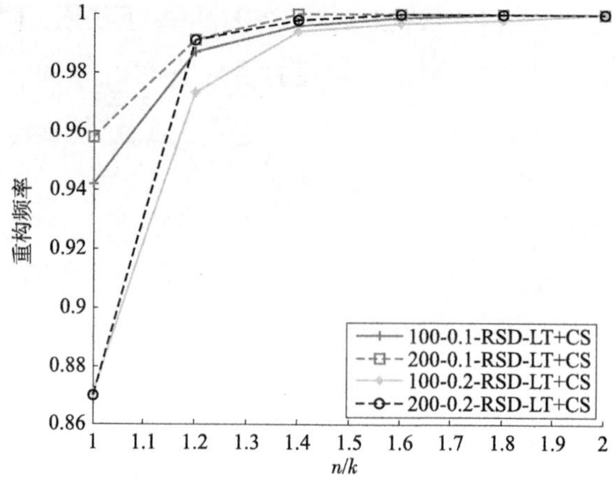

图11-7 不同长度信号的重构频率

11.3.3 LT和LT+CS下的重构性能

在接下来的实验中,分别分析在ISD和RSD下LT和LT+CS的重构性能。取$k=100$,$d=0.1$。RSD用于LT,根据经验两个参数$c=0.03$和$\delta=0.5$。相应的测试结果如图11-8所示。从图11-8中可以看出,无论度分布是ISD还是RSD,通过LT+CS采集的数据都比LT具有更好的重构性能。

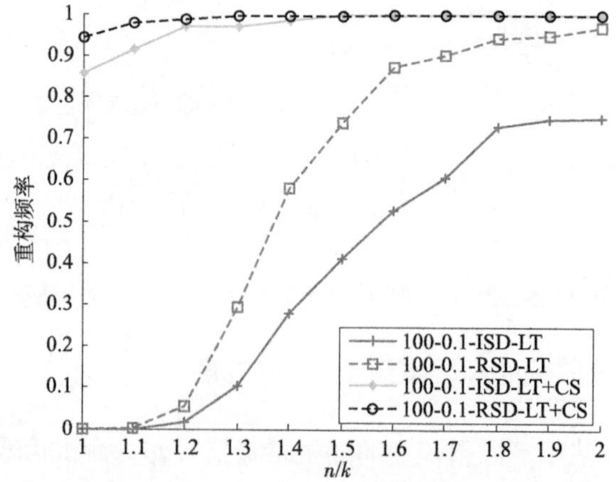

图11-8 LT和LT+CS的重构频率(100-0.1)

为了进一步验证,还测试了长度为 200 的随机稀疏信号。实验结果如图 11-9 所示。从该图中可以得出同样的结论,无论度分布是 ISD 还是 RSD,通过 LT + CS 采集的数据都比 LT 具有更好的重构性能。

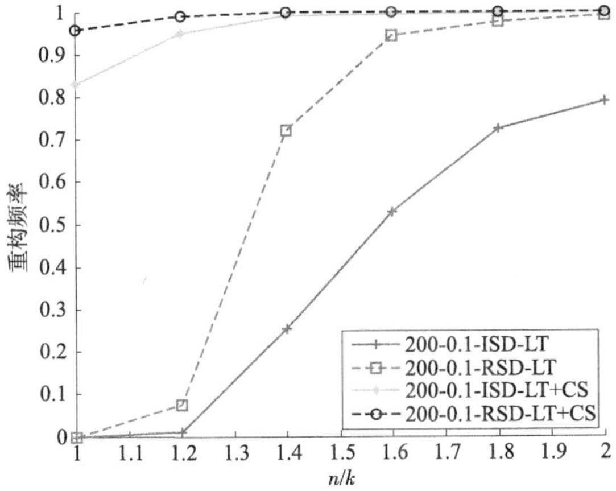

图 11-9　LT 和 LT + CS 的重构频率(200-0.1)

为了进一步说明所提出的数据收集方法的性能,测试了稀疏信号 $k=100$ 和 $k=200$,稀疏度水平 $d=0.2$。实验结果如图 11-10 和图 11-11 所示。图 11-10 和图 11-11 显示了与图 11-8 和图 11-9 相同的结论。

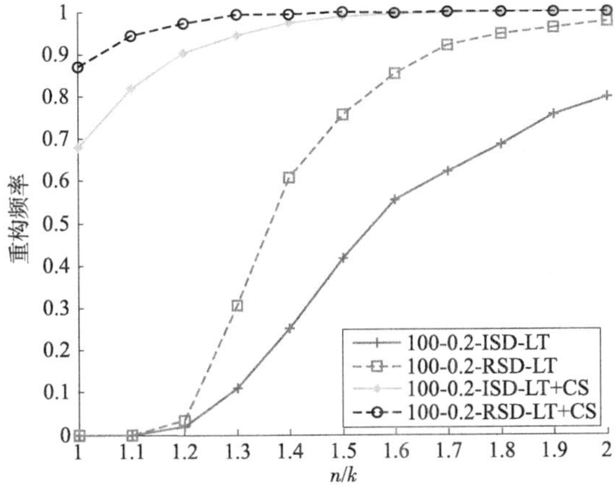

图 11-10　LT 和 LT + CS 的重构频率(100-0.2)

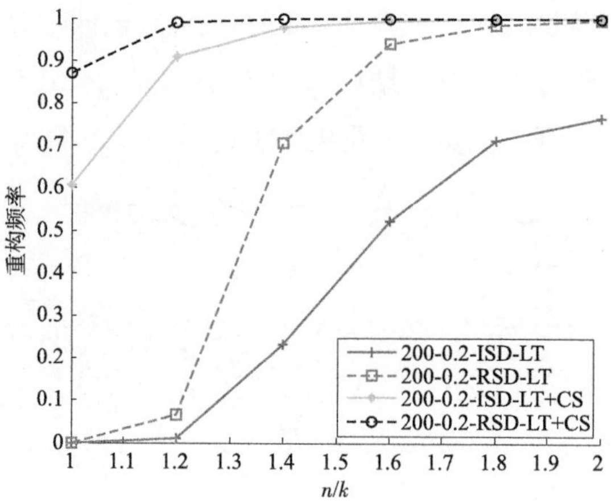

图 11-11　LT 和 LT + CS 的重构频率(200-0. 2)

11. 3. 4　LT 和 LT + CS 下的能耗和存储空间

在无线传感器网络的数据采集中,传感器节点的能量消耗包括测量值的获取和传输所消耗的能量。对于相同的测量数,在相同的网络拓扑下,认为传输的能耗相同。因此,传感器节点的能量消耗与获取测量的数量成正比。假设获取一个测量的能量消耗表示为 E_e,每个观测值占用 S_e 存储单元。然后使用两种数据收集方法收集 $k=100$ 和四个稀疏度级别的数据,结果见表 11-1。

表 11-1　两种方法对四种不同稀疏度的比较($k=100$)

稀疏度	RSD-LT	RSD-LT + CS
$d=0.1$	$2.3k$	$1.3k$
$d=0.15$	$2.4k$	$1.3k$
$d=0.2$	$2.2k$	$1.3k$
$d=0.25$	$2k$	$1.4k$
E_{avg}	$2.225kE_e$	$2.225kS_e$
S	$1.325kE_e$	$1.325kS_e$

在该表中,第 1 行给出了 RSD-LT 和 RSD-LT + CS 两种数据采集方法;第 2 ~5 行列出了 0. 1 ~0. 25 范围内两种数据收集方法的测量数,间隔为 0. 05;第 6 行和第 7 行分别给出汇聚节点的平均能耗和存储空间。从最后两行数据可以得

出结论，与通过 LT 码收集数据相比，所提出的方法可以减少约 40% 的能耗和约 40% 的存储空间。

为了进一步说明所提出的方法的平均能耗和存储空间，我们做了类似的实验。实验结果见表 11-2，其中变量的含义与表 11-1 相同。表 11-2 显示了与上面实验相同的结论。

表 11-2　两种方法对四种不同稀疏度的比较（$k=200$）

稀疏度	RSD-LT	RSD-LT + CS
$d=0.1$	$2k$	$1.2k$
$d=0.15$	$2k$	$1.2k$
$d=0.2$	$1.9k$	$1.2k$
$d=0.25$	$1.9k$	$1.3k$
E_{avg}	$1.95kE_e$	$1.225kE_e$
S	$1.95kS_e$	$1.225kS_e$

为了直观地显示所提出的方法所节省的能量和存储空间，图 11-12 给出了两种数据采集方法在 $k=100$ 和 $k=200$ 时的能耗。在图 11-12 中，x 轴为信号的稀疏度水平，y 轴为能量消耗。以同样的方式，图 11-13 给出了两种数据收集方法在 $k=100$ 和 $k=200$ 时的存储空间。在图 11-13 中，x 轴为信号的稀疏度水平，y 轴为存储空间。在这两幅图中，均采用 $E_e=1$ 和 $S_e=8$。

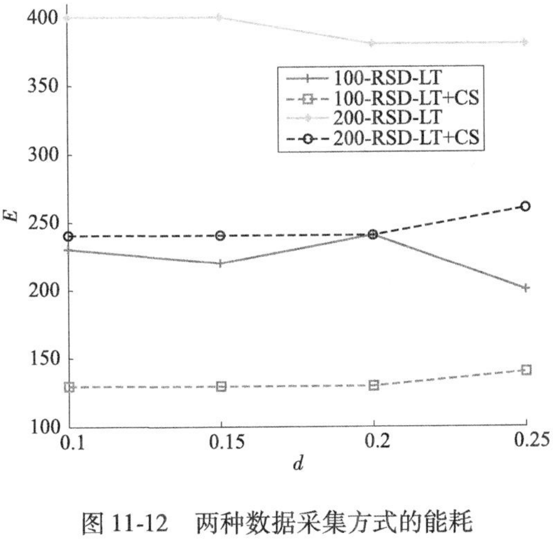

图 11-12　两种数据采集方式的能耗

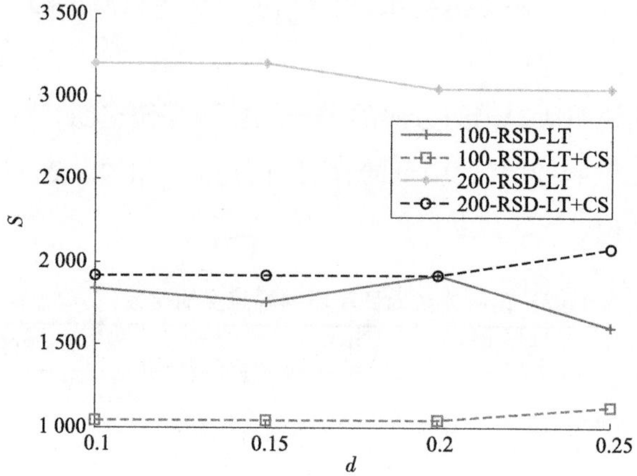

图 11-13　两种数据采集方式的存储空间

小　　结

低能耗和高可靠性是无线传感器网络的两个主要性能指标。基于 RC 的数据采集是 WSNs 实现可靠数据采集的有效方法,因为它可以不断地向汇聚节点发送码字,直到源节点信息在汇聚节点中恢复。高可靠性是以网络能耗和存储空间为代价的。本章论述了使用 CS 的数据采集方法可以节省传感器节点的能耗和汇聚节点的存储空间。在此基础上,本章论述了一种将典型的 RC(LT 码)与 CS 相结合的数据采集方法。该方法不仅可以实现可靠的恢复,而且节省了传感器节点的能耗和汇聚节点的存储空间。实验结果表明,与使用 LT 码采集数据相比,该方法可减少约 40% 的能耗和约 40% 的存储空间。

第 12 章

通过CS和CV的无线传感网含噪数据收集

在无线传感器网络(WSNs)中,传感器数据经常被噪声污染。同时,也不可避免地要面对 WSNs 的节点能量问题。对于这两个问题,提出了一个压缩感知与交叉验证相结合的数据收集方法。在该方法中,由于 CS 的特点,通过 CS 收集数据可以节约和平衡传感器节点的能量消耗,CV 技术用于判断是否获得稳定的重构。这个方法本质上是一种自适应的智能方法。不像现有的方法,该方法不需要信号稀疏性、噪声信息等知识和/或正则参数,而这些知识获得的代价高昂,特别是在自适应性系统中。也就是说,这里提出的方法在用于噪声情况下的 WSNs 数据收集时,对信号稀疏性、噪声、正则化参数和/或其他信息不敏感,但是现有的方法在很大程度上依赖这些先验信息。

12.1 引　　言

无线传感器网络由部署在监测区域的大量低成本微传感器节点组成。它们通常采用多跳自组织网络的形式对待测对象的信息进行采样、感知和处理[265]。到目前为止,无线传感器网络已经应用于广泛的应用场景,如军队,环境监测、交通运输、农业、医疗卫生[223,254,255]。然而,传感器网络中传感器节点的能量问题是其应用面临的主要挑战之一,因为每个传感器节点通常由电池供电,在很多情况下不方便充电。

通过不同的组织方式、收集技术和智能方法是 WSNs 数据收集中降低能耗的重要途径[227,228,230,267]。文献[227,228]通过将传感器节点组织成层次结构和树结构来实现传感器网络中的数据收集。文献[230,267]提出的基于聚类的数据收集方法通常会导致部分传感器节点过早死亡,进而导致能量消耗不平衡。基于压缩感知(CS)的数据收集方法可以通过少量的测量捕获 k 稀疏信号的特征,从而节约和平衡传感器节点的能量消耗[208]。CS 是 Candes 和 Donoho 在 2006 年提出的[233,246],它指出了利用对无噪声信号的少量线性测量可以很好地高概率重构出信号。CS 在信号处理、应用数学、统计学和无线传感器网络等领域受到广泛关注[268,269]。在无噪声条件下,众所周知当信号稀疏性已知且满足 RIP 时,可以使用一定数量的测量值来完美地重建信号。

当测量值受到噪声干扰时,普通 CS 的性能会急剧下降。因此,一些研究也为这个问题提供了一些理论结果[266]。Donoho 和 Candes 表明,对于 $M=O(k\log_2(N/k))$ 个样本,存在有效的算法,如二次规划算法,可以提供稳定的重建结果。一些文献表明,在 MIP 相互非相干性框架下,可以从有噪声的测量中稳定地恢复稀疏信号。另一些文献表明,$M=O(k)$ 测量是必要的和足够的,以稳定地重建信号。

当无线传感网传感器数据被噪声破坏时,上述方法可以用来获得汇聚节点内的传感器数据。但这些方法需要一些信号和/或噪声的知识[11,270-272,274]。一些方法[272,274]需要知道噪声的方差,因为它们的迭代算法使用噪声的幅度大小信息来建立一个停止准则。其他方法如基追踪去噪[270]、lasso[273]和梯度投影[271]需要估计正则化参数,而正则化参数依赖于噪声水平和信号稀疏度两个未知因素。但它们需要花费巨大的成本来估计这些参数,特别是在自适应系统中。同时,这些方法的有效性在很大程度上依赖这些评价参数的准确性。

本章提出一种基于压缩感知与交叉验证相结合的无线传感器网络噪声数据收集方法[210]。在该方法中,通过 CS 收集数据可以节约和平衡传感器节点的能量消耗。在 CS 重构算法中引入了交叉验证(CV)[275],以获得汇聚节点的稳定恢复。因此,本章所提出的方法可以称为 CSCV。实际上,它是一种改进的含噪无线传感器网络 CS 数据收集方法。与现有的方法不同,它不需要信号稀疏性和/或噪声的知识。该方法在获取初始测量值之前,需要获取一些含有 $\log_2 N$ 分量的额外测量值作为估计集。在获得初始测量值后,利用 CV 技术来判断这些测量值是否能够稳定地重构出信号。如果这些测量值不能用于重建传感器数据，则逐步获取新的测量值，直到满足终端条件。实验结果表明，在信号稀疏度、噪声和正则化参数未知的情况下，该方法对含噪无线传感网可以获得稳定的重构结果。

在继续之前，先定义一些表示。设原始信号 $\boldsymbol{x}$ 的长度为 N，稀疏度为 k。向量 $\boldsymbol{y}=(y_1,y_2,\cdots,y_M)$ 表示含噪观测，即 M 是观测数量。那么有 $\boldsymbol{y}=\boldsymbol{\Phi}x+n$，其中 $\boldsymbol{\Phi}$ 是随机观测矩阵，$\boldsymbol{n}$ 是高斯噪声。令 $\boldsymbol{w}=(w_1,w_2,\cdots,w_P)$ $(P=[\log_2 N])$ 为估测集合，并且有 $\boldsymbol{w}=\boldsymbol{\Psi}x+n$。假设 $\widehat{x}_M$ 表示使用 M 个含噪观测的重构信号，符号 $\boldsymbol{\tau}$ 表示一个指定的观测精度。

12.2 相关工作

本节首先介绍无噪声和噪声信号的 CS，并举例说明了 WSNs 中 CS 数据的收集；其次分析汇聚节点稳定恢复的难点问题；最后引入 CV 技术来解决这一难题。

12.2.1 压缩感知

CS 是一种新的信息获取理论，由 Candes 和 Donoho 在 2006 年提出[233,246]。CS 的主要思想如下：假设一个长度为 N 的信号 x 的系数在一定的正交基或紧框架 $\boldsymbol{\Psi}$ 中是稀疏的或可压缩的。如果这些系数被投影到一个观测矩阵 $\boldsymbol{\Phi}$，其维度为 $M\times N(M\ll N)$，在 $\boldsymbol{\Psi}$ 上不相关，得到的观测记为 y。那么 x 在汇聚端可以使用下面两个步骤获得：

(1) 通过求解式(12-1)得到 $\boldsymbol{\Theta}$。

(2) 利用 $x=\boldsymbol{\Psi\Theta}$ 求得 x。

$$\min \|\boldsymbol{\Theta}\|_1 \text{ s. t. } \boldsymbol{\Phi\Psi\Theta}=y \tag{12-1}$$

若 x 是稀疏的，那么式(12-1)可以转换成式(12-2)。

$$\min \|x\|_1 \text{ s. t. } \boldsymbol{\Phi}x=y \tag{12-2}$$

众所周知，当矩阵 $\boldsymbol{\Phi}$ 满足 RIP 条件时，无噪信号可以从 $M=O(k\log_2(N/k))$ 个（k 无噪信号 x 的稀疏度）线性观测 $y=\boldsymbol{\Phi}x$（$\boldsymbol{\Phi}\in \mathrm{R}^{M\times N}$）中完美重构出来。

当测量值受噪声影响时，例如，$y=\boldsymbol{\Phi}x+n$，含噪信号可以从 $M=O(k\log_2(N/k))$

或者 $M = O(k)$ 含噪观测中稳定重构出来。在噪声环境下，当测量值达到一定的数值时，可以稳定地重构信号，而即使使用所有的数据也不能完全重构信号。因此，噪声严重影响了 CS 的性能。图 12-1 说明了这一事实。

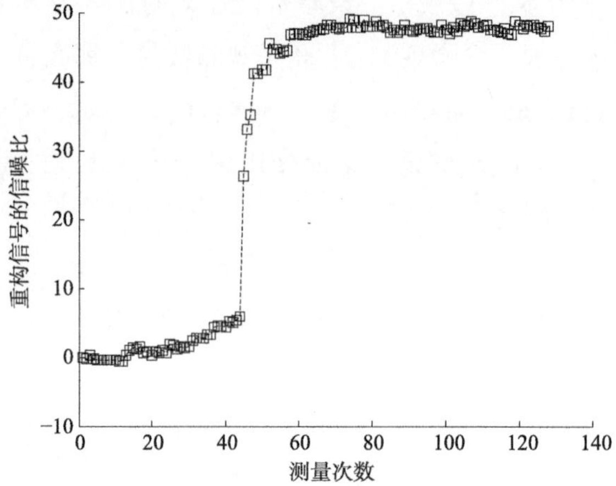

图 12-1　含噪信号的重构（$N = 128, k = 10$）

图 12-1 横轴表示测量次数，纵轴表示重构信号的信噪比。测量值被均值为 0，方差为 0.01 的噪声破坏。从图 12-1 中可以看出，40 次观测和 128 次观测的重建结果基本相同。也就是说，当测量数大于 40 时，信号可以稳定重建，而即使是 128 次测量，信号也不能完全重建。

12.2.2　压缩感知在 WSNs 中的应用

在无线传感器网络中，每个传感器通常监测一定区域的一些物理参数，如温度、湿度、风速和土壤湿度等。相邻传感器的数据非常相似，因为它们监测邻近范围，这称为空间相关性。同样，传感器网络中每个传感器在相邻时间内感知到的数据之间也存在相关性，这称为时间相关性。因此，传感器网络的传感器数据可以看作可压缩信号。因此，在传感器网络中引入 CS 对传感器数据进行收集是一种可行的方案。

有研究表明，基于 CS 的数据收集方法可以降低传感器节点的能量消耗[246,268]。原因是这些方法可以通过少量的测量捕获 k-稀疏信号的特征。因此，信号可以通过接收器端较少的观测获得，而在接收器端能量容易获得。当传感器数据被噪声破坏时,可以采用一些方法来获得汇聚节点中的传感器数据。然而,对于含噪情况下的无线传感器网络数据收集,目前还没有有效的解决方案。根据图 12-1 的结论,尽可能少的收集测量数,CS 重构传感器数据的数据是可行的。但是如何确定汇聚节点已经发生了稳定的恢复是一个关键问题。

12.2.3　交叉验证

交叉验证(CV)是 Seymour Geisser 提出的一种统计技术,用来确定合适的模型阶数复杂度,从而避免模型对一组样本数据的过拟合。CV 的理论支持是 Johnson-Lindenstrauss(JL)引理。它[275]的基本思想是将原始数据作为训练集的一部分,另一部分作为验证集,训练集用来训练分类器,验证集用来测试训练后的模型,最终得到可靠稳定的模型。详细步骤如下:

(1)将数据集分为两个集:训练/估计集和测试/交叉验证集。

(2)估计集用于获得模型或估计,交叉验证集用于验证模型或估计的性能。这里采用 CV 技术避免 CS 噪声重构算法的过拟合。

12.3　所提数据收集方法

为了在含噪情况下有效地收集无线传感器网络中的数据,本章提出一种基于 CS 和 CV 的数据收集方法,称为 CSCV 数据收集方法。实际上,它是 CS 与 CV 结合的改良版。改进的 CS 方法适合于有噪声数据的恢复。本节首先介绍 WSNs 通过 CS 收集数据的模型,然后说明如何通过 CV 来确定汇聚节点的稳定恢复,最后提出 WSNs 的 CSCV 数据收集方法。

12.3.1　基于 CS 的 WSNs 数据收集模型

这里,假设整个网络由 N 个传感器节点和一个汇聚节点组成。传感区域为 $\sqrt{N}\times\sqrt{N}$ 正方形区域,每个小区域只部署一个传感器节点,实现对每个正方形区域内的对象的监控。汇聚节点位于传感区域周围。用 $i(1\leqslant i\leqslant N)$ 表示该网络的第 i 个节点。x_i 为节点 i 的读数,表示第 i 个区域的监测特征。用 $\boldsymbol{\Phi}=$

$(\boldsymbol{\Phi}_1,\cdots,\boldsymbol{\Phi}_j,\cdots,\boldsymbol{\Phi}_M)^{\mathrm{T}}(1\leqslant j\leqslant M)$表示观测矩阵，其中$\boldsymbol{\Phi}_j$表示第$j$个观测向量。汇聚节点收集到的数据表示为$\boldsymbol{y}=\boldsymbol{\Phi x}$，其中$\boldsymbol{x}=(x_1,\cdots,x_i,\cdots,x_N)$。数据收集完成后，汇聚节点获得矢量/测量值$\boldsymbol{y}=(y_1,\cdots,y_j,\cdots,y_M)$。最后汇聚节点通过求解式(12-1)或式(12-2)从$\boldsymbol{y}$中提取传感器节点的数据。但由于$M<N$，这是一个欠定问题。上述欠定问题可以通过考虑传感器数据的空间相关性或时间相关性来解决。同时，基于CS的数据收集模型可以节省和平衡传感器节点的能量，缓解了基于CS的WSNs高维数据重构的主要瓶颈。

12.3.2 CV判断方法

针对如何确定汇聚节点的稳定恢复这一难题，将CV引入CS数据收集中。在接收到初始测量值后，利用homotopy算法重建信号$\hat{\boldsymbol{x}}_M$。重构误差由下式估计

$$\text{err}=\frac{\|\boldsymbol{w}-\boldsymbol{\Theta}\,\hat{\boldsymbol{x}}_M\|_2}{\|\boldsymbol{w}\|_2} \tag{12-3}$$

式中，$\boldsymbol{w}$为估计集对应的观测向量；$\boldsymbol{\Theta}$为$\boldsymbol{w}$对应的测量矩阵。当公式$\text{err}\leqslant\tau$成立时，表示测量值可能足以稳定重构信号，否则表示测量值不足以稳定重构信号，需要进一步获取一些测量值，直到满足终止条件。

12.3.3 CSCV数据收集方法

本节针对传感器数据受噪声污染的情况，提出一种基于CS和CV的WSNs数据收集方法。在该方法中，CS用于节约和平衡传感器节点的能量消耗，CV用于判断汇聚节点是否获得稳定的恢复。CSCV数据收集方法的详细步骤如图12-2所示。

在CSCV中，输入数据包括测量矩阵$\boldsymbol{\Phi}$、测量向量$\boldsymbol{y}$、数据重建所需精度$\boldsymbol{\tau}$和满足数据重建所需精度的次数m。在步骤(1)中，m和N由$\boldsymbol{\Phi}$和$\boldsymbol{y}$的维数求得。在步骤(2)中，收集初始测量值，根据观测方式在汇聚节点生成$\log_2 N$测量值$\boldsymbol{w}$作为估计集。在步骤(3)中，利用测量值y用homotopy算法重构信号$\hat{\boldsymbol{x}}_M$。在步骤(4)中，根据式(12-3)计算err，如果$\text{err}<\tau$，转步骤(7)，否则让计数器counter $=0$，$i=M+1$，$y_i=0$，转步骤(5)。在步骤(5)中，获取一个新的有噪声的测量值y_i，然后用这些测量值重建信号$\hat{\boldsymbol{x}}_i$。重构误差由式(12-3)估计。在步骤(6)，如果$\text{err}<\tau$，让计数器counter = counter $+1$，$i=i+1$，$y_i=0$，并继续收集m-1测量直

到所有 m 次估计误差均满足所需的数据重建精度，否则重建误差不能满足所需的数据重建精度，让 $i=i+1$，$y_i=0$，然后到步骤(5)去收集新的噪声测量值。在步骤(7)中，输出$\hat{\boldsymbol{x}}$和 err。

- 输入$\boldsymbol{\Phi}$，$\boldsymbol{y}$，τ，m
- 输出$\hat{\boldsymbol{x}}$

(1) 获取M，N。
(2) 生成$\log_2 N$个观测$\boldsymbol{w}$作为估计集。
(3) 用观测$\boldsymbol{y}$去重构信号$\hat{\boldsymbol{x}}_M$。
(4) 用式(12-3)估计误差err。若err<τ，转到步骤(7)，否则令counter=0，$i=M+1$，$y_i=0$并转到步骤(5)。
(5) 获取一个新的含噪观测y_i，用这i个观测重构信号$\hat{\boldsymbol{x}}_i$。然后用式(12-3)估计重构误差。
(6) 若err<τ，令counter=counter+1，$i=i+1$，$y_i=0$，并重复步骤(5)和步骤(6)直到err<τ和counter≥m成立，否则令$i=i+1$，$y_i=0$，并转到步骤(5)。
(7) 输出$\hat{\boldsymbol{x}}$和err。

图 12-2　CSCV 数据收集方法的详细步骤

12.4　数值结果

在实验中，由于传感器数据的空间相关性，在不失一般性的情况下，将稀疏信号作为测试信号，然后选择同伦法作为重建算法。

首先，设计实验来说明 CV 估计在 CS 噪声重建中的性能。本实验采用参数 $N=128$，$k=10$，采用对数为 N 个分量的交叉验证集，噪声方差为 0.01。CV 估计误差与重构误差的对比结果如图 12-3 所示。图 12-3 中横轴表示测量次数，纵轴表示误差。实线表示信号重构误差，虚线表示 CV 估计误差。从图 12-3 中可以看出，CV 估计误差在达到稳定的重建前可以很好地接近重建误差。在这种情况下，CV 估计误差变化很大，不能作为获得稳定重建的终止条件。特别是在实现稳定重建时，两种误差几乎一致。在这种情况下，CV 估计误差是稳定变化的，因此可以将其作为获得稳定重建的终点条件。从图 12-3 中得出的事实表明，所提出的方法在判断获得稳定重建的判据上是正确的。为了保证所提方法重构结果的稳定性，满足数据重构精度要求的测量次数 m 应该足够大。这可能导致在汇聚节点中运行大量计算，但这是可以接受的。

为了了解初始观测量对所提方法的影响，本节设计了一个实验，采用 $N=200$，$k=15$，噪声方差为0.02。在20～40之间选择一致的初始测量次数 M，间隔为5。实验结果见表12-1。在表12-1中，第1列 M 和第3列 L 分别表示初始和稳定的测量数；第2列E_1和第4列E_2分别给出了初始测量值和稳定测量值重构传感器数据时的重构误差；第5列E_{CV}表示CV估计误差，非常接近于E_2，当稀疏度级别 k 已知时，在CS中，可以采取 $3k\sim5k$ 的测量以高概率稳定地重建传感器数据；第3列61～81的测量数与结论一致。

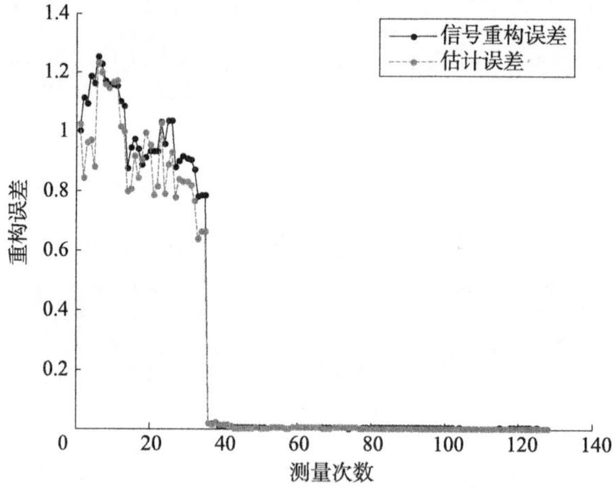

图12-3　对比CV估计误差和重构误差

表12-1　不同初始测量数的重建结果

M	E_1	L	E_2	E_{CV}
20	0.852 7	81	0.009 9	0.008 1
25	0.948	78	0.008 7	0.007 1
30	0.943 3	75	0.009 2	0.013
35	0.59	61	0.008 5	0.006 9
40	0.996 7	78	0.009 1	0.01

在这个实验中，将观察不同稀疏度的信号对所提出的方法的影响。实验中采用 $N=200$，噪声方差为0.02。在间隔为10的情况下，均匀地选择信号稀疏级 k 为10～40。实验结果见表12-2。表中第1列 k 为传感器数据的稀疏性；其他列的含义与表12-1相同。实验结果也表明，所提出的CSCV方法可以在不同稀

疏度的传感器数据下获得稳定的重建结果。也就是说，本章提出的 CSCV 数据收集方法在传感器网络的噪声数据收集中对信号稀疏性不敏感。

表 12-2　不同稀疏度网络的重构结果

k	M	E_1	L	E_2
10	20	0.797 2	46	0.009 0
20	40	0.797 2	64	0.009 6
30	60	0.929 2	102	0.007 5
40	80	0.916 5	119	0.009 4

最后，将观察不同噪声方差的信号对所提出方法的影响。采用不同噪声方差的实验来检验 CSCV 数据收集方法的有效性，结果见表 12-3。

表 12-3　不同噪声方差下的重构结果

n	E_1	L	E_2
20	0.797 2	46	0.009 0
40	0.797 2	64	0.009 6
60	0.929 2	102	0.007 5
80	0.916 5	119	0.009 4

在本实验中，$N=200$，$k=20$，$M=40$。从 0.02 到 0.08 均匀地选择噪声方差 n，区间为 0.02。表 12-3 中第 1 列 n 为噪声方差，表示传感器数据被污染的程度；其他列的含义与表 12-1、表 12-2 相同。实验结果也表明，所提出的 CSCV 方法在不同的噪声方差下都能获得稳定的重建结果。也就是说，所提出的 CSCV 数据收集方法在传感器网络的噪声数据收集中对噪声不敏感。

综上所述，实验证明了本章所提方法在收集受噪声污染的无线传感器网络中的传感器数据时能够获得稳定的重构结果，且本章所提方法的有效性对信号稀疏性和噪声不敏感。

小　结

在无线传感器网络领域，尤其是在噪声环境下，传感器节点的能量不平衡可能会缩短网络的生命周期，因此如何节约和平衡节点的能量消耗是一个巨大的挑战。为了在噪声情况下有效地收集无线传感器网络中的传感器数据,本章论述了一种 CSCV 数据收集方法。为了确定汇聚节点的稳定恢复,在 CS 数据收集中引入 CV。在该方法中,通过 CS 收集数据可以节约和平衡传感器节点的能量消耗,并利用 CV 技术来判断这些测量值是否能够稳定地重构传感器数据。与现有的方法不同,CSCV 数据收集方法可以在不了解信号和噪声的情况下稳定地重构传感器数据。实验结果表明,该方法对带噪声的无线传感器网络能够获得稳定的重建结果,且该方法的有效性对信号稀疏性和噪声不敏感。CV 本质上是一种统计技术或智能方法。因此,未来的工作将集中在引入其他统计和机器学习方法到 CS 中,以收集噪声情况下的数据。我们相信,在无线传感器网络或物联网领域将智能方法与 CS 相结合是很有前途的。

第13章 融合群智感知的WSNs数据收集

无线传感器网络(WSNs)是由一组按实际需要部署的传感器元器件构成的无线自组织网络,旨在对网络覆盖的物理空间对象信息进行协同感知、采集和处理,并通过外部网络发布给观察者[276,277]。它作为21世纪最重要的信息技术之一,在军事、工业、农业、环境以及医疗监控等诸多领域均有重要的应用价值[222,223,278,279]。WSNs的应用目的是将收集到的数据发布给观察者,可见数据收集是WSNs的重要研究内容。理论上,网络可以将所有传感器节点的监测数据通过合适的路由算法发送到汇聚节点,汇聚节点通过外部网络将数据发送给用户。然而,由于WSNs中传感器节点由能量有限的干电池或纽扣电池供电,且在很多场合很难甚至不可能更换电池,这使得WSNs数据收集面临着能量、存储和计算能力的约束[232,280]。

WSNs数据收集方法可以分为增加设备和智能处理技术两大类。

(1)增加设备的策略可以通过增加移动源、云设备等来降低传感器节点的能耗[224,281,282]。增加移动源是利用源点的可移动性来改进数据收集,它能减少传感器节点的能耗,降低数据延迟和数据丢包率。但该方法会引起网络拓扑结构改变进而带来数据收集路由动态变化的挑战[224,281]。文献[282]提出了针对传感服务的基于云的联合框架。该工作的主要目标是实现大量传感器间的无缝交换。

(2)通过数据处理技术节能的策略可分为精确数据收集策略和近似数据收集策略。在精确数据收集策略下,网内数据融合方法[283,284]和分簇结构[267,285]常用来缓解大量数据流给感知节点带来的巨大压力。在近似数据收集策略下,利用感知数据在空间和时间上存在相关性的事实来减少传输的数据量进而实现节能目的[208,229,286,287]。

WSNs 数据收集除了面临上述问题,还面临着拓扑结构不稳定、链路和节点易失效产生的网络服务质量(quality of network service,QoS)问题[288,289]。WSNs 的 QoS 研究多侧重于物理层上网络的吞吐量、可靠性、网络的安全性、传输延迟以及负载的均衡等问题;而未能从物理层、网络层和应用层联合考虑,并同时兼顾节能[225,290]、网络生命周期、覆盖率和扩展性。本章将压缩感知(compressed sense,CS)、波束形成技术[291,292]和机器学习引入 WSNs 数据收集中,以满足用户日益增长的 QoS 要求。因此,需要考虑上述所有约束研究有服务质量保证的 WSNs 数据收集方法。

传统静态 WSNs 架构部署在特定区域的固定感知网络有组网成本高、覆盖范围低以及扩展不灵活的缺点。近年出现的基于移动设备感知的群智感知技术[293-295]通过招募大量的普通用户,把这些用户使用的移动设备作为基本感知单元,有意识参与和无意识协作相结合,实现感知任务分发及感知数据收集。综上所述,研究有服务质量保证的群智感知与 WSNs 融合的混合网络的智能数据收集,是新一代智能物联网的重要研究内容之一。

本章论述的新型网络结构和智能数据收集协议不仅能进一步缓解 WSNs 数据收集中的能耗问题,而且能改善网络的可靠性、安全性、覆盖率、时延及扩展性。它不仅能为 WSNs 数据的融合和收集提供理论和实际的支持,还可促进混合网络结构在军事、工业、农业、环境以及医疗卫生等各领域的应用。

本章提出一种融合无线传感器网络和群智感知的混合网络方法,建立混合网络模型,并设计混合网络机制。针对传统无线传感器网络成本高、覆盖面低、扩展不灵活等问题,在无线传感器网络中引入群智感知技术。基于截断幂律的混合结构工作原理,推导出最大网络生命周期和最小能量利用率。

WSNs 是由一组根据实际需要部署在网络区域内的传感器组件组成的无线自组织网络。其目的是通过外部网络[1,2]将协同感知、收集和处理物理空间目标数据获得的信息发送给观察者。作为 21 世纪最重要的信息技术之一,它可广泛应用于军事、工业、农业、环境、医疗监测等诸多领域[223,296]。理论上,WSNs 可以通过适当的路由算法将所有传感器节点的监测数据发送到汇聚节点,汇聚节点可以通过外部网络将数据发送给用户。但是由于传感器节点是由能量有限的干电池或纽扣电池供电,在很多情况下很难甚至不可能更换电池。无线传感器网络[280]将面临能量、存储和计算能力的限制。因此,节能策略是无线传感器网络的重要研究内容之一。

无线传感器网络的节能策略可分为增加设备[224,281,282]和智能处理技术[267,283-285]两大类。第一种策略通过增加移动源、云设备等来降低传感器节点的能耗。增加移动源是利用源的移动性来提高数据收集质量,可以降低传感器节点的能量消耗、数据延迟和数据丢包率。但是,这种方法会引起网络拓扑结构的变化,并带来数据收集路由[224,281]动态变化的挑战。基于云的传感器服务联合框架的主要目标是实现大量传感器[282]之间的无缝交换。通过数据处理技术实现的节能策略可分为精确数据收集策略和近似数据收集策略。精确数据收集策略中常用的方法是网络内数据融合方法[283,284]和聚类方法[267,285],旨在缓解大量数据流给感知节点带来的巨大压力。在近似数据收集策略下,利用感知数据在空间和时间上的关联来减少传输的数据量,从而节约能量消耗[229,286]。然而,这些方法都是基于网络模型的,难以克服无线传感器网络组网成本高、覆盖范围低、扩展不灵活的缺点。

文献[297]提出了 HySense 混合框架,用于增加感知机会。文献[298]认为 WSNs 和群智感知融合网络是未来的研究方向。鉴于此,本章设计了一种结合无线传感器网络和基于移动设备的群智感知技术的混合网络结构,以达到节能和延长网络生命周期[293-295]的目的。群智感知技术能够实现大规模、复杂的社会感知任务,以携带移动电子设备的普通用户为基本感知单元,通过物联网或移动互联网来分配感知任务和收集数据。本章设计了基于无线传感器网络和群智感知技术的混合网络结构,建立了混合结构模型,给出了适用场景并设计了相应的算法[211]。实验结果表明,这种混合网络结构可以节约传感器能量,延长网络寿命。

13.1　混合网络设计

本节从网络结构框架和网络模型两方面构建并分析混合网络结构,分析混合网络在解决节点故障问题上的优势。

1. 混合网络原理

基于 WSNs 和群智感知的混合网络工作原理如图 13-1 所示。该混合网络在接收到感知任务后,通过群智感知和 WSNs 收集数据,对两部分源数据进行校准和融合,获得有价值的信息,然后对数据进行存储、传输和分发,并进一步对收集到的数据进行分析、挖掘和应用。

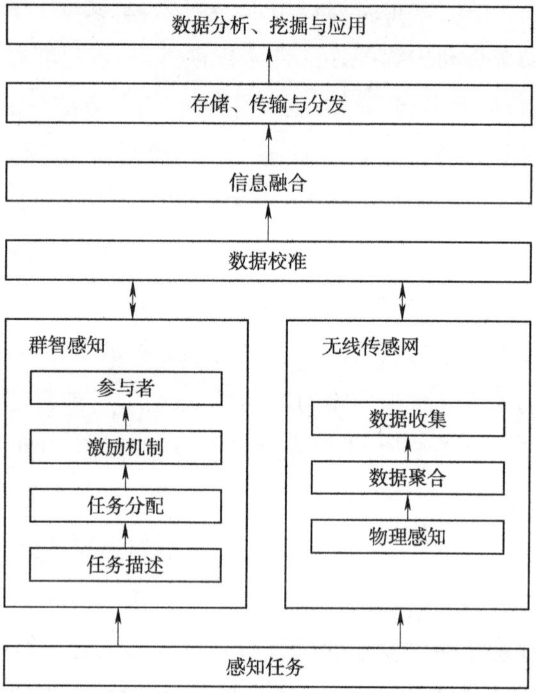

图 13-1　混合网络的工作原理

混合网络将群智感知和 WSNs 结合起来,针对不同的应用场景,分为以下三种情况:一是在部署无线传感器的区域,任务收集以无线传感器为主,群智感知为辅。无线传感器网络和群智感知网络一起工作,如为了节省能源、方便招聘人员。为了保证收集数据的有效性和质量,在出现单点故障或能量耗尽的情况下,采用群智感知代替原传感器节点工作。在第二种情况下,由于区域范围广,人员流量大,不适合部署传感器,所以会在整个过程中使用群智感知节点进行数据收集。第三种情况是需要收集数据的地方,在一些地方部署了传感器,而在一些地方没有部署传感器。当使用混合网络同时收集数据时,根据数据收集的位置需要进行数据融合。当传感器节点和群智感知节点同时可用时,基于移动的群智感知节点比传感器节点更容易补充能量,优先使用群智感知节点。

2. 混合网络结构

根据使用场景,将混合网络分为图 13-2 和图 13-3 所示的两种结构。独立的混合网络意味着无线传感器网络的工作区域与群智感知完全不同。它们在自己的子区域完成数据收集任务,然后上传到基站或平台进行数据集校准和融合。图 13-2 中实线表示群智感知区域,虚线表示 WSNs 网络区域。图 13-3 所示的融合混合网络是指将群智感知融合到 WSNs 中。在必要的时候,可移动群智感知节点可以替换原来的传感器节点来完成数据的接收和发送处理,或者当传感器节点故障时,可以及时使用可移动群智感知节点作为备用节点,保证数据的正常传输。图 13-3 中虚线小圆表示传感器网络的传感器节点,用实线小圆表示引入的群智感知节点。

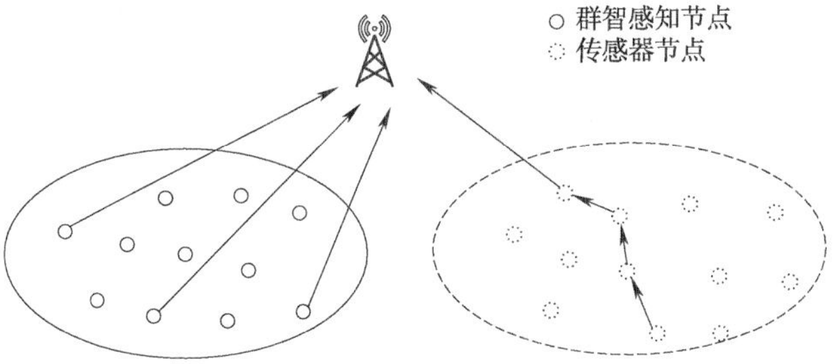

图 13-2　独立混合网络

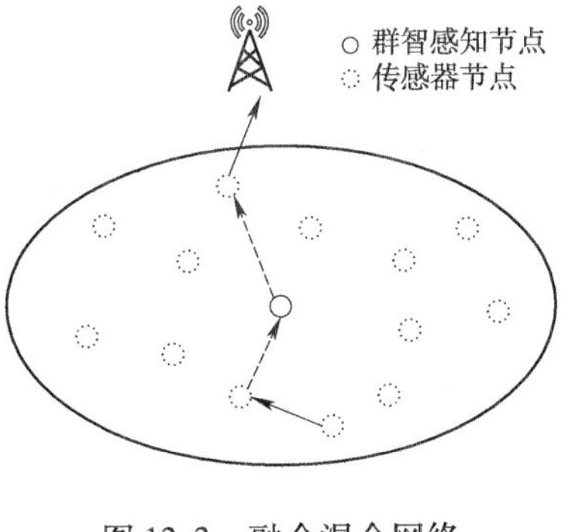

图 13-3　融合混合网络

3. 混合网络模型

图13-2所示的混合网络很难处理。网络模型如图13-3所示。在传感区域随机部署相同结构的传感器,节点通信半径为r。每个传感器节点在自己的范围内监控数据。一旦发生感兴趣的事件,收集到的数据将通过多跳路径传输到接收器。模型中的系统参数见表13-1。

(1)能源利用最大化

对于混合网络,由于可移动群智感知节点的特殊性,其能量补充容易。所以它的能量消耗被忽略了。因此,最大能量利用率是指所有传感器节点消耗的能量与初始能量的最大比值,由式(13-1)定义。

表13-1 系统参数

参数	描述
N	传感器总数
E_i	第i个传感器节点能耗
E_{init}^i	第i个传感器节点初始能耗
L	网络生命期
F	概率密度函数
P	传输能耗

$$\max(E_{\text{uti}}) = \max\left[\left(\sum_{i=1}^{N} E_i\right)/\left(\sum_{i=1}^{N} E_{\text{int}}^i\right)\right] \tag{13-1}$$

式中,i为网络中第i个传感器节点。式(13-1)描述了网络的能量使用情况。

(2)最大化网络生命周期

网络生存期是从网络运行到第一个节点死亡的持续时间。能量消耗是网络中节点死亡最常见的原因。因此,混合网络寿命是无线传感器网络寿命和群智感知网络寿命之和,可以表示为

$$L_{\text{hyn}} = L_{\text{ws}} + L_{\text{cs}} \tag{13-2}$$

式中,L_{hyn}为混合网络生命周期;L_{ws}为传感器网络生命周期;L_{cs}为群智感知网络生命周期。

对于混合网络,由于忽略了群智感知节点的能量消耗,使得混合网络的寿命最大化等同于传感器网络的寿命最大化。可以表示为

$$\max(L_{\text{hyn}}) = \max(L_{\text{ws}} + L_{\text{cs}}) = \max(L_{\text{ws}}) = \max[\min(E_{\text{int}}^i/E_i)] \tag{13-3}$$

(3)群智感知节点及时补充条件

为了实现混合网络的无缝连接,需要保证网络区域内有足够的群感知节点作为补充。而群智感知节点的覆盖间隔时间分布服从截断的帕累托分布,这使得群智感知节点可以及时补充。

截断帕累托分布的概率密度为

$$F(x)=\frac{\lambda a^{\lambda}x^{-\lambda-1}}{1-(a/b)^{\lambda}},\quad (a\leqslant x\leqslant b) \tag{13-4}$$

根据式(13-2)~式(13-4),混合网络的目标函数式(13-5)所示。

$$\begin{cases}\max(E_{\text{uti}})=\max\left[\left(\sum_{i=1}^{N}E_i\right)/\left(\sum_{i=1}^{N}E_{\text{int}}^{i}\right)\right]\\ \max(L_{\text{hyn}})=\max[\min(E_{\text{int}}^{i}/E_i)]\\ \text{s. t. } F(x)=\dfrac{\lambda a^{\lambda}x^{-\lambda-1}}{1-(a/b)^{\lambda}},(a\leqslant x\leqslant b)\end{cases} \tag{13-5}$$

4. 混合网络中传感器节点故障分析

混合网络需要考虑的另一个重要问题是图 13-4 中单个节点的故障。在 WSNs 与群智感知网络的无缝连接过程中,存在传感器节点故障后,传感器节点被群智感知节点及时替换的情况。为了解决这一问题,下面从能源消耗的角度分析混合网络结构的合理性。

对于通信中的每个链路,当给定接收阈值时,满足成功接收的发射功率为

$$P_t(d)=P_t d^n/K \tag{13-6}$$

式中,K 为常数;d 为两节点间的距离;n 为路径衰减指数。

传感器节点的能耗由式(13-7)得到。

$$\begin{cases}E_i=E_{\text{Tx}}+E_{\text{Rx}}\\ E_{\text{Tx}}=E_{\text{elec}}k+\varepsilon_{\text{amp}}k+d^{\lambda}\\ E_{\text{Rx}}=E_{\text{elec}}k\end{cases} \tag{13-7}$$

式中,E_{Tx}和 E_{Rx}分别为发送和接收 k 位数据的能量消耗;ε_{amp}为放大器参数;E_{elec}为电子学参数;d 为两个节点之间的通信距离;λ 为路径损耗。

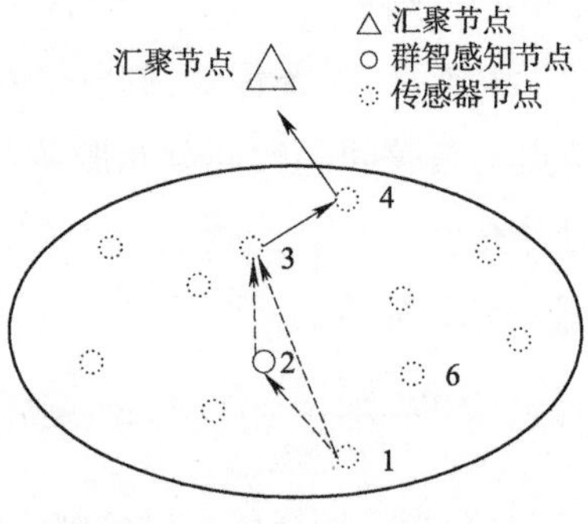

图 13-4　传感器节点故障的情况

因此，如图 13-4 所示，混合网络中传感器节点 2 故障后，链路 1→2→3 将断开。如果采用 1→3 直连，理论上假设 1→3 单跳连接所需功率为 P。如果考虑自由空间损耗，则根据式(13-6)，链路 1→2→3 所需的功率应该是 $2*\left(\frac{d_{1\to2}}{d_{1\to3}}\right)^2*P=P/2$。显然，直接单跳传输比多跳传输消耗更多的能量。在多跳的情况下，接收节点和发送节点可以比两次直接通信消耗更少的能量，大大节省了传感器的能量消耗。一般来说，在功率无限的情况下，要想延长点对点之间的无线通信距离，就需要成倍地增加传输功率。然而，在许多功率有限的情况下，可以使用中继跳转来延长通信距离，甚至可以使用多跳中继来实现更远距离的通信。传输功率远小于无继电器的传输功率，电磁辐射的影响将大大降低。

鉴于图 13-4 中传感器节点的失效，传统的 WSNs 会在邻近节点(如 5,6)中寻找替代节点，但显然，根据路径优化理论，所需的通信距离 d 会被延长。由式(13-4)可知，传感器通信的能量消耗也会增加。本章的混合网络采用群智感知技术，在故障节点的最优距离内招募节点，让节点代替故障节点 2 工作，可以解决网络节点故障这一紧迫问题。当传感器节点面临故障时，首先选择离节点最近的招募者作为候选节点，其次选择可信度最高的候选节点作为更好的候选节点，最后选择感知设备能量最高的较优候选节点作为最优招募节点。

13.2　混合网络性能仿真

本节通过仿真实验进一步验证混合网络的性能。为了评价该混合网络的效率,将比较混合网络的总能耗与原传感器网络。

1. 仿真设置

实验中,100 个传感器节点均匀分布在 100×100 区域,数据传输采用 Leach 协议。在群智感知部分,根据人们的出行规则拟合出工作日人员的出行图,如图 13-5 所示。

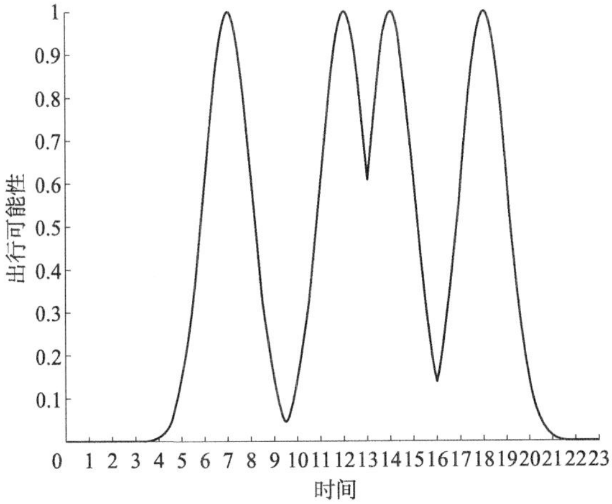

图 13-5　工作日人员的出行图

根据帕累托定律,20% 的人完成了 80% 的旅行,所以在测试中,志愿者进入感知区域的数量选择在交通高峰期。根据工作人员在当地的工作和休息时间,分别选择 7:00—9:00、11:00—15:00、17:00—19:00 三个时间段进行测试。试验持续 30 天。

2. 实验仿真算法及结果

实验仿真算法如图 13-6 所示。原始的传感器网络由 100 个传感器节点组成,这些节点均匀分布在 100 m×100 m 区域内。这里招募了 100 名志愿者来完成群智感知任务。首先,基于出行规则拟合出行概率,用随机分布来确定被替换节点的数量,选择最佳招聘节点;其次,用人群传感器代替统计传感器;最后,计算网络能耗。上述工作进行 30 天,记为 date。

输入：Num，N，date
输出：E
（1）初始化Num=50，N=100，data=30。
（2）基于人的周出行规则拟合出行概率P。
（3）计算被替换节点的数量。
（4）选择最佳招聘节点。
（5）用群智传感器代替传感器。
（6）计算混合网络能耗E。
（7）重复步骤（2）～步骤（5），直到date=0为止。

图 13-6　仿真算法

当传感器节点被群智感知节点取代时,其信息可以通过无线通信直接传输到接收器。拓扑结构的改变对数据的收集和传输影响不大。因此在仿真中忽略了群智感知节点移动性的影响。图 13-7 为 WSNs 与混合网络的能量消耗曲线。在无线传感器网络中,Leach 曲线是基于无线传感器网络中每天整个网络消耗的能量所占比例较小。混合网络的曲线是在 Leach 协议下混合网络与原始无线传感器网络的能量消耗比。从图 13-7 中可以看出,与无线传感器网络相比,混合网络的日节能为 50%。这说明混合网络可以在很大程度上节约网络的能量消耗。

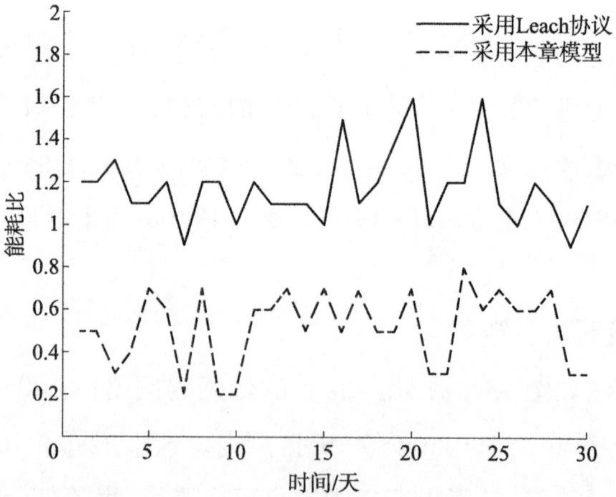

图 13-7　两个网络的能量消耗曲线

小　　结

针对无线传感器网络组网成本高、覆盖范围小、扩展不灵活等缺点，本章设计了一种将无线传感器网络与基于移动设备的群智感知网络相结合的混合网络，以节约能源和延长网络生命周期。在混合网络中，群智感知节点的引入扩大了无线传感器网络的通信范围和覆盖范围。由于无线传感器网络节点不容易重新部署，传统的无线传感器网络缺乏灵活的扩展能力。而本章提出的混合网络只需要招募群智感知节点用户来扩展网络，因此具有更大的灵活性。本章设计的结构不仅可以弥补传感器网络覆盖低、扩容不灵活的缺点，而且可以节约能源消耗，解决传感器节点故障导致网络寿命缩短的问题。实验结果表明了该混合网络的有效性。

参考文献

[1] TSE D, VISWANATH P. Fundamentals of wireless communication[M]. New York: Cambridge University Press, 2005.

[2] AVESTIMEHR A S, EL-GAMAL H, JAFAR S A, et al. Introduction to the special issue on interference networks[J]. IEEE Trans. Inform. Theory, 2011, 57(5): 2545-2547.

[3] SHANNON C E. Two-way communication channels[C]//Proc. 4th Berkeley Symp. on Mathematical Statistics and Probability, Berkeley, CA, Univ. California Press, 1961: 611-644.

[4] EL-GAMAL A, KIM Y H. Network information theory[M]. New York: Cambridge University Press, 2011.

[5] COVER T M, THOMAS J. Elements of information theory[M]. New York: Wiley, 1991.

[6] COSTA M H M. On the Gaussian interference channel[J]. IEEE Trans. Inform. Theory, 1985, 31(5): 607-615.

[7] BACCELLI F, EL-GAMAL A, TSE D. Interference networks with point-to-point codes[J]. IEEE Trans. Inform. Theory, 2011, 57(5): 2582-2596.

[8] COVER T M. An achievable rate region for the broadcasting channel[J]. IEEE Trans. Inform. Theory, 1975, 21(4): 399-404.

[9] CADAMBE V, JAFAR S A. Interference alignment and degrees of freedom of the K-user interference channel[J]. IEEE Trans. Inform. Theory, 2008, 54(8): 3425-3441.

[10] CSISZÁR I, KÖRNER J. Information Theory: Theorems for Discrete Memoryless Systems[M]. Budapest, Hungary: Akademiai Kiado, 1981.

[11] SATO H. On the capacity region of a discrete two-user channel for strong interference[J]. IEEE Trans. Inform. Theory, 1978, 24(3): 377-379.

[12] COSTA M H M, GAMAL A E. The capacity region of the discrete memoryless interference channel with strong interference[J]. IEEE Trans. Inform. Theory, 1987, 33(5): 710-711.

[13] LIU N, ULUKUS S. The capacity region of a class of discrete degraded interference channels[J].

IEEE Trans. Inform. Theory, 2008, 54(9): 4372-4378.

[14] BENZEL R. The capacity region of a class of discrete additive degraded interference channels [J]. IEEE Trans. Inform. Theory, 1979, 25(2): 228-231.

[15] ZHU F, CHEN B. Capacity bounds and sum rate capacities of a class of discrete memoryless interference channels[EB/OL]. http://arxiv.org/abs/1303.2087v1.

[16] SATO H. The capacity of the Gaussian interference channel under strong interference[J]. IEEE Trans. Inform. Theory, 1981, 27(6): 786-788.

[17] CARLEIAL A. A case where interference does not reduce capacity[J]. IEEE Trans. Inform. Theory, 1975, 21(5): 569-570.

[18] SHANG X H, KRAMER G, CHEN B. A new outer bound and the noisy-interference sum-rate capacity for Gaussian interference channels[J]. IEEE Trans. Inform. Theory, 2009, 55(2): 689-699.

[19] MOTAHARI A S, KHANDANI A K. Capacity bounds for the Gaussian interference channel[J]. IEEE Trans. Inform. Theory, 2009, 55(2): 620-643.

[20] ANNAPUREDDY V S, VEERAVALLI V V. Gaussian interference networks: sum capacity in the low-interference regime and new outer bounds on the capacity region[J]. IEEE Trans. Inform. Theory, 2009, 55(7): 620-643.

[21] SASON I. On achievable rate regions for the Gaussian interference channel[J]. IEEE Trans. Inform. Theory, 2004, 50(6): 1345-1356.

[22] LIU N, GOLDSMITH A. Capacity regions and bounds for a class of Z-interference channels[J]. IEEE Trans. Inform. Theory, 2009, 55(11): 4986-4994.

[23] SATO H. Two-user communication channels[J]. IEEE Trans. Inform. Theory, 1977, 23(3): 295-304.

[24] AHLSWEDE R. The capacity region of a channel with two senders and two receivers[J]. Ann. Prob., 1974, 2(5): 805-814.

[25] AHLSWEDE R. Multi-way communication channels[C]//Proc. 2nd Int. Symp. Information Theory. U. Tsahkadsor, Armenia, 1971: 23-52.

[26] BAE J H, LEE J W, KANG I. On the achievable region for interference networks with point-to-point codes[EB/OL]. http://arxiv.org/abs/1301.6209v1.

[27] CHONG H F, MOTANI M. The capacity region of a class of semideterministic interference channels[J]. IEEE Trans. Inform. Theory, 2009, 55(2): 598-603.

[28] WU W, VISHWANATH S, ARAPOSTATHIS A. On the capacity of Gaussian weak interference channels with degraded message sets[C]//Proc. Conf. Inf. Sciences and Systems (CISS), Princeton, NJ, 2006: 1703-1708.

[29] CHUNG S T, CIOFFI J M. The capacity region of frequency-selective Gaussian interference channels under strong interference[J]. IEEE Trans. Commun., 2007, 55(9): 1812-1821.

[30] CADAMBE V R, JAFAR S A. Parallel Gaussian interference channels are not always separable [J]. IEEE Trans. Inform. Theory, 2009, 55(9): 3983-3990.

[31] MARIC I, YATES R D, KRAMER G. The Capacity region of the strong interference channel with common information[C]//Proc. of the 39th Asilomar Conference on Signals, Systems, and Computers, Pacific Grove, CA, 2005: 1737-1741.

[32] GAMAL A E, COSTA M H M. The capacity region of a class of deterministic interference channels[J]. IEEE Trans. Inform. Theory, 1982, 28(2): 343-346.

[33] WEBER S, ANDREWS J G, YANG X, et al. Transmission capacity of wireless ad hoc networks with successive interference cancellation[J]. IEEE Trans. Inform. Theory, 2007, 53(8): 2799-2814.

[34] DYTSO A, TUNINETTI D, DEVROYE N. On the two-user interference channel with lack of knowledge of the interference codebook at one receiver[J]. IEEE Trans. Inform. Theory, 2015, 61(3): 1257-1276.

[35] LAI L, LIANG Y, SHITZ S S. On the capacity bounds for Poisson interference channels[J]. IEEE Trans. Inform. Theory, 2015, 61(1): 223-238.

[36] BANDEMER B, GAMAL A E, KIM Y H. Optimal achievable rates for interference networks with random codes[EB/OL]. http://arxiv. org/pdf/1210. 4596. pdf.

[37] CARLEIAL A. Interference channels[J]. IEEE Trans. Inform. Theory, 1978, 24(1): 60-70.

[38] HAN T, KOBAYASHI K. A new achievable rate region for the interference channel[J]. IEEE Trans. Inform. Theory, 1981, 27(11): 49-60.

[39] SHANG X H, CHEN B. An inner bound of capacity region for the Gaussian interference channel[C]//Proc. of the IEEE Wireless Communications and Networking Conference, 2007: 2048-2052.

[40] SHANG X H, CHEN B. A new computable achievable rate region for the Gaussian interference channel[C]//Proc. IEEE International Symposium on Information Theory, Nice, 2007: 2191-2195.

[41] ETKIN R, TSE D, WANG H. Gaussian interference channel capacity to within one bit: the symmetric case[C]//Proc. of the IEEE Information Theory Workshop, 2006:601-605.

[42] ETKIN R, TSE D, WANG H. Gaussian interference channel capacity to within one bit[J]. IEEE Trans. Inform. Theory, 2008, 54(12):5534-5562.

[43] KRAMER G. Review of rate regions for interference channels[C]//Proc. of the International Zurich Seminar, 2006:162-165.

[44] CHONG H F, MOTANI M, GARG H K. The capacity region of a class of interference channels [C]//Proc. of the IEEE International Symposium on Information Theory, 2007:2856-2860.

[45] CHONG H F, MOTANI M, GARG H K, et al. On the Han-Kobayashi region for the interference channel[J]. IEEE Trans. Inform. Theory, 2008, 54(7):3188-3195.

[46] KOBAYASHI K, HAN T. A further consideration on the HK and the CMG regions for the interference channel[C]//Proc. of ITA, San. Diego, CA, 2007.

[47] TELATAR E, TSE D. Bounds on the capacity region of a class of interference channels[C]// Proc. of the IEEE International Symposium on Information Theory, 2007:2871-2874.

[48] TUNINETTI D, WENG Y. On the Han-Kobayashi achievable region for Gaussian interference channels[C]//Proc. IEEE International Symposium on Information Theory, Toronto, Canada, 2008:240-244.

[49] CHONG H F, MOTANI M, GARG H K. A comparison of two achievable rate regions for the interference channel[C]//Proc. ITA Workshop, San Diego, CA, 2006.

[50] VISHWANATH S, JAFAR S A. On the capacity of vector Gaussian interference channels [C]//Proc. IEEE Information Theory Workshop, San Antonio, TX, Oct. 2004:365-369.

[51] SHANG X H, CHEN B, GANS M J. On achievable sum rate for vector Gaussian interference channels[C]//Proc. of the IEEE International Symposium on Information Theory, 2006:2215-2219.

[52] SHANG X H, POOR H V. Capacity region of vector Gaussian interference channels with generally strong interference[J]. IEEE Trans. Inform. Theory, 2012, 58(6):3472-3496.

[53] BRESLER G, TSE D. The two-user Gaussian interference channel: A deterministic view[J]. European Trans. on Telecommun., 2008, 19:333-354.

[54] BANDEMER B, GAMAL A E. Interference decoding for deterministic channels[J]. IEEE Trans. Inform. Theory, 2011, 57(5):2966-2975.

[55] BRESLER G, PAREKH A, TSE D. The approximate capacity of the many-to-one and one-to-

many Gaussian interference channel[J]. IEEE Trans. Inform. Theory,2010,56(9):4566-4592.

[56] BANDEMER B, VAZQUEZ-VILAR G, GAMAL AE. On the sum capacity of a class of cyclically symmetric deterministic interference channels [C]//Proc. IEEE International Symposium on Information Theory,Seoul,Korea,2009:2622-2626.

[57] SANKAR L,SHANG X H,Erkip E,et al. Ergodic two-user interference channels:Is separability optimal[C]//Proc. 46th Ann. Allerton Conf.,2008.

[58] GONG C,TAJER A,WANG X. Interference channel with constrained partial group decoding [J]. IEEE Trans. Commun.,2011,59(11):3059-3071.

[59] HUANG X,MA X,LIN L,et al. Accessible capacity of secondary users over the Gaussian interference channel[C]//Proc. of IEEE International Symposium on Information Theory, 2011:814-818.

[60] LIU Y,ERKIP E. On the sum capacity of K-user cascade Gaussian z-interference channel [C]//Proc. of IEEE International Symposium on Information Theory,2011:1382-1386.

[61] SASOGLU E. Successive cancellation for cyclic interference channels[C]//Proc. of Inform. Theory Workshop,Porto,2008:36-40.

[62] ZHOU L,YU W. On the capacity of the K-user cyclic Gaussian interference channel[C]// Proc. of IEEE International Symposium on Information Theory,2011:1171-1175.

[63] ZHOU L,YU W. On the capacity of the K-user cyclic Gaussian interference channel[J]. IEEE Trans. Inform. Theory,2013,59(1):154-165.

[64] CHAABAN A,SEZGIN A. On the capacity of a class of multi-user interference channels [C]//International ITG Workshop on Smart Antennas(WSA),2011:1-5.

[65] TANDON R,POOR H V. On the symmetric feedback capacity of the k-user cyclic interference channel [C]//Forty-Ninth Annual Allerton Conference Allerton Conference on Communication,Control,and Computing,Illinois,USA,2011:855-862.

[66] TANDON R,MOHAJER S,POOR H V. On the symmetric feedback capacity of the k-user cyclic Z-interference channel[J]. IEEE Trans. Inform. Theory,2013,59(5):2713-2734.

[67] MADDAH-ALI M A,MOTAHARI A S,KHANDANI A K. Communication over MIMO X channels:Interference alignment,decomposition,and performance analysis[J]. IEEE Trans. Inform. Theory,2008,54(8):3457-3470.

[68] CADAMBE V,JAFAR S A,SHAMA S. Interference alignment on the deterministic channel and

application to fully connected Gaussian interference channel[J]. IEEE Trans. Inform. Theory, 2009,55(1):269-274.

[69] CADAMBE V, JAFAR S A. Interference alignment and degrees of freedom of the K-user interference channel[J]. IEEE Trans. Inform. Theory,2008,54(8):3425-3441.

[70] MOTAHARI A S, GHARAN S O, MADDAH-ALI M A, et al. Real interference alignment: Exploring the potential of single antenna systems, submitted to IEEE Trans. Inform. Theory [EB/OL]. http://arxiv. org/abs/0908. 2282.

[71] GOU T, JAFAR SA. Degrees of freedom of the K user M × N MIMO Interference Channel [J]. IEEE Trans. Inform. Theory,2008,56(12):6040-6057.

[72] GHASEMI A, MOTAHARI A S, KHANDANI A K. Interference alignment for the K user MIMO interference channel[C]//Proc. IEEE International Symposium on Information Theory, Austin, TX,2010:360-364.

[73] NAZER B, GASTPAR M, JAFAR S A, et al. Ergodic interference alignment[C]//Proc. IEEE International Symposium on Information Theory, Seoul, Korea,2009:1769-1773.

[74] JAFAR S A, VISHWANATH S. Generalized degrees of freedom of the symmetric Gaussian K user Interference Channel[J]. IEEE Trans. Inform. Theory,2010,56(7):3297-3303.

[75] GOU T, JAFAR S A. Capacity of a class of symmetric SIMO Gaussian interference channels within $O(1)$[C]//Proc. IEEE International Symposium on Information Theory, Seoul, Korea, 2009.

[76] JOVIČIĆ A, WANG H, VISWANATH P. On network interference management[J]. IEEE Trans. Inform. Theory,2010,56(10):4941-4955.

[77] JAFAR S A, FAKHEREDDIN M J. Degrees of Freedom for the MIMO Interference Channel [J]. IEEE Trans. Inform. Theory,2007,53(7):2637-2642.

[78] TRESCH R, GUILLAUD M, RIEGLER E. On the achievability of interference alignment in the K-user constant MIMO interference channel[C]//Proc. of the IEEE workshop on Stat. Signal Process.,2009:277-280.

[79] HUANG C, CADAMBE V, JAFAR S A. Interference alignment and the generalized degrees of freedom of the X channel[C]//Proc. of the IEEE International Symposium on Information Theory, Seoul, Korea,2009:1929-1933.

[80] JAFAR S A, SHAMAI S. Degrees of freedom region of the MIMO X channel[J]. IEEE Trans. Inform. Theory,2008,54(1):151-170.

[81] MASO M, DEBBAH M, VANGELISTA L. A Distributed Approach to Interference Alignment in OFDM-based Two-tiered Networks[EB/OL]. http://arxiv.org/abs/1302.4785v1.

[82] JAFAR S A. Blind interference alignment[J]. IEEE Trans. Inform. Theory, 2012, 6(3): 216-227.

[83] HWANG D. Interference alignment for the multi-Cell multiuser interference channel[J]. IEEE Commun. Lett., 2012, 16(6): 831-833.

[84] SUH C, Tse D. Interference alignment for cellular networks[C]//Proc. Allerton Conference on Communication, Control, and Computing, 2008: 1037-1044.

[85] BRESLER G, CARTWRIGHT D, TSE D. Feasibilityof interference alignment for the MIMO interference channel[J]. IEEE Trans. Inform. Theory, 2014, 60(9): 5573-5586.

[86] KRAMER G, MARIC I, YATES R D. Cooperative Communications[M]. New York: Now Publisher, 2007.

[87] KRAMER G. Topics in Multi-user Information Theory[M]. New York: Now Publisher, 2008.

[88] AVESTIMEHR S, DIGGAVI S, TSE D. A deterministic wireless relay networks[C]//Proc. Allerton Conf. Communication, Computing, Monticello, IL, 2007: 721-728.

[89] SHANG X H, POOR H V. Capacity for MIMO Gaussian interference channels with generally strong and noisy interference[C]//Proc: IEEE International Symposium on Information Theory, Boston, 2012: 2786-2790.

[90] LIU L, ZHANG R, CHUA K. Achieving global optimality for weighted sum-rate maximization in the k-user Gaussian interference channel with multiple antennas[J]. IEEE Trans. Wireless Commun., 2012, 11(5): 1933-1945.

[91] CHIANI M, WIN Z, SHIN H. MIMO networks: The effects of interference[J]. IEEE Trans. Inform. Theory, 2010, 56(1): 336-349.

[92] BLUM R S. MIMO capacity with interference[J]. IEEE J. Sel. Areas Commun., 2003, 21(5): 793-801.

[93] DAI H, MOLISCH A F, POOR H V. Downlink capacity of interference-limited MIMO systems with joint detection[J]. IEEE Trans. Wireless Commun., 2004, 3(2): 442-453.

[94] ZANELLA, CHIANI M, WIN M Z. MMSE reception and successive interference cancellation for MIMO systems with high spectral efficiency[J]. IEEE Trans. Wireless Commun., 2005, 4(3): 1244-1253.

[95] WANG B, ZHANG J HOST-MADSEN A. On the capacity of MIMO relay channels[J]. IEEE

Trans. Inform. Theory,2005,51(1):29-43.

[96] SHEN H,LI B,TAO M,et al. MSE-based transceiver designs for the MIMO interference channel [J]. IEEE Trans. Wireless Commun.,2010,9(11):3480-3489.

[97] SHANG X H,POOR H. Noisy-interference sum-rate capacity for vector Gaussian interference channels[J]. IEEE Trans. Inform. Theory,2013,59(1):132-153.

[98] MOHAPATRA P,MURTHY C. Outer bounds on the sum rate of the k-user MIMO Gaussian interference channel[J]. IEEE Trans. Inform. Theory,2013,61(1):176-186.

[99] KARMAKAR S,VARANASI M. The capacity region of the MIMO interference channel and its reciprocity to within a constant gap[J]. IEEE Trans. Inform. Theory,2013,59(8):4781-4797.

[100] KRISHNAMACHARI R,VALANASI M. Interference alignment under limited feedback for MIMO interference channels[J]. IEEE Trans. Signal Processing,2013,61(15):3908-3917.

[101] RINI S,GOLDSMITH A. On the capacity of the multiantenna Gaussian cognitive interference channel[J]. IEEE Journal Selected Areas in Communications,2014,32(11):2252-2267.

[102] ASHRAPHIJUO M,AGGARWAL V,WANG X. On the capacity and degrees of freedom regions of two-user MIMO interference channels with limited receiver cooperation[J]. IEEE Trans. Inform. Theory,2014,60(7):4170-4196.

[103] YANG L,ZHANG W. On degrees of freedom region of three-user MIMO interference channels [J]. IEEE Trans. Signal Processing,2015,63(3):590-603.

[104] KANG M,CHOI W. Ergodic interference alignment with delayed feedback[EB/OL]. http://arxiv. org/abs/1303. 3100v1.

[105] YANG E,TUNINETTI D. Interference channel with generalized feedback(a. k. a. with source cooperation)-Part I:Achievable region[J]. IEEE Trans. Inform. Theory,2011,57(5):2686-2710.

[106] VAHID,AVESTIMEHR A S. The two-user deterministic interference channel with rate-limited feedback[C]//Proc. IEEE International Symposium on Information Theory,2010:460-464.

[107] SUH C,TSE D. The feedback capacity region of El Gamal-Costa deterministic interference channel[C]//Proc. Allerton Conf. Commun.,Control,Comput.,2009.

[108] SUH C,TSE D. Feedback capacity of the Gaussian interference channel to within 2 bits[J]. IEEE Trans. Inform. Theory,2011,57(5):2667-2685.

[109] TANDON R,ULUKUS S. Dependence balance based outer bounds for Gaussian networks with cooperation and feedback[J]. IEEE Trans. Inform. Theory,2011,57(7):4063-4086.

[110] KRAMER G. Feedback strategies for white Gaussian interference networks[J]. IEEE Trans. Inform. Theory,2002,48(6):1423-1438.

[111] DEVROYE N,MITRAN P,TAROKH V. Achievable rates in cognitive radio channels[J]. IEEE Trans. Inform. Theory,2006,52(5):1813-1827.

[112] MA Y,KIM D I,WU Z. Optimization of OFDMA-based cellular cognitive radio networks[J]. IEEE Trans. Commun.,2010,58(8):2265-2276.

[113] RINI S,TUNINETTI D,DEVROYE N. A new capacity result for the Z-Gaussian cognitive interference channel[C]//Proc. IEEE International Symposium on Information Theory,2011:2403-2407.

[114] RINI S,TUNINETTI D,DEVROYE N. The capacity region of Gaussian cognitive radio channels at high SNR[C]//Proc. IEEE Information Theory Workshop,2009:505-509.

[115] RINI S,TUNINETTI D,DEVROYE N. New inner and outer bounds for the discrete memoryless cognitive interference channel and some new capacity results[J]. IEEE Trans. Inform. Theory,2011,57(7):4087-4109.

[116] WU W,VISHWANATH S,ARAPOSTATHIS A. Capacity of a class of cognitive radio channels: interference channels with degraded message sets[J]. IEEE Trans. Inform. Theory,2007,53(11):4391-4399.

[117] RINI S,TUNINETTI D,DEVROYE N. Inner and outer bounds for the Gaussian cognitive interference channel and new capacity results[J]. IEEE Trans. Inform. Theory,2012,58(2):820-848.

[118] DUAN R,LIANG Y. Bounds and capacity theorems for cognitive interference channels with state[J]. IEEE Trans. Inform. Theory,2015,61(1):280-304.

[119] DYTSO A,RINI S,DEVROYE N,et al. On the capacity region of the two-user interference channel with a cognitive relay[J]. IEEE Trans. Wireless Commun.,2014,13(12):6824-6838.

[120] MARIC I,YATES R D,KRAMER G. The strong interference channel with unidirectional cooperation[C]//Proc. UCSD Workshop Information Theory and Its Appl.,San Diego,CA,USA,2006.

[121] MARIC I,YATES R D,KRAMER G. Capacity of interference channels with partial transmitter cooperation[J]. IEEE Trans. Inform. Theory,2007,53(10):3536-3548.

[122] TAN H. Two-user interference channels with correlated information sources[J]. Inform. Contr.,1980,44(1):77-104.

[123] MARIC I,YATES R D,KRAMER G. The capacity region of the strong interference channel with common information[C]//Proc. Asilomar Conf. Signals, Syst. Comput., Pacific Grove, CA, 2005:1737-1741.

[124] JIANG J, XIN Y, GARG H K. An achievable rate region for interference channels with common information[C]//Proc. Asilomar Conf. Signals, Syst. Comput., Pacific Grove, CA, 2006:448-452.

[125] CAO Y, CHEN B, ZHANG J. A new achievable rate region for interference channels with common information[C]//Proc. IEEE Wireless Commun. Netw. Conf., Hong Kong, 2007: 2069-2073.

[126] JIANG J, XIN Y, GARG H K. Interference channels with common information[J]. IEEE Trans. Inform. Theory, 2008, 54(1):171-187.

[127] RAZAGHI P, HONG S N, ZHOU L, et al. Two birds and one stone: Gaussian interference channel with a shared out-of-band relay, Submitted to IEEE Trans. Inform. Theory[EB/OL]. http://arxiv.org/abs/1104.0430.

[128] COVER T M, GAMAL A E. Capacity theorems for the relay channel[J]. IEEE Trans. Inform. Theory, 1979, 25(5):572-584.

[129] KIM Y H. Capacity of a class of deterministic relay channels[J]. IEEE Trans. Inform. Theory, 2008, 54(3):1328-1329.

[130] KANG B, LEE S, CHUNG S, et al. A new achievable scheme for interference relay channels [EB/OL]. http://arxiv.org/abs/1303.1095v1.

[131] MARIC I, GOLDSMITH A, KRAMER G, et al. On the capacity of interference channels with one cooperating transmitter[J]. IEEE Trans. Inform. Theory, 2008, 19(4):405-420.

[132] PRABHAKARAN V, VISWANATH P. Interference channels with source cooperation[J]. IEEE Trans. Inform. Theory, 2011, 57(1):156-186.

[133] CAO Y, CHEN B. An achievable rate region for interference channel with conferencing[C]// Proc. International Symposium on Information Theory, 2007:1251-1255.

[134] LARSSON E G, JORSWIECK E A. Competition versus cooperation on the MISO interference channel[J]. IEEE J. Select. Areas Commun., 2008, 26(7):1059-1069.

[135] ZHU J, MO J, TAO M. Cooperative secret communication with artificial noise in symmetric interference channel[J]. IEEE Commun. Lett., 2010, 14(10):885-887.

[136] WU R, PRABHAKARAN V M, VISWANATH P, et al. interference channels with half-duplex

source cooperation[J]. IEEE Trans. Inform. Theory,2014,60(3):1753-1781.

[137] PERLAZA S M,FAWAZ N,LASAULCE S,et al. From spectrum pooling to space pooling: oppportunistic interference alignment in MIMO cognitive networks[J]. IEEE Trans. Signal Process.,2010,58(7):3728-3741.

[138] ZHOU H,RATNARAJAH T,LIANG Y. On secondary network interference alignment in cognitive radio[C]//IEEE Symp. on New Frontiers in Dynamic Spectrum Access Networks, 2011:637-641.

[139] ZHOU H,RATNARAJAH T. A novel interference draining scheme for cognitive radio based on interference alignment[C]//IEEE Symp. on New Frontiers in Dynamic Spectrum Access Networks,2010:1-6.

[140] BAE J H,LEE J,KANG I. Simple transmission strategies for interference channel[C]// Proc. of ISIT 2012,Cambridge,MA,USA,2012:2796-2800.

[141] MOSHKSAR K,GHASEMI A,KHANDANI A K. An alternative to decoding interference or treating interference as Gaussian noise [C]//Proc. IEEE International Symposium on Information Theory,Saint Petersburg,2011:1176-1180.

[142] MADDAH-ALI M A,MAHDAVI-DOOST H,KHANDANI A K. Optimal order of decoding for Max-Min fairness in K-user memoryless interference channels[C]//Proc. IEEE International Symposium on Information Theory,Nice,2007:2866-2870.

[143] CHUNG H W,JEON S W,PARK D H,et al. Joint determination of power and decoding order for successive inter-and intra-cell interference cancellation [C]//the 9th International Conference on Advanced Communication Technology,Korea,2007:1482-1486.

[144] MOTAHARI A S,KHANDANI A K. To decode the interference or to consider it as noise [J]. IEEE Trans. Inform. Theory,2011,57(3):1274-1283.

[145] ILLANKO K,ANPALAGAN A,HOSSAIN E,et al. On the power allocation problem in the Gaussian interference channel with proportional rate constraints[J]. IEEE Trans. Wireless Commun.,2014,13(2):1101-1115.

[146] HASSAN N U,CHAU Y,SAEED S,et al. Power control for sum rate maximization on interference channels under sum power constraint[J]. IEEE Trans. Vehicular Technology,2014,64(2): 593-609.

[147] RIMOLDI B,URBANKE R. A rate-splitting approach to the Gaussian multiple-access channel [J]. IEEE Trans. Inform. Theory,1996,42(2):364-375.

[148] CAO J, YEH E M. Asymptotically optimal multiple-access communication via distributed rate-splitting[J]. IEEE Trans. Inform. Theory,2007,52(1):304-319.

[149] 景振海,白宝明,马啸. 高斯干扰信道中逼近容量边界的分布式率分裂方案[J]. 电子科技大学学报,2011,40(6):855-859.

[150] ZHANG B, LI Y, MAO L, et al. A rate-splitting based bound-approaching transmission scheme for the two-user symmetric Gaussian interference channel with common messages [J]. Radiaoengineering,2012,21(4):1194-1201.

[151] ZHANG B,LI Y,BAI B. Rate-splitting scheme and its achievable sum-rate for the symmetric cyclic Gaussian interference channels[J]. Journal on Communications,2013,34(6):114-121.

[152] ZHANG B, LI Y, BAI B. Decoding order algorithm based on rate-splitting in Gaussian interference channels[J]. Journal of Electonics & Information Technology,2013,35(6):1388-1394.

[153] HE S, HUANG Y, YANG L. An improved interference mitigation scheme based on interference subspace alignment [C]//Proc. International Conference on Wireless Communications and Signal,2011:1-5.

[154] JOSEPH C K, WILLIAM W and JOHN G. Delay-rate tradeoff for ergodic interference alignment in the Gaussian case [C]//Forty-Eighth Annual Allerton Conference Allerton Conference on Communication,Control,and Computing,2010:1069-1075.

[155] GOMADAM K, CADAMBE V R. Approaching the capacity of wireless networks through distributed interference alignment[C]//Proc. of the IEEE GLOBECOM, New Orleans, LA, USA,2008:1-6.

[156] PETERS S W,HEATH R W. Interference alignment via alternating minimization[C]//Proc. of the IEEE International Conference on Speech and Signal Processing,2009:2445-2448.

[157] YETIS C M, GOU T, JAFAR S A, et al. Feasibility conditions for interference alignment [C]//Proc. of the IEEE GLOBECOM,2009:1-6.

[158] GROKOP L,TSE D,YATES R D. Interference alignment for line-of-sight channels[J]. IEEE Trans. Inform. Theory,2011,57(9):5820-5839.

[159] SANG W C,JAFAR S A,CHUNG S. On the beamforming design for efficient interference alignment[J]. IEEE Commun. Lett.,2009,11(13):847-849.

[160] SUH C,HO M,TSE D. Downlink interference alignment[J]. IEEE Trans. Commun.,2011,

59(9):2616-2626.

[161] SCHMIDT A D, SHI C, BERRY R A. Minimum mean squared error interference alignment [C]//Proc. of the 43rd IEEE Annual Asilomar Conference on Signals, Systems & Computers, Pacific Grove, California, USA, 2009:1106-1110.

[162] MAKOUEI B N, ANDREWS J G, HEATH R W. MIMO interference alignment over correlated channels with imperfect CSI[J]. IEEE Trans. Signal Processing, 2011, 59(6):2783-2794.

[163] TRESCH R, GUILLAUD M. Real world feasibility of interference alignment using MIMO-OFDM channel measurements [C]//Proc. of the IEEE Int. Conf. Commun. Workshops, 2009:1-5.

[164] AYACH O E, S W, HEATH R W. The feasibility of interference alignment over measured MIMO-OFDM channels[J]. IEEE Trans. Vehicular Technology, 2010, 59(9):4309-4321.

[165] TRESCH R, GUILLAUD M. Clustered interference alignment in large cellular networks [C]//Proc. of the IEEE Int. Symp. Pers. Indr. Mob. Radio Commun., 2009:1024-1028.

[166] PERLAZA S, DEBBAH M, LASAULCE S, et al. Opportunistic interference alignment in MIMO interference channels[C]//Proc. of the IEEE Int. Symp. Pers., Indr. and Mob. Radio Commun., 2008:1-5.

[167] KHANDANI A, MOTAHARI S, NOURANI B. Relay-aided interference alignment for the quasi-static X channel[C]//Proc. of the IEEE International Symposium on Information Theory, 2009:1764-1768.

[168] HO Z K M, KAYNIA M, GESBERT D. Distributed power control and beamforming on MIMO interference channels[C]//Proc. of the 2010 European Wireless Conference, 2010:654-660.

[169] 景振海,白宝明,马啸. 频率选择性高斯干扰信道中的联合时频对齐方案[J]. 通信学报,2011,32(9):161-166.

[170] SHEN C, LI W, CHANG T. Wireless information and energy transfer in multi-antenna interference channel[J]. IEEE Trans. Signal Processing, 2014, 62(23):6249-6264.

[171] CHUNG S T, KIM S J, LEE J, et al. A game-theoretic approach to power allocation in frequency-selective Gaussian interference channels [C]//Proc. of IEEE International Symposium on Information Theory, Yokohama, Japan, 2003:316-316.

[172] JING Z, BAI B, MA X. Compensation-based game for spectrum sharing in the Gaussian interference channel[J]. Radioengineering, 2010, 19(4):518-526.

[173] JING Z,BAI B. Near-optimal power allocation scheme based on the competitive game in the interference channel[J]. Journal of Xidian University,2010,37(1):23-27.

[174] LESHEM A,ZEHAVI E. Game theory and the frequency selective interference channel[J]. IEEE Signal Processing Magazine,2009,5(26):28-41.

[175] LARSSON E G, JORSWIECK E A, Lindblom J, et al. Game theory and the flat-fading Gaussian interference channel[J]. IEEE Signal Processing Magazine,2009,5(26):18-27.

[176] JORSWIECK E, LARSSON E. The MISO interference channel from a game theoretic perspective:a combination of selfishness and altruism achieves Pareto optimality[C]//Proc. of the ICASSP,2008:5364-5367.

[177] GAO J,VOROBYOV S A,JIANG H. Game theoretic solutions for precoding strategies over the interference channel[C]//Proc. of the GLOBECOM,New Orleans,LA,2008:1-5.

[178] LESHEM A, ZEHAVI E. Bargaining over the interference channel [C]//Proc. of IEEE International Symposium on Information Theory,2006:2225-2229.

[179] KWON H,Lee BG. Distributed resource allocation through noncooperative game approach in multi-cell OFDMA systems[C]//Proc. of the ICC,2006:4345-4350.

[180] MATHUR S,SANKARANARAYANAN L,MANDAYAM N. Coalitional games in Gaussian interference channels [C]//Proc. of the IEEE International Symposium on Information Theory,2006:2210-2214.

[181] ZEHAVI E,LESHEM A. Bargaining over the interference channel with total power constraints [C]//Proc. of the GameNets,2009:447-451.

[182] SARAYDAR C U,MANDAYAM N B,GOODMAN D. Efficient power control via pricing in wireless data networks[J]. IEEE Trans. Commun.,2002,50(2):291-303.

[183] HUANG J,BERRY R A,HONIG ML. Distributed interference compensation for wireless networks[J]. IEEE Journal on Selected Areas in Communications,2006,24(5):1074-1084.

[184] WANG F,KRUNZ M,CUI S. Price-based spectrum management in cognitive radio networks [J]. IEEE Journal of Selected Topics in Signal Processing,2008,2(1):74-87.

[185] YU W G,CIOFFI J M. Distributed multiuser power control for digital subscriber lines[J]. IEEE Journal on Selected areas in Communications,2002,20(5):1105-1115.

[186] CENDRILLON R, YU W, MOONEN M, et al. Optimal multiuser spectrum balancing for digital subscriber lines[J]. IEEE Trans. Commun.,2006,54(5):922-933.

[187] CENDRILLON R, HUANG J, MUNG C. Autonomous spectrum balancing for digital

subscriber lines[J]. IEEE Trans. on Signal Processing,2007,55(8):4241-4257.

[188] HUANG J,CENDRILLON R,MUNG C. Autonomous spectrum balancing(ASB)for frequency selective interference channels[C]//Proc. of IEEE International Symposium on Information Theory,2006:610-614.

[189] TSIAFLAKIS P,DIEHL M,MOONEN M. Distributed spectrum management algorithms for multiuser DSL networks[J]. IEEE Trans. on Signal Processing,2008,56(10):4825-4843.

[190] SHI C X,SCHMIDT D A,BERRY R A,et al. Distributed interference pricing for the MIMO interference channel[C]//Proc. the IEEE International Conference on Communications, 2009:1-5.

[191] PANG J S, SCUTARI G, FACCHINEI F, et al. Distributed power allocation with rate constraints in Gaussian parallel interference channels[J]. IEEE Trans. Inform. Theory, 2008,54(8):3471-3489.

[192] LUO Z Q,PANG J S. Analysis of iterative water filling algorithm for multiuser power control in digital subscriber lines[J]. EURASIP Journal on Applied Signal Processing,2006:1-10.

[193] SHUM K W,LEUNG K K,SUNG C W. Convergence of iterative water filling algorithm for Gaussian interference channels[J]. IEEE Journal on Selected areas in Communications, 2007,25(6):1091-1100.

[194] LEUNG K K, SUNG C W, SHUM K W. Iterative water filling for parallel Gaussian interference channels[C]//Proc. IEEE International Conference on Communications,2006: 5491-5494.

[195] SCUTARI G,PALOMAR D P,BARBAROSSA S. Simultaneous iterative water-filling for Gaussian frequency-selective interference channels[C]//Proc. of the IEEE International Symposium on Information Theory,2006:600-604.

[196] GE X, HUANG K, WANG C, et al. Capacity analysis of a multi-cell multi-antenna cooperative cellular network with co-channel interference[J]. IEEE Trans. Wireless Commun.,2011,10(10):3298-3309.

[197] WYNER A D. Shannon-theoretic approach to a Gaussian cellular multiple access channel [J]. IEEE Trans. Inform. Theory,1994,40(6):1713-1727.

[198] SOMEKH O,ZAIDEL B M,SHAMAI S. Sum rate characterization of joint multiple cell-site processing[J]. IEEE Trans. Inform. Theory,2007,53(12):4473-4497.

[199] HUANG X,MA X,LIN L,et al. Accessible capacity of secondary users[J]. IEEE Trans.

Inform. Theory, 2014, 60(8): 4722-4738.

[200] LI Y, SONG X X, BAI B M. A rate region for the interference channel with point-to-point codes[J]. International Journal of Applied Mathematics and Statistics, 2013, 51(24): 556-565.

[201] LI Y, SONG X X. An Achievable Rate Region for the Gaussian Interference Channel[J]. Boletín Técnico, 2016, 55(5): 10-182.

[202] LI Y, SONG X X. On the HK and the CMG rate regions[J]. Rev. Téc. Ing. Univ. Zulia., 2016, 39(7): 233-242.

[203] 李勇,宋晓霞. 点对点和叠加高斯码的高斯干扰信道容量比较[J]. 山西大同大学学报(自然科学版), 2015, 31(5): 20-23, 79.

[204] LI Y, ZHANG B, SONG X X et al. Successive cancellation decoding for the K-user cyclic interference channel[J]. Journal of Theoretical and Applied Information Technology, 2012, 46(2): 961-965.

[205] 李勇,张博,白宝明. 高斯干扰信道译或不译干扰的策略[J]. 西安电子科技大学学报, 2013, 40(1): 14-18.

[206] LI Y. A decode-and-forward strategy for broadcast relay channel without common messages [C]//AEIT, 2011.

[207] SONG X X, LI Y. An achievable rate region for relay multiple access channel based on decode-and-forward[J]. Sensors & Transducers, 2013.

[208] SONG X X, LI Y. Data gathering in wireless sensor networks via regular low density parity check matrix[J]. Journal of Automatica Sinica, 2018, 5(1): 83-91.

[209] SONG X X, LI Y, ZHANG Y E et al. Reliable and energy-efficient data gathering in wireless sensor networks via rateless codes and compressed sensing[J]. International Journal of Performability Engineering, 2018, 14(9): 2197-2206.

[210] SONG X X, LI Y, NIE W M. Noisy data gathering in wireless sensor networks via compressed sensing and cross validation[C]//CCIS, 2019, 1101: 101-111.

[211] SONG X X, NIE W M, LIU H Y et al. Energy-saving hybrid network integrating WSNs and crowd sensing[C]//the proceedings of the 2020 International Conference on Networking and Network Applications, 2020: 108-113.

[212] MEULEN E C V D. Three-terminal communication channels[J]. Adv. Appl. Probab., 1971, 3: 120-154.

[213] TANNIOUS R, NOSRATINIA A. Relay channel with private messages[J]. IEEE Trans. Inf. Theory, 2007, 53(10): 572-584.

[214] KRAMER G, GASTPAR M, GUPTA P. Cooperative strategies and capacity theorems for relay networks[J]. IEEE Trans. Inf. Theory, 2005, 51(9): 3037-3063.

[215] SENDONARIS A, ERKIP E, AAZHANG B. User cooperation diversity part I: system description[J]. IEEE Trans. Commun., 2003, 51(11): 1927-1938.

[216] SENDONARIS A, ERKIP E, AAZHANG B. User cooperation diversity part II: implementation aspects and performance analysis[J]. IEEE Trans. Commun., 2003, 51(11): 1939-1948.

[217] LANEMAN J N, TSE D N C, WORNELL G W. Cooperative diversity in wireless networks: efficient protocols and outage behavior[J]. IEEE Trans. Inf. Theory, 2004, 50(12): 3062-3080.

[218] LIANG Y, VEERAVALLI V V. Cooperative relay broadcast channels[J]. IEEE Trans. Inf. Theory, 2007, 53(3): 900-928.

[219] LIANG Y, KRAMER G. Rate regions for relay broadcast channels[J]. IEEE Trans. Inf. Theory, 2007, 53(10): 3517-3535.

[220] WILLEMS F M J. Information theoretical results for the discrete memoryless multiple access channel[C]//PhD thesis, Leuven, Belgium: Katholieke Universiteit, Oct., 1982.

[221] DILMAGHANI R S, BOBARSHAD H, GHAVAMI M, et al. Wireless sensor networks for monitoring physiological signals of multiple patients[J]. IEEE Transactions on Biomedical Circuits and Systems, 2011, 5(4): 347-356.

[222] PERERA C, ZASLAVSKY A, CHRISTEN P et al. Context aware computing for the internet of things: A survey[J]. IEEE Communications Surveys Tutorials, 2013, 99: 1-41.

[223] DING X, TIAN Y, YU Y. A real-time big data gathering algorithm based on indoor wireless sensor networks for risk analysis of industrial operations[J]. IEEE Transactions on Industrial Informatics, 2015, 99: 1-11.

[224] TAKAISHI D, NISHIYAMA H, KATO N et al. Towards energy efficient big data gathering in densely distributed sensor networks [J]. IEEE Transactions on Emerging Topics in Computing, 2014, 2(3): 388-397.

[225] LUO C, WU F, SUN J et al. Efficient measurement generation and pervasive sparsity for compressive data gathering[J]. IEEE Transactions on Wireless Communications, 2010, 9(12): 3728-3738.

[226] LIU A, CAI L, LUAN T H et al. QoS-aware data collection in wireless sensor networks[J]. International Journal of Distributed Sensor Networks, 2015.

[227] LINDSEY S, RAGHAVENDRA C, SIVALINGAM K M. Data gathering algorithms in sensor networks using energy metrics[J]. IEEE Transactions on Parallel and Distributed Systems, 2002, 13(9): 924-935.

[228] KHAN M, PANDURANGAN G, VULLIKANTI A. Distributed algorithms for constructing approximate minimum spanning trees in wireless sensor networks[J]. IEEE Transactions on Parallel and Distributed Systems, 2009, 20(1): 124-139.

[229] LIU Y, WANG Z. A prediction-based data collection method in wireless sensor network using Kalman Filter[J]. ICIC Express Letters, 2011, 2(6): 1439-1446.

[230] YOUNIS O, FAHMY S. HEED: a hybrid, energy-efficient, distributed clustering approach for ad hoc sensor networks[J]. IEEE Transactions on Mobile Computing, 2004, 3(4): 366-379.

[231] LIN H, ÜSTER H. Exact and heuristic algorithms for data gathering cluster-based wireless sensor network design problem[J]. IEEE/ACM Transactions on Networking, 2014, 22(3): 903-915.

[232] SONG X X, SHI G M. Data gathering of WSNs based on sequential compressed sensing and sparse sensing[J]. International Review on Computers and Software, 2012, 7(1): 397-402.

[233] DONOHO D. Compressed sensing[J]. IEEE Trans. on Information Theory, 2006, 52(4): 1289-1306.

[234] CANDES E, WAKIN M. An introduction to compressive sampling[J]. IEEE Signal Processing Magazine, 2008, 25(2): 21-30.

[235] AMINI A, MARVASTI F. Deterministic construction of binary, bipolar, and ternary compressed sensing matrices[J]. IEEE Trans. on Information Theory, 2011, 57(4): 2360-2370.

[236] JAFARPOUR S, XU W, HASSIBI B et al. Efficient and robust compressed sensing using optimized expander graphs[J]. IEEE Trans. on Information Theory, 2009, 55(9): 4299-4308.

[237] ZHENG H, YANG F, TIAN X, et al. Data gathering with compressive sensing in wireless sensor networks: a random walk based approach[J]. IEEE Trans. on Parallel and Distributed systems, 2015, 26(1): 35-44.

[238] APPLEBAUM L, HOWARD S, SEARLE S et al. Chirp sensing codes: deterministic compressed

sensing measurements for fast recovery[J]. Appl. Comput. Harmonic Anal, 2009, 26(2): 283-290.

[239] AILON N, LIBERTY E. Fast dimension reduction using rademacher series on dual BCH codes[C]//Proc. 19th Annu. ACM-SIAM Symp. Discrete Algorithms (SODA), 2008: 215-224.

[240] HAUPT J, BAJWA W U, RAZ G et al. Toeplitz compressed sensing matrices with applications to sparse channel estimation[J]. IEEE Trans. on Information Theory, 2010, 56(11): 5862-5875.

[241] CALDERBANK R, HOWARD S, JAFARPOUR S. Construction of a large class of deterministic sensing matrices that satisfy a statistical isometry property[J]. IEEE Journal of Selected Topics in Signal Processing, 2010, 4(2): 358-374.

[242] SEOKBEOM H, HOSUNG P, BEOMKYU S, et al. A new performance measure using k-set correlation for compressed sensing matrices[J]. IEEE Signal Processing Letters, 2012, 19(3): 143-146.

[243] BERINDE R, GILBERT A, INDYK P, et al. Combining geometry and combinatorics: A unified approach to sparse signal recovery[C]//Proc. Allerton Conf. Communication, Control and Computing, 2008: 798-805.

[244] BARON D, SARVOTHAM S, BARANIUK R G. Bayesian compressive sensing via belief propagation[J]. IEEE Trans. on Signal Processing, 2010, 58(1): 269-280.

[245] WANG W, WAINWRIGHT M J, RAMCHANDRAN K. Information-theoretic limits on sparse signal recovery: dense versus sparse measurement matrices[J]. IEEE Trans. on Information Theory, 2010, 56(6): 2967-2979.

[246] CANDES E, ROMBERG J, TAO T. Near optimal signal recovery from random projections: Universal encoding strategies[J]. IEEE Trans. on Information Theory, 2006, 52(12): 5406-5425.

[247] GALLAGER R. Low-density parity-check codes[J]. IEEE Trans. on Information Theory, 1962, 8(1): 21-28.

[248] LIN S, COSTELLO D J. Error control coding(2nd edition), Prentice Hall, 2004.

[249] WAINWRIGHT M J, MANEVA E, MARTINIAN E. Lossy source compression using low-density generator matrix codes: analysis and algorithms[J]. IEEE Trans. on Information Theory, 2010, 56(3): 1351-1368.

[250] GAN L, LING C, DO T T et al. Analysis of the statistical restricted isometry property for deterministic sensing matrices using Stein's method[EB/OL] http://www. dsp. ece. rice. edu/files/cs/Gan_StatRIP. pdf. (Preprint)

[251] DONOHO D, TSAIG Y. Fast solution of l1-norm minimization problems when the solution may be sparse[J]. IEEE Trans. on Information Theory, 2008, 54(11): 4789-4812.

[252] ASIF M S, ROMBERG J. Dynamic updating for l1 minimization[J]. IEEE Journal of Selected Topics in Signal Processing, 2010, 4(2): 421-434.

[253] ABDULLAH A S, ABBASI M J, FISAL N. Review of rateless-network-coding-based packet protection in wireless sensor networks[J]. Mobile Information Systems, 2015: 1-13.

[254] AGUIRRE E, LOPEZ-ITURRI P, AZPILICUETA L, et al. Design and implementation of context aware Applications with wireless sensor network support in urban train transportation environments[J]. IEEE Sensors Journal, 2017, 16(7): 169-178.

[255] BARADARAN A A. The applications of wireless sensor networks in military environments [J]. Scientific Journal of Review, 2015, 4(4): 55-70.

[256] BYERS J W, LUBY M, MITZENMACHER M et al. A digital fountain approach to reliable distribution of bulk data[J]. SIGCOMM Computer Communication Review, 1998, 28: 56-67.

[257] LIANG J, LI T. A LT-codes-based scheme for improving data persistence in wireless sensor network[J]. Journal of Computer Research & Development, 2013, 50(7): 1349-1361.

[258] LIU X Y, ZHU Y, KONG L, et al. CDC: compressive data collection for wireless sensor networks[J]. IEEE Transactions on Parallel & Distributed Systems, 2015, 26(8): 2188-2197.

[259] LUBY M. LT Codes[C]//Symposium on Foundations of Computer Science IEEE Computer Society, 2002: 271-280.

[260] LV C, WANG Q, YAN W et al. Energy-balanced compressive data gathering in wireless sensor networks[J]. Journal of Network & Computer Applications, 2016, 61: 102-114.

[261] STEVENS A, KOVARIK L, ABELLAN P, et al. Applying compressive sensing to TEM video: a substantial frame rate increase on any camera[J]. Advanced Structural & Chemical Imaging, 2015, 1(1): 10.

[262] TANG Y, ZHANG B, JING T et al. Robust compressive data gathering in wireless sensor networks[J]. IEEE Transactions on Wireless Communications, 2013, 12(6): 2754-2761.

[263] XING X, XIE D, WANG G. Energy-balanced data gathering and aggregating in WSNs: a

compressed sensing scheme[J]. International Journal of Distributed Sensor Networks,2015:1-10.

[264] ZHA Z, LIU X, ZHANG X, et al. Compressed sensing image reconstruction via adaptive sparse Nonlocal regularization[J]. Visual Computer,2016:1-21.

[265] AKYILDIZ I F, SU W, SANKARASUBRAMANIAM Y, et al. Wireless sensor networks: a survey[J]. Computer Networks,2002,38(4):393-422.

[266] AKCAKAYA M, TAROKH V. Shannon-theoretic limits on noisy compressive sampling[J]. IEEE Transactions on Information Theory,2010,56(1):492-504.

[267] LIN H F, ÜSTER H S. Exact and heuristic algorithms for data gathering cluster-based wireless sensor network design problem[J]. IEEE/ACM Trans. on Networking, 2014, 22(3):903-915.

[268] XIAO Y F, YANG J S. A fast algorithm for total variation image reconstruction from random projections[J]. Inverse Problems & Imaging,2017,6(3):547-563.

[269] ZHANG P F, WANG S S and GUOL K T. A secure data collection scheme based on compressive sensing in wireless sensor networks[J]. Ad Hoc Networks,2018,70(1):73-84.

[270] CHEN S F, DONOHO D S and SAUNDERS M T. Atomic decomposition by basis pursuit[J]. Siam Journal on Scientific Computing,1998,20(1):33-61.

[271] FIGUEIREDO M A T F, NOWAK R D S, WRIGHT S J T. Gradient projection for sparse reconstruction: application to compressed sensing and other inverse problems[J]. IEEE Journal of Selected Topics in Signal Processing,2008,1(4):586-597.

[272] MALLET S F, ZHANG Z S. Matching pursuits with time-frequency dictionaries[J]. IEEE Trans. on signal processing,1993,41(12):3397-3415.

[273] TIBSHIRANI R F. Regression shrinkage and selection via the lasso[J]. Journal of the Royal Statistical,1996,58(1):267-288.

[274] ZHU B F, SUZUKI J S, BOONMA P T. Evolutionary and noise-aware data gathering for wireless sensor networks[C]//CONFERENCE 2010, BIONETICS,2010:32-39.

[275] ZHANG J, CHEN L, BOUFOUNOSL P T. On the theoretical analysis of cross validation in compressive sensing[C]//CONFERENCE 2014, ICASSP,2014:3370-3374.

[276] PANTAZIS N A, NIKOLIDAKIS S A, VERGADOS D D. Energy-efficient routing protocols in wireless sensor networks: a survey[J]. IEEE Communications Surveys & Tutorials, 2013, 15(2):551-591.

[277] MOHAMED R E, SALEH A I, ABDELRAZZAK M. Survey on wireless sensor network applications and energy efficient routing protocols[J]. Wireless Personal Communications, 2018,101(6):1-37.

[278] ABBASI F, MESBAHI A, VELNI J M. A new voronoi-based blanket coverage control method for moving sensor networks[J]. IEEE Transactions on Control Systems Technology, 2019, 27(1):409-417.

[279] BAI X, WANG Z, SHENG L. Reliable data fusion of hierarchical wireless sensor networks with asynchronous measurement for greenhouse monitoring[J]. IEEE Transactions on Control Systems Technology, 2019, 27(3):1036-1046.

[280] ZHENG J, JAMALIPOUR A. Wireless sensor networks[M]. New York: IEEE Press, 2009.

[281] YUE Y, CAO L, HANG B et al. A swarm intelligence algorithm for routing recovery strategy in wireless sensor networks with mobile sink[J]. IEEE Access, 2018, 6:67434-67445.

[282] RAMASWAMY L, LAWSON V, GOGINENI S. Towards a quality-centric big data architecture for federated sensor services[C]//IEEE International Congress on Big Data, 2013:86-93.

[283] HEINZELMAN W, CHANDRAKASAN A P, BALAKRISHNAN H. An application-specific protocol architecture for wireless microsensor networks[J]. IEEE Transactions on Wireless Communications, 2002, 1(4):660-670.

[284] VINODHA D, ANITA E A M. Secure data aggregation techniques for wireless sensor networks: a review[J]. Archives of Computational Methods in Engineering, 2018, 8:1-21.

[285] JIANG H, JIN S, WANG C. Prediction or not an energy-efficient framework for clustering-based data collection in wireless sensor networks[J]. IEEE Transactions on Parallel & Distributed Systems, 2011, 22(6):1064-1071.

[286] OLSTON C, LOO B, WIDOM J. Adaptive precision setting for cached approximate value[C]//Proceedings of the ACM SIGMOD International Conference on Management of Data, 2001.

[287] CHU D, DESHPANDE A, HELLERSTEIN J, et al. Approximate data collection in sensor networks using probabilistic models[C]//Proceedings of the International Conference on Data Engineering, 2006.

[288] FRANCISCO L, VALENZUELA-VALDES J F, SANDRA S. Intelligent wireless sensor network deployment for smart communities[J]. IEEE Communications Magazine, 2018, 56(8):176-182.

[289] YIGITEL M A, INCEL O D, ERSOY C. QoS-aware MAC protocols for wireless sensor

networks:a survey[J]. Computer Networks,2011,55(8):1982-2004.

[290] 唐亮,周正,石磊,等.基于能量均衡的无线传感器网络压缩感知算法[J].电子与信息学报,2011,33(8):1919-1923.

[291] COX H,ZESKIND R M,OWEN M M. Robust adaptive beamforming[J]. IEEE Transactions on Acoustics Speech & Signal Processing,1987,35(10):1365-1376.

[292] ABDALLAH M M,PAPADOPOULOS H C. Beamforming algorithms for information relaying in wireless sensor networks[J]. IEEE Transactions on Signal Processing,2008,56(10):4772-4784.

[293] ZHANG X,YANG Z,SUN W,et al. Incentives for mobile crowdsensing:a survey[J]. IEEE Communication Surveys & Tutorials,2016,18(1):54-67.

[294] WANG L, ZHANG D, WANG Y, et al. Sparse mobile crowd sensing: challenges and opportunities[J]. IEEE Communications Magazine,2016,54(7):161-167.

[295] HAO X,XU L,LANE N D,et al. Density-aware compressive crowdsensing[C]//IPSN 2017, Pittsburgh,PA USA,2017.

[296] SONG W Z,HUANG R J,XU M S,et al. Design and deployment of sensor network for real-time high-fidelity volcano monitoring[J]. IEEE Transactions on Parallel and Distributed Systems,2010,21(11):1658-1674.

[297] HAN GJ,LIU L,CHAN S,et al. HySense:A hybrid mobile crowd sensing framework for sensing opportunities compensation under dynamic coverage constraint [J]. IEEE Communications Magazine,2017:93-99.

[298] GUO W Z,ZHU W P,YU Z Y,et al. A survey of task allocation:contrastive perspectives from wireless sensor networks and mobile crowdsensing[J]. IEEE Access,2019,7:78406-78420.